生命《いのち》と学びの哲学

——育児と保育・教育をつなぐ

久保健太［著］

北大路書房

はじめに

この本の中には様々な文章が混じっています。「読みやすかった」と言っていただける文章もあれば、「難しくて、よくわからなかった」と言われてしまう文章もあります。そうした文体の違いはありますが、それぞれの文章に込めた、私のメッセージは一貫しています。それは「こうすれば、こうなる式」のハウツーやノウハウでは人間は育たないということです。

今日は、二〇二三年の四月六日（木）。[*1]

大学教員にとっては、新学期が始まる直前の「在宅勤務」の日。自宅を職場にして、新年度の準備をする予定でした。

しかし、長男の悠太（二歳）が熱を出して、予定がつぶれました。六歳になる長女（晃子）は学童

*1「はじめに」の文章は、二〇二三年七月の刊行を目指して、二〇二三年四月に書きました。その後、様々な事情で刊行が遅れ、二〇二四年五月の刊行になってしまいました。「はじめに」の文章を新たに書き下ろすことも考えましたが、私が本書に込めた思いを記した二〇二三年四月の文章をそのまま用いることにしました。

保育に行ってくれましたが、四歳の次女（響子）と悠太を家で看ながら、仕事をします。

おそらく、今日一日、予期せぬ出来事が起こり続けるでしょう。しかし、その出来事の一つひとつにつき合い続ける。育児・保育・教育と呼ばれる営みは、そういった営みです。

育児・保育・教育に携わる養育者は、熱を出した悠太、自宅で元気をもてあましている響子、過去に熱を出したときの記憶、入学式を控えた晃子、悠太のトレーナーについている鼻水、解熱剤を入れた棚、などなど、様々なモノがもちゃもちゃと混じり合った世界を生きています。

そうしたもちゃもちゃを生きているからこそ、悩みます。お昼ご飯は何食べよう。消化のいいものあったかな。今日、買い物に行けるかな。熱が下がらなかったら、明日の晃子の入学式どうしよう。もちゃもちゃから出てくる悩みは、「こうすれば、こうなる式」で解けるような悩みではありません。しかし、いまの時代「こうすれば、こうなる式」で悩みを解決することを強いられます。だから、しんどくなります。

もちゃもちゃから出てきた「悩み」を、そのまま捉えた言葉をこしらえたい。その言葉は、もちゃもちゃがもつしんどさとつき合うときの縁《よすが》になってくれるはずです。また、もちゃもちゃがもつ豊かさを味わうときのレンズにもなってくれるはずです。

とはいえ、そうした言葉をゼロからこしらえる必要はありません。先人たちの思想に学べばいい。本書に登場する「奥行き」「到来」「倫理」という言葉や「中動態」といった思想（世界観）は、そうした言葉（思想、世界観）です。

＊

この本は哲学の本です。

ここでいう哲学は「人間を超えたもの」を含んだ世界観・人間観・学習観・教育観を描くものとして哲学があるという意味です。

保育学・教育学においては、人間の次元や、社会の次元での出来事の記述は、心理学がかなり丁寧に、科学的に行っています。

ただし、人間の次元、社会の次元だけでは説明しきれないもの、描ききれないもの、論じきれないものがあります。

それは、たとえば、悠太が熱を出すということ。それが、「在宅勤務」の日に起こるということ。二階で遊んでいる悠太と響子の目を盗んで、原稿をここまで書いたけれど、このタイミングで響子が、私の書斎に来て、仕事の邪魔をすること。しかし、その一方で、響子の闖入《ちんにゅう》は、決して「邪魔」ではなく、まさに「もちゃもちゃ」の格好の具体例だな――なんて思いながら、早速、原稿に生かしてしまっていること、などなど。

とにもかくにも、私たちが生きている世界では「人間を超えたものの力」が働きながら、もちゃもちゃと出来事が繰り広げられています。

こうして繰り広げられる出来事は、（もちろん心理学で論じることもできるのですが）哲学が描き、論じるような素材です。特に、「人間を超えたものの力」によって生じるような出来事は、哲学が（あるいは、文学と哲学が一緒になって）描き得る素材です。その点が、本書が哲学の本であるということの第一。

もちゃもちゃが起きてしまうことは、人間の力ではどうしようもできません。もちゃもちゃは「いいこと」でも「悪いこと」でもなく、「ただ、そこに起きたこと」です。「もちゃもちゃが起きるのは、あなたの予測と管理が不十分だからだ」といった物言いがはびこっていますが、言いたい人には言わせておけばいい。

予測はするし、準備はするけれど、予測や準備を超えたことは起こります。いっぱい遊んで、手を洗って、うがいをして、たくさん食べて、早く寝たのに、悠太は熱を出します。

大事なのは、そうした出来事につき合うこと。そうして、葛藤すること。それを「つまずき」「まちがい」「ゆきどまり」「とまどい」と呼びたければ、呼べばいい。「つまずき」「まちがい」「ゆきどまり」「とまどい」の何が悪いの？　人間だから「つまずき」「まちがい」「ゆきどまり」「とまどい」が起こるんでしょ？

何よりも、「つまずき」「まちがい」「ゆきどまり」「とまどい」を経て、自分という人間を太らせていく、それが「学び（学習）」でしょ？

大田堯やエリク・H・エリクソンの哲学は、その点を明言しています。

「つまずき」「まちがい」「ゆきどまり」「とまどい」はネガティブなものではない。「つまずき」「まちがい」「ゆきどまり」「とまどい」を経て、言い換えれば、葛藤を経て、自分という人間を太らせていく（別に、太らせなくても、いい）。そんな人間の姿を描くことは、文学と哲学の仕事だと思います。この点が、本書が哲学の本であるということの第二。

そういった思いから、本書のタイトルは『生命《いのち》と学びの哲学』にしました。「生命（いのち）」という言葉には「人間を超えたものの力」が働く出来事の中で人間は生きているという世界観（人間観）が含まれています。「学び」という言葉には、そうした出来事の中で、もちゃもちゃを生きているからこそ「つまずき」「まちがい」「ゆきどまり」「とまどい」といった葛藤が生じるのであって、そうした葛藤を経て、自分という人間を太らせていくことが「学び」なんだという人間観（教育観・学習観）が含まれています（もちろん、太らせなくても、いい）。

原子力にせよ、新型コロナウイルスにせよ、「人間を超えたものの力」をまざまざと見せつけられているにもかかわらず、人間の次元、社会の次元で物事を進めようとしている。加えて、「人間を超えたものの力」に翻弄される人間を「つまずき」や「まちがい」の多い人間として切り捨てようとする（本当は、「人間を超えたものの力」にしっかりとつき合おうとしているだけかもしれないのに）。そういった時代だからこそ、哲学が必要だと考え、この本を書きました。読者のみなさんとも、世界・人間・教育がどうなるのか、そして、どうするのかを一緒に考えたいと思います。

＊

これまで、いくつかの本に、いくつかの文章を書いてきました。そうした文章のうち「中動態の遊び論」と「中動態の主体性論」とを書き上げたことで、自分の世界観（教育観）が明確になってきました（それぞれ、本書の第5章と第6章に収録されています）。

その世界観は「主体性」「基本的信頼」「自己決定（自己発揮、自己主張）」「自主性（主導権）」といった言葉で語ることができます。これらはジル・ドゥルーズやエリク・H・エリクソンの言葉です。あるいは、「奥行き」「センス・オブ・ワンダー」「センス（その人が、世界から感受している意味）」「試行錯誤」という言葉で描くことができます。これらはドゥルーズや大田堯たち（が、レイチェル・カーソンなどから借用した）の言葉です。

自分の世界観（教育観）が明確になったこととあわせて、その世界観（教育観）を研修や授業で話すことも多くなってきました。

また、そうした研修や授業で配布する文章も溜まってきました。そうした事情もあり、まずは、これまで書き溜めた文章をまとめようと思ったのも本書執筆の動機の一つです。

＊

本書は九つの章からなっています。序章と終章は書き下ろしですが、それ以外の章は、すでにどこかに発表した文章です。

序章では、それ以外の章で論じるエリク・H・エリクソン、木村敏、ジル・ドゥルーズ、大田尭らの思想（その一つひとつが「一つの山（峰）」として気高い大きさを誇っています）の連なりを「連《れん》峰《ぽう》」として描き、本書全体の「道案内」となるよう試みました。

そのために、序章とそれ以外の章では内容的な重複も生じています。序章で「連峰」として描かれた思想が、各章では「一つの山（峰）」として描きなおされる。そのために生じる重複です。その重複が、読者のみなさんの理解を助けることになるよう願っています。

また、それぞれの文章の冒頭には「リード文」をつけました。それぞれの文章が執筆された経緯や、本書に収録した意図を記しました。章によって「である調」であったり、「ですます調」であったりしますが、初出の際の文体で、そのまま載せることにしました。

九つの章のうち、いわゆる学術論文として、研究者を相手に書かれたのは「乳幼児の学びの理論としてのドゥルーズ／ガタリ理論」（第４章）だけですが、他の章も、それなりに学術的な内容が書かれています。

ですので、必要に応じて「まくら」を差し込むことにしました。九つの章のそれぞれが、落語でいう本編（演目）だとしたら、その本編への導入になるのが「まくら」です。「まくら」は、本編の世界観・人間観を、読みやすい文体で示してくれるものとして、読者のみなさんの役に立ちそうなものを選びました。選ばれた文章は、研修や授業の際に、資料にすることが多い文章です。研修や授業において、受講者の方の理解を促してくれる文章を選びましたので、本書においても読者の方の理解を促してくれるものと思います。

「まくら」と呼ぼうか、「コラム」と呼ぼうか迷ったのですが、本編とのかかわりが強い内容のものですので、本書では「まくら」と呼ぶことにしました。

また、九つの章を第Ⅰ部「世界の奥行きが、人間に火をつける　葛藤の中で、間違えながら、人は育つ」と第Ⅱ部「世界が動き、人が試みるとき、そこに学びが生まれる」の二つの部に分けました。この二つの部に、内容的な違いがあるわけではありません。しかし、比べてみると、第Ⅱ部のほうには、「人間を超えたものの力」を含めて、世界と人間を語ろうとする姿勢が色濃く出ています。思想的には、ジル・ドゥルーズや木村敏の影響が色濃く現れています。新型コロナウイルスの感染拡大を含めた、様々な事情の中で「人間を超えたものの力」を借りながら、いかに生きていくべきか（いかに、我が子たちを育てていくべきか）といったことを、この数年は特に考えていました。その影響が出ているのだと思います。

熱を出した悠太と過ごす。「プリンが食べたい」と急に言い出す。口の周りについたプリンと鼻水を拭ってやる。「人間を超えたものの力」にしっかりつき合おうとすると、もちゃもちゃはさらにもちゃもちゃしていきます。そんなもちゃもちゃが続くとしんどくなってきて、あるいはもちゃもちゃの中で「大事なこと」を忘れてしまいそうになって、ふと立ち止まる。

それは、生命《いのち》という「川」の流れに飲み込まれながら生きている養育者が「そろそろだな」のタイミングで岸辺に上がって、現在地を確かめるような感じ。

岸辺で一息つきながら「これからどうしよう」とふと考える。とはいえ、妙案が浮かぶわけでもない。身もふたもないことを言えば、「生きること」や「育つこと」に絶対的な正解などなく、おそらく、すべては「バランス」なのです。

それでは、何と何の「バランス」か？　大田やエリクソンの教育哲学が、やはり、多くのヒントを与えてくれます。

たとえば「自分で決めたい気持ち」と「周囲の期待に応えたい気持ち」とのバランス。あるいは、混沌と秩序とのバランス。もしくは、ダイナミックさと丁寧さのバランス。さらには、倫理と規範のバランス。野性と知性のバランス。……

もちゃもちゃの正体は、それらのバランスの絡み合いであり、人は、それらのバランスの間で葛藤しながら、生きて、育っている。そして、「葛藤」こそが「育ち」の土壌なのだから、その「葛藤」は大切なんだ。――これが、教育哲学が明らかにしてきた思想です。

繰り返しますが「もちゃもちゃ」は「つまずき」でもなければ「まちがい」でもありません。生きているものが、誠実に生きているがゆえの、ごく自然な姿です。「人間を超えたものの力」込みで、人間同士がつき合うなら、そこにはもちゃもちゃが起こります。だけど、もちゃもちゃとつき合うことは、ときに、しんどい。だからこそ、もちゃもちゃを生きる者同士が語り合う。その語り合いを通じて、「大切にしたいこと（原理・原則）」を確認し合う。その一方で、「どうするか（の判断）」はそれぞれの個人に任せる。そうした社会や組織の実現に向けて、これからも、考え続け、動き続けたいと思います。

二〇二三年四月

久保健太

本書に登場する主な思想家

●大田　堯（おおた・たかし：一九一八－二〇一八）

戦後の日本を代表する教育学者。東京大学名誉教授、都留文科大学名誉教授。

人間は「二本の棒」を「箸」という食器にすることもできれば、「（ドラムの）スティック」という楽器にもできる。砂場では「絵筆」という筆記用具にすることもできる。そうして素材から様々な意味を引き出すことと同じように、一つの状況（問題）から様々な解決策（答え）を編み出すことができる。それが人間の人間たるゆえんである。しかし、それだからこそ、どの解決策を選ぶかで迷い、悩む。そのような迷いや悩みの中にこそ、人間が人間になるための「偉大なる混とん」が潜んでいる。そうした混とんは「ゆきどまり」「つまずき」「まちがい」だと見なされてしまうが、人間は「ゆきどまり」「つまずき」「まちがい」を繰り返しながら、自分のことを自分で育てていくのである。これが、大田の言う「学ぶ」ということである。


主著：『学力とはなにか』国土社、一九六九年。

『教育の探求』東京大学出版会、一九七三年。

『教育とは何かを問いつづけて』岩波書店、一九八三年。

『教育とは何か』岩波書店、一九九〇年。

『大田堯自撰集成（全四巻、補巻）』藤原書店、二〇一三年〜二〇一四年、二〇一七年。

●木村　敏（きむら・びん：一九三一－二〇二一）

日本の医学者・精神科医。京都大学名誉教授。「あいだ」を基軸とする独自の人間学を構築して、国内外に影響を与えた。

生きているということを実感していることと、生きていたことを確かめることは似ているけれど、少し違う。木村は、「いまここ」を実感しているときの「現実感」をアクチュアリティと呼び、事後的に確かめたときに得られる「実在感」をリアリティと呼んだ。そして、人間にはアクチュアリティとリアリティが二重に働いていることが大事だと考えた。

主著：『時間と自己』中央公論新社、一九八二年。
『精神医学から臨床哲学へ』ミネルヴァ書房、二〇一〇年。
『あいだと生命――臨床哲学論文集』創元社、二〇一四年。
『木村敏著作集（全八巻）』弘文堂、二〇〇一年。

● エリク・H・エリクソン（Erik Homburger Erikson: 1902–1994）

アメリカ合衆国の発達心理学者で、精神分析家。イェール大学、カリフォルニア大学バークレー校、ハーバード大学の教員を歴任。エピジェネティック図式や「アイデンティティ」の概念を提唱。

大田は学びの根に「迷い」「悩み」を置いた。言い換えれば「葛藤」を置いた。そうした「迷い」「悩み」「葛藤」をエリクソンは「危機」と呼ぶ。エリクソンに言わせれば、人間の人生は葛藤（危機）の連続である。人間は、そうした葛藤を、周囲との関わりの中で乗り越えていく。乗り越えたときに、人格的な強さ（徳）が開花する。人間のlife（生命、生活、生涯）は、そうしたプロセスをたどる。それがエリクソンの人間論である。

主著：*Childhood and Society.* W. W. Norton, 1950.（仁科弥生（訳）『幼児期と社会　1・2』みすず書房、一九七七年・一九八〇年。）
Identity and the life cycle. International Universities Press, 1959.（西平直・中島由恵（訳）『アイデンティティとライフサイクル』誠信書房、二〇一一年。）
Insight and responsibility: Lectures on the ethical implications of psychoanalytic insight. Norton, 1964.（鑪幹八郎（訳）『洞

察と責任――精神分析の臨床と倫理』誠信書房、一九七一年、改訳版二〇一六年。）

Toys and reasons: Stages in the ritualization in experience. Norton, 1977.（近藤邦夫（訳）『玩具と理性――経験の儀式化の諸段階』みすず書房、一九八一年。）

● ジル・ドゥルーズ（Gilles Deleuze: 1925–1995）

フランスの哲学者。パリ第8大学で哲学の教授を務める。二〇世紀のフランス現代哲学を代表する哲学者の一人。フェリックス・ガタリ（Pierre-Félix Guattari: 1930–1992）との共著の中で、リゾームや器官なき身体などの概念を創造。

生きていると欲望（したいこと、したくないこと）が生まれてくる。そうした欲望が、私という人間を成り立たせている。だとしたら、そうした欲望はどこからやって来るのか？　そして、そうした欲望を実感し、吟味しながら、私が私の行動を選び、決めていくことが、私という主体のあり方ではないのか？　そのような視点から、世界とは何か？　主体とは何か？　学びとは何か？　といった問いを考えたのがドゥルーズである。

主著：*Différence et répétition*. Presses Universitaires de France, 1968.（財津理（訳）『差異と反復（上・下）』河出書房新社、二〇〇七年。）

Logique du sens. Les Éditions de Minuit, 1969.（小泉義之（訳）『意味の論理学（上・下）』河出書房新社、二〇〇七年。）

〈※以下は、ガタリとの共著〉

L'Anti-Œdipe: Capitalisme et schizophrénie. Les Éditions de Minuit, 1972.（宇野邦一（訳）『アンチ・オイディプス――資本主義と分裂症（上・下）』河出書房新社、二〇〇六年。）

Mille Plateaux: Capitalisme et schizophrénie. Les Éditions de Minuit, 1980.（宇野邦一ほか（訳）『千のプラトー――資本主義と分裂症（上・中・下）』河出書房新社、二〇一〇年。）

目次

第Ⅰ部　世界の奥行きが、人間に火をつける　葛藤の中で、間違えながら、人は育つ

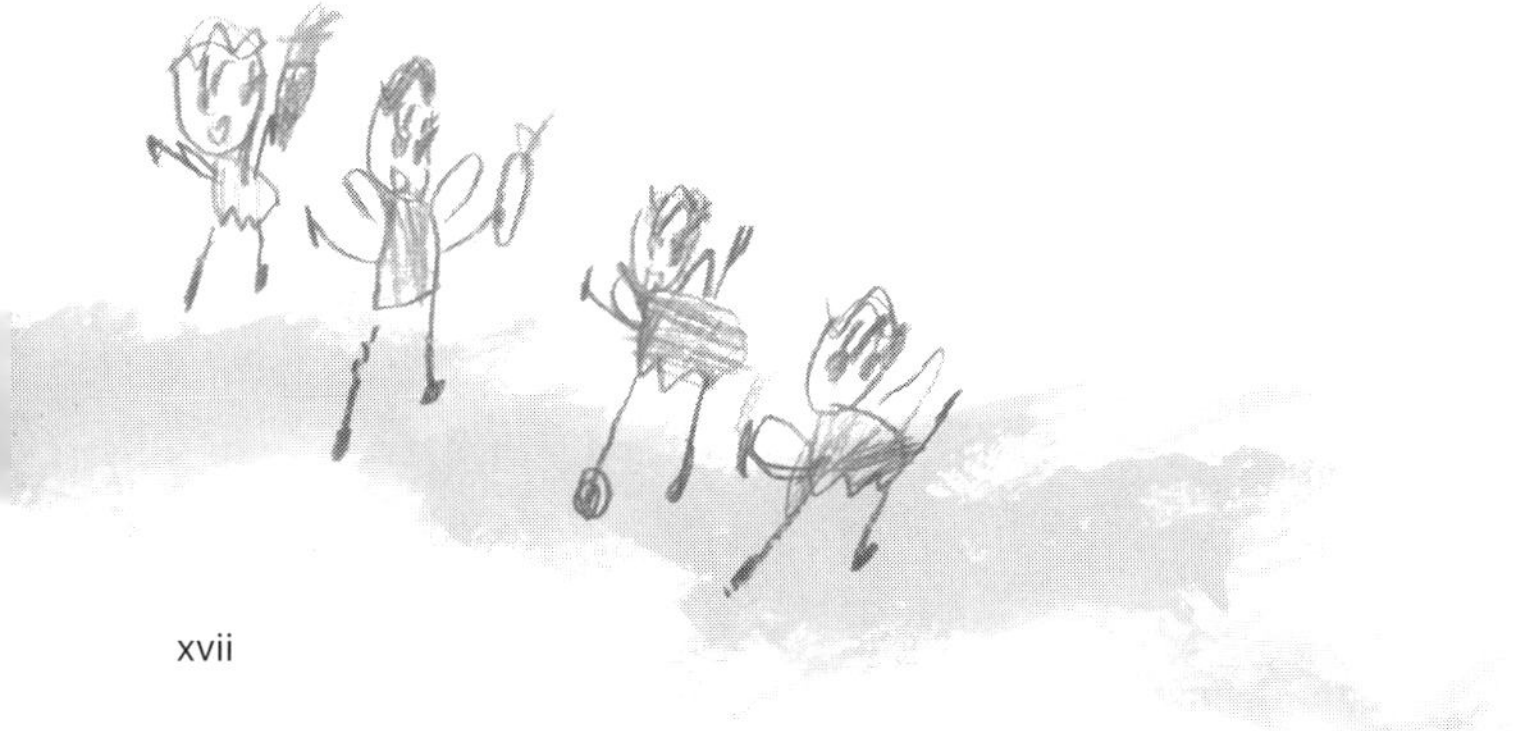

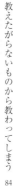

第３章　日常生活と民主主義と教育をつなぐ理論——エリクソンの人間論　101

第３章　補論　「第Ⅱ期」からの「学び」——エリクソンと矢野智司　119

第Ⅱ部　世界が動き、人が試みるとき、そこに学びが生まれる　129

まくら１　一人ひとりの「センス」を軸にした学びへ　131

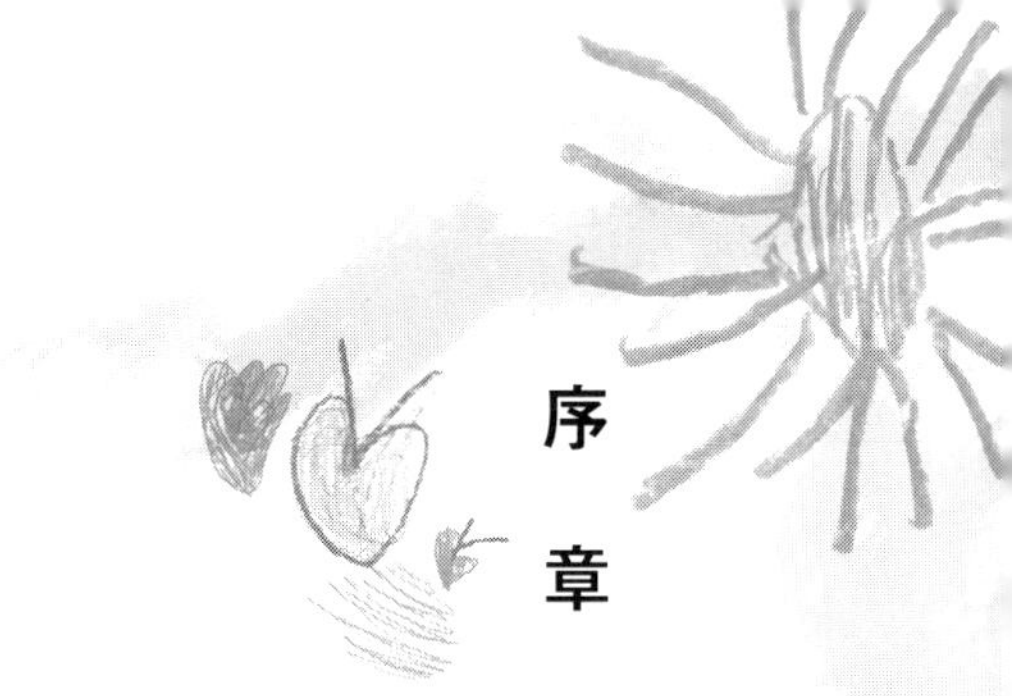

序章　生命《いのち》の教育学

本章は、この本のために、書き下ろした文章です。

二〇二三年三月。晃子（六歳）が小学校入学を控えた春休みに書きました。大日向小学校（佐久穂町）の理事をお引き受けすることが決まった春休みでもあります。「育児」と「教育」（とくに学校教育）とのつながりの、その渦中に身を投じる前に、この文章を書く機会をいただいたことは、本当に幸運です。

「はじめに」で記したように、次章以降で論じられる大田堯、ジル・ドゥルーズ、木村敏、エリク・H・エリクソンらの思想をかいつまんで紹介し、本書全体の「道案内」となることをもくろみました。

しかし、それらの思想をかいつまめるはずなどなく、いろいろな方に読んでいただきながら、加筆修正を繰り返したところ、六〇頁にもなってしまいました。

序章が六〇頁もある本になってしまっては、読者の皆さんに申し訳なく思い、章を分けようとしました。しかし、この六〇頁が一つのまとまりをもっていて、うまく分けることができませんでした。ですので、分けないままに載せることにしました。

大田、ドゥルーズ、木村、エリクソン。一つひとつの山でさえ果てしなく大きいのに、それらが連なると、その連峰《れんぽう》の大きさは計り知れません。その大きさを甘く見て「道案内」を

試みたことが浅はかでした。

　連峰は大きく、道案内は拙い。いっぺんに読み通すことは難しいと思います。読者のみなさんには、ゆっくり読んでいただければ幸いです。

第1節　教わりたくないけど、学びたい

1　教わりたくないけど、学びたい

教わりたくないけど、学びたい。学びたいけど、教わりたいわけじゃない。

思えば、十歳くらいの頃から、そんな気分で生きてきました。中学生の頃からギターを弾いて、ジョン・レノンの狂った歌を歌っていました。

ギターだって、別に誰かに教わったわけじゃない。何だかムカついて、だから、ギターを弾いて、ザ・ブルーハーツ（THE BLUE HEARTS）を聴いて、「俺がまちがってんじゃなくて、学校がまちがってんだよ」と悪態をついて、だけど「このままじゃだめになる」と思って、ザ・ブルーハーツのCDを全部、捨てました。

気がついたら、いつのまにか、ギターをそこそこ弾けるようになっていました。

昨日も、昼間からビールを飲んで、我が子たちとドラえもんやプリキュアの歌をギター片手に歌っ

ていました。

大学生になった私は「教わりたくないけど、学びたい」という気分のまま、「教わらなくても、人は、学ぶ」ということを確かめたくて（実際に、私のギターがそうだったから）、教育学部に行きました。

そうしたら、教育学部では「教え方の研究」をさかんに行っていました。

マイリマシタ。

いま思えば、当時の東京大学にいた汐見稔幸先生、佐伯胖先生、佐藤学先生たちは「教わらなくても、人は、学ぶ」という思想のうえで、「教え方の研究」をしていたのですが、生意気な私にはそこまでの洞察ができませんでした。

その後、紆余曲折を経て、保育の世界の友人も増えました。

それらの友人は、やさしいけど、ブッキラボウです。

私は、このブッキラボウが大事だと思っています。

だって、やさしい人には、教えたがりが多いから。

言い換えれば、やさしい人たちは「教え方の研究」をしがちだから。

教え方の研究なんて要らない。とは言いませんが、教えることに一生懸命になるくらいなら、「学びたい！」と思った人間が「その人なりのやり方」を試すことを許してほしい。

とても簡単なことです。

ギターを弾きたい。そんな気持ちがあれば、「自分なりのやり方」から始めて、徐々に「正しいやり方」を身につけていきます。

「正しいやり方を知らないと、本人が、いつか困るから」と思うかもしれませんが、困ったときには、信頼できる相手を見つけて、自分で相談します。

そんな相談相手が五人くらいいるような、そんな人間がたくさん育つといいと思っています。

2　学びとは何か

「人間は、教わらなくても、学ぶ」という思想から出発して、哲学を学んできました。

そんな私が父親になりました。我が子に願うことはシンプルです。それは「自分のカラダの声を聴けるようになってほしい」ということ。そして「工夫すること、アタマを使うこと、考えることが大好きになってほしい」ということ。

ありがたいことに、人間は、自分のカラダの声を聴けるように生まれてくるし、アタマを使うこと、考えることが大好きな状態で生まれてきます。だから、我が子の中にある、その種が開花するように暮らしていきます。

そのとき参考になるのは「（世界の）奥行き」「センス・オブ・ワンダー」「生《なま》の主体性」「生きている実感（アクチュアリティ）」「間《ま》をとること」といった先人たちの言葉。それらの言葉は、大田堯、ジル・ドゥルーズ、木村敏、エリク・H・エリクソンといった先人が[*1]「学び」や「育ち」を語るときに使ってきた言葉です。それらの言葉で語られる思想は、私の育児にも大きな影響を与えています。そのエッセンスを一言で言うならば、「できないけど、やりたい。やりたいけど、できない。そんなとき、人は一番学ぶ」ということ（写真序－1参照）。登りたいけど、登れない。ちぎりたいけど、ちぎれない。乗りたいけど、乗れない。わかりたいけど、わからない。そんなとき、人は一番、学ぶ。

写真序－1　やりたいけど、できない

猫の手を借りる。ワラにもすがる。ネコからでも、ワラからでも、学ぼうとする。人の吸収力（学ぶ力）が最大になる瞬間です。そうして、小さな失敗と小さな成功を繰り返しながら、自分なりの工夫をする。カラダの声を聴きながら、たくさんアタマを使う。気がついたら、いつの間に

＊1　「本書に登場する主な思想家」（xi－xiii頁）を参照ください。ちなみに「自分のカラダの声を聴くこと」は、ドゥルーズが「新しい主体性」という言葉で語る人間観と通じています。ジル・ドゥルーズ、宇野邦一（訳）『フーコー』河出書房新社、二〇〇七年、一八五頁に登場する「自己との関係」という言葉や、二一七頁に登場する「新しい主体性の生産」という言葉で語られる人間観が、それです（本書第6章も参照）。また、「工夫すること、アタマを使うこと、考えることが大好きでいること」をエリクソンは「第Ⅳ期」の人間の姿として語ります。Erikson, E. H. (1964). *Insight and responsibility*. W. W. Norton & Company. pp. 122-124で語られる「有能感（competence）」の思想が、それです。

か、自分にとって必要な知識・技術が身についている。それが「学び」です。人間は、教わらなくても、学ぶのです。

そうしたプロセスの傍らでは、「できなくても、やれば、できる」という感覚も開花しています。それは、エリクソンが「有能感（competence）」と呼ぶ感覚です。小さな失敗を繰り返し、それでも挑戦し、自分の力で、成功へと近づいていく。その体験が「有能感」を開花させます。

そのプロセスの土台には、「できなくても、見放されない」という感覚が必要です。それは、エリクソンが「基本的信頼（basic trust）」と呼ぶ感覚です。この感覚があるからこそ、人間は、安心して失敗をすることができる。安心して、挑戦を繰り返すことができる。そこで生まれる工夫が「学び」を生み出し、小さな「できた！」の積み重ねが「有能感」を開花させてゆく。

信頼感（trust）と有能感（competence）。エリクソンに言わせれば、この二つが自己肯定感の軸です。となると、考えたくなるのは「やりたい！（やりたくない！）」という気持ちはどこから来るのか？ということ。そのヒントをくれるのはドゥルーズが「新しい主体性」という言葉で語る思想です。

その思想を紹介するためにも、研究者としての私が考えていることを書いておきます。それは、教育の考え方をズラしていくということ。マイナーチェンジさせていくこと。どういうことか？　保育・教育関係者の方や、企業の研修担当の方と勉強会をしていると「①教育者がカリキュラム（教育計画）を立てて、②学習者がカリキュラムを無理なくこなせるように、教育者が支援すること」を教育だと考えている方に出会います。その意義を否定はしませんが、まずは、本人の中に「やりたい！」の火がつくこと。そのためにも「（世界の）奥行き」と生《なま》に出会うこと。そうして、様々な感覚（やりたい！やりたくない！）が生まれる「場所」としての自分を生きること（これが「新しい主体性」を生きることです）[*2]。それを学びや育ちの土台に据えたい。教育者からの動機づけよりも、世界の奥行きとの出会いを起点にしたい。

そのうえで、自分の中に生まれてきた様々な感覚を整理しながら、自分の意志で「するかしないか」を選ぶこと。それも大事にしたい。

そのような人間観に立って、我が子たちを見ていると、自分の中に生まれてきた様々な感覚を整理しながら「するかしないか」を選ぶ、その選び方が、年齢を重ねるにつれて、どんどん複雑になっていくことに気づきます。たとえば、「みてて！　みてて！」を口にし始める時期、その時期には、明らかに、身近な人の視線や期待を意識して「するかしないか」を選んでいます。さらには、食事のときに食器を並べることをお手伝いし始める時期。その時期には、自分の役割や、家事の順番を意識して「するかしないか」を選んでいます。

だとしたら、「するかしないか」を選ぶ、その選び方が複雑になっていくことを「学び」や「育ち」

*2　詳細は本章第3節の「1」および本書第6章を参照ください。また、ここで言っていることは「生きている実感」に充たされることでもあります。その状態を木村敏は「アクチュアリティ」という言葉で語ります。アクチュアリティについて、詳しくは本章第3節の「2」で述べます。なお、木村とドゥルーズとでは「アクチュアリティ」という言葉に込める意味が異なっていますので、ご注意ください。

と呼ぶこともできそうです。

このようにして、教育の考え方や発達の考え方をズラしていくという作業は「ドゥルーズとエリクソンの思想をつなぐ。その際に、大田や木村の力を借りる」ということで果たせるように思います。それは、「Ⓐ世界の奥行きに人間が出会い、吸い込まれるとき、そこに〝なんかいい／なんかやだ〟といった感覚が生じていること（生《なま》の主体性、新しい主体性）」と「Ⓑその感覚を整理し、自分の意志で〝するかしないか〟を選ぶこと（自分の意志で行為を選ぶ主体性）」という二つの主体性から人間を捉えることであり、〝するかしないか〟の選び方が複雑になっていくプロセスとして、人間の「育ち」を捉えることです。

このまま話を進めると、話が抽象的になりすぎるので、ここから先は『子どもの文化』（文民教育協会子どもの文化研究所）に連載している「育児日記」を引きながら、いま述べたことをさらに考えていきます。[*3]

3　我が子たちとの暮らしの中で

二〇二三年一月二十七日（金）
写真は登園中の悠太（二歳）。まっすぐ歩きやしない（写真序－2）。足元にきれいな石を見つけな

写真序－2　右へ行ったり、左へ行ったり

写真序－3　ニコニコの顔

がら、右へ行ったり、左へ行ったりして歩いている。
と思いきや、猫が横切ったのを見て、急に走り出す。
「ゆうた、あぶないから、あるいて！」と声をかけると、
ニコニコの顔で戻ってくる（写真序－3）。かわいい。
一事が万事、こんな感じだ。人は、人を、まっすぐ歩かせることすらできない。

思えば昨夜だって、早く寝てほしいのに、寝やしなかった。
それは、それで、しょうがない。
悠太に「眠気」が到来するような環境だけ準備して、
あとは、その到来を、一緒に待つ。
人間にできるのは、それだけ。

＊3　本章に掲載の日記は、久保健太「寝落ちする日々　久保健太の育児日記（第一回～第二〇回）」『子どもの文化』二〇二一年四月号～二〇二三年四月号から抜粋しました。

この考え方に出会って、子どもと過ごす時間は、かなり楽になった。子どもを待てるようになった。早く寝てほしいとか、あと五分で寝かせなきゃとか、余計なことは考えずに、布団の中で、絵本でも読みながら、無心になって、「眠気」の到来を一緒に待つ。

もし、到来しなくても、それは「いいこと（プラス）」でもないし、「だめなこと（マイナス）」でもない。それは、それで「ただ、そこに起きたこと、到来したこと」。

人が、人を寝かせることができる。はては、育てることができる。そのような考え方がはびこると、「うまく寝かせることができないのは、あなたの寝かせ方が悪いからだ」という考え方がはびこって、「うまく育てることができないのは、あなたの育て方が悪いからだ」という考え方がはびこる。

そんな社会で、子どもを育てたいと思える人間が増えるはずなんてない。

＊

二〇二三年一月三一日（火）

と言いつつも、人間どうしで暮らしていると、待てないことも多々ある。

今朝、登園時間が迫っているのに、シルバニアファミリーで遊び始めたときが、そうだった（写真序－４）。

写真序－4　シルバニアファミリーで遊び始める

そんなときは「待つ」ことはせずに「出発するから、片づけて、ジャンパー着てくれ」と言葉にする。

だって、私からは「早く出発しようよ」のオーラが、どうせ出ているはずだから。

だから、そのオーラが「無言の圧力」にならないように、言葉で伝える。

そうしないと「子どもたちが決めていいって言ってるくせに、結局、お父さんが決めてんじゃん」という「疑惑」（エリクソン）が、子どもたちに生じてしまう。それは嫌だから、待てないときは待てないと伝えている。

つい先日の日記です。まずは砂利道の悠太。右へ行ったり、左へ行ったりしながら、きれいな石を探しています。そんな悠太を見ていると、「教わらなくても、人は、学ぶ」ということを強く感じます。

悠太を動かしているのは、目の前でキラキラ光る石です。人間を超えたものが、人間を動かす。そうして、石を手に取る。その石をジッとのぞき込む。石の表面に黒いボツボツがある。別の石を拾ってみる。その石にはボツボツがない。だけど、白い傷がある。また、別の石を拾ってみる……。

なんてことを繰り返していたら、目の前を何かが横切る。「あ！　ねこだ！」と口にすることもなく、その影を追いかける。後ろから、お父さんの「あぶない！」という声が聞こえる。ふと我に返って、お父さんのところに戻る。

悠太が、我を忘れて、石の世界に吸い込まれ、飲み込まれ、包み込まれている姿を見ながら、私は、昨年（二〇二二年）の五月に、娘たちと海に行ったときのことを思い出していました。

第2節　教わらなくても、人は、学ぶ

1　「奥行き」に吸い込まれ、飲み込まれ、包み込まれる

二〇二二年五月八日（日）

娘たちと「海の公園」（横浜市金沢区）に行きました。我が家から歩いて五分くらいのところにある公園です。

今日は、とても暑い日でした。公園に着くなり、子どもたちは裸足になって走り回ります。

波打ち際にプクプクと泡の出ている砂を見つけて、のぞき込んでいます（写真序－5）。そこに、大きな波が来て、晃子（五歳）の足が濡れました。

写真序－5　波打ち際の子どもたち

水の冷たさが心地よかったのか、晃子は自分から、少しずつ、海に入っていきました。

最初はくるぶし。次にふくらはぎ。そして、膝。ワンピースをたくし上げながら、徐々に体を濡らしていきます。

そこに大きな波が来て、晃子のワンピースが濡れました。

晃子はワンピースを脱いで、パンツ一丁になりました。膝上まで入ったところで、パンツも脱ぎました。そうして、スッポンポンになりました。気がついたら、いつの間にか、妹の響子（三歳）もスッポンポンになっていました。


やはりここでも人間を動かしているのは人間を超えたものです。より正確に言うと、世界の「奥行き」とでも言うべきものが、人間を動かしています。

たとえば水は、様々な奥行きをもっています。ノドを潤す飲料水にもなれば、手を洗う洗浄水にもなる。丸太を運ぶ輸送手段にもなる。水がもつ、そうした多面性を、哲学では「奥行き」という言葉で言い表します（本書第6章参照）。人間は、そんな水の奥行きに生かされてきました。そしていま、目の前の晃子も、水の奥行きに生かされています。晃子を濡らした波の水は、暑さの中での「一服の清涼剤」でありながら、深海へと続く「不気味への入り口」でもあります。

心地いい、だけど、ちょっと怖い。だから、「いきなりザブン！」はしない。少しずつ、少しずつ、自分の足を浸していく。「ちょっと怖いな。でも気持ちいいな」と自分の足を濡らしているうちに、徐々に、水の奥行きに吸い込まれていきます。

2　到来する出来事に、人間は生かされている（中動態）

子どもと「奥行き」との出会いを見ていると、二つのことに気づきます。

一つ目は、そうした出会いは、偶然込みで、人間を超えたものの力によって訪れるということ。晃子の足が、波に濡れたことで、晃子は水の「心地よさ」と「怖さ」を垣間見ました。誰かが濡らしたわけではありません。人間を超えたものの力によって「濡れる」という出来事が到来したのです。

中動態という考え方があります（本書第5章で詳しく論じます）。「濡らす」という能動態と「濡れる」という中動態とを分けて考えるという考え方です（図序－1参照）。「濡らす」という出来事が、濡らそうとする人間の意志を前提としているのに対して、「濡れる」という出来事は、人間の意志を超え

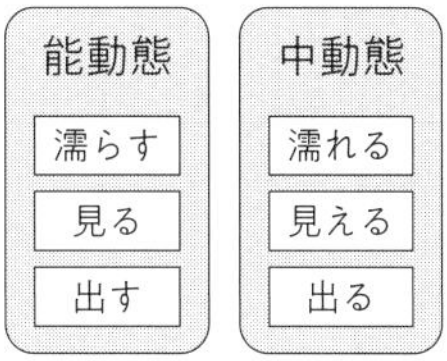

図序－1　能動態と中動態
出所：筆者作成。

た働きによって到来します。

我が子たちを見ていると、人間の意志を超えた働きによって、世界に出会ってしまっていることが多々あります。波打ち際のブクブクも、「見た」わけではなく「見えた」わけだし、晃子の足も「濡らした」わけではなく「濡れた」わけです。

世界の奥行きに、人間の意志を超えた力によって、偶然出会う。その点が「奥行き」と子どもとの出会いを見ていて感じることの一つ目です。

3　自然は教えたがらない

二つ目は、そうして繰り広げられる奥行きに、人間のセンス・オブ・ワンダーが反応してしまっていること。そのとき、様々なイメージ、アイデア、欲望、選択肢が湧き出ていること。

たとえば、晃子がプクプクと泡の出ている砂を見つけたとき、「なんだこりゃ!?」という驚きが、晃子を飲み込みます。[*4] 世界が垣間見せた「奥行き」。晃子からしてみれば「知らなかった世界」。そうした奥行きに出会ったことで生じる「驚き」。

その驚きに吸い込まれるようにして、砂をのぞき込む。そうすると、プクプクが止む。それでも、のぞき込んでいると、またプクプクと泡が出てくる。そして、止む。たまらなくなって、砂を掘ってみる。そこに大きな波が来て、足を濡らす。その心地よさにプクプクを忘れて、足を濡らしたくなる。そうして海に入っていくと、ワンピースが濡れる。濡れないようにワンピースを脱いで、膝上まで、海に浸かる。いつしか、プクプクのことは頭から離れ、気がついたら、いつの間にか、スッポンポンになっている。

そのとき、晃子の中では、様々な感覚が生まれています。「ワンピースが濡れちゃった。なんか気持ち悪いな」「今日は暑いけど、水の中に入ったら、なんか気持ちいいな」「あっちのほうで、泳いでいる子がいるな。自分と同じくらいかな。私もあそこまで行ってみたいな。けど、怖いな」。

世界がその奥行きを垣間見せるものだから、人間の側では「こっちはどうなっているんだ」「こうしたらどうなるんだ」というアイデアや、「なんだか気持ち悪くて、けど気持ちよくて、不思議だけど、不気味だな」という感覚が、次々に湧いてきてしまいます。

そうして、人間は、世界の奥行きに生かされています。

砂利道での悠太も、まさにそう。石や猫が見えてしまうから、まっすぐ歩きやしない。しかし、それでいいのです。予期できない出来事が到来する中で、子どもたちのセンス・オブ・ワンダーが発火するのです。そうして子どもたちの中に「やりたい！」の火が発火します。大田堯は三一年前（一九九二年）の「新春インタビュー」で次のように語っています。

自然というものは、センス・オブ・ワンダーを子どもから引き出すと同時に、自然そのものがいろいろな興味をひき起こしてくれます。つまり、教えたがらないところに、自然のよさがあります。[*5]

大田が書いているように、自然は人間に火をつけようとしているわけではありません。自然は、世界は、人間にお構いなしに、その奥行きを繰り広げているに過ぎない。そうして繰り広げられる奥行きに、人間のセンス・オブ・ワンダーが、勝手に反応してしまうのです。

主導権は、完全に、自然の側にあります。人間は、自然界にお邪魔しているにすぎません。[*6] 火がつきやすい環境だけ準備して、あとはその到来を待つ。

人間が人間に火をつけることはあまりできません。それを無理にやろうとすると、火のついた人とついてない人とを比べて、競争心をあおろうとしたり、火のついていない人を周囲の視線にさらして、

*4 世界に飲み込まれる体験を、矢野智司は「溶解体験」と呼びます。矢野智司『意味が躍動する生とは何か――遊ぶ子どもの人間学』世織書房、二〇〇六年、及び、矢野智司『贈与と交換の教育学――漱石、賢治と純粋贈与のレッスン』東京大学出版会、二〇〇八年など参照ください。

*5 大田堯「特集〈新春インタビュー〉今、『子どものしあわせ』とは」『子どものしあわせ』一月号、一九九二年、一二一－一二七頁。

*6 矢野智司は、人間が自然界（生命界）にお邪魔すること、言い換えれば、主人である自然界に招かれた存在であることを、人間が自然界に「召還」されることと呼んでいます。人間が自然を「召喚」するのではありません。自然が人間を「召還」するのです。矢野智司『贈与と交換の教育学――漱石、賢治と純粋贈与のレッスン』東京大学出版会、二〇〇八年、一三七頁。

「火がついていないのはあなただけだよ」と恥ずかしさを味わわせたりすることにもなります。それは嫌だから、火のつきやすい環境だけ準備して、あとは、その到来を一緒に待つ。

それは悠太の眠気も一緒です。

私たちは「人が人を育てることができる」という観念にとらわれすぎているのではないでしょうか。そうして、自分たちを苦しめていないでしょうか。火のつきやすい環境の準備は必要ですが、火がつくかどうかは天のみぞ知る、です。

火がつかなくても、それはいいことでも、悪いことでもなく、ただそこに起きたこと、なのです。「やりたい！」に火がつくのを望みつつ、しかし、待つしかありません。

4　「やりたい」に火がつく

世界の奥行きに出会ったとき、我が子たちの中には、様々なイメージ、アイデア、選択肢が湧き出ていました。言い換えれば、我が子たちには「やりたい！」の種火がついていました。

偶然、足が「濡れた」とき、晃子の中に「気持ちいいなあ」という感覚が生まれる。そして、偶然出会った気持ちよさに、もう一度、出会おうとして、自分から足を「濡らす」。

先ほどの中動態の世界観から見れば、「濡らす」と「濡れる」は違います。「濡らす」は思い通りに行くけれど、「濡れる」はそうではありません。そこには偶然が混じってきます。

「濡れる」という偶然によって、晃子は波の「奥行き」に出会いました。その後、晃子は、波の「奥行き」に出会おうとして、意志的に足を「濡らし」ています。ここに「学び」の根があるように思います。

いったん整理します。

「奥行き」に出会うことで「なんだか気持ち悪くて、けど気持ちいい」という感覚が湧いてくる。そうして、「濡らしたい」に火がついて、その火が徐々に大きくなっていく。濡らしているうちに、〝もっと！　もっと！〟が湧いてきて、「濡らしたい」が「潜りたい」や「泳ぎたい」へと展開していく。しかし、そのうちに「潜りたいけど、うまく潜れない」ときが来る。様々な工夫をしながら、「やった！潜れた！」という瞬間が訪れる。気がついたら、いつの間にか、潜り方が身についている。のみならず、波の心地よさも怖さも知っていく。そうして、技術も知識も身につけていく。[*7]

「やりたい！」から始まった学びが「やりたいけど、できない」を経て、「やった！　できた！」に至る。そのとき、気がついたら、いつの間にか、技術や知識が身についている（詳しくは本書第2章を参照ください）。

このような「学び」は「やりたい！」の火がつくところを学習のスタートに置くのですが、子ども

*7　このとき、晃子の中には、様々な感覚（センス）が生まれていて、そのようなセンスが知識へと形を変えていきます。その点については本書第4章を参照ください。

たちを見ていると、「やりたい！」の火は、人間を超えたものとの出会いによって、とりわけ、世界の「奥行き」との出会いによって、発火しています。その火は、世界の「奥行き」に吸い込まれ、飲み込まれ、包み込まれることで、どんどん大きくなっていきます。

やはり、大事なことは、人間を超えたものの力を借りること。そして、「正しいやり方」よりも「その人なりのやり方」を許すこと。失敗や試行錯誤も許すこと（これも本書第2章を参照ください）。

そうすれば、「やりたい！」の火を原動力にして、試行錯誤を続け、「やった！　できた！」に至ります。これが「教わらなくても、人は、学ぶ」ということの正体です。

第3節　一緒に笑って楽しんだ記憶

1　生《なま》の主体性――「場所」としての主体性（新しい主体性）

晃子と波との出会いには、まだまだ続きがあります。

膝まで海に入ろうとしたところに波が来て、ワンピースが濡れました。なので晃子はワンピースを脱いでパンツ一丁になりました。膝上まで海に入ったところで、パンツも脱ぎました。そうして、スッポンポンになりました。気がついたら、いつの間にか、妹の響子（三歳）もスッポンポンになっていました。

スッポンポンになった我が子たちに、私は痛快を感じました。

どうして、私は、痛快を感じたのでしょう。それは、晃子と響子が、自分の五感を丸ごと使いながら、世界の奥行きの力を借りて、「野生の主体性」「生《なま》の主体性」を生きていたからです。人間が主体的であるためには、人間を超えたものとの偶然込みのかかわりが必要です。本書第6章で詳しく論じますが、私は、この考え方を、ジル・ドゥルーズと、リゼロット・マリエット・オルソン[*8]から学びました。両者の思想を研究する中で登場したのが「生《なま》の主体性」という言葉です。

たとえば、晃子がプクプクや波の世界に吸い込まれるとき、「なんか気持ち悪いな」とか、「なんか気持ちいいな」とか、「おもしろそうだけど、怖いな」といった様々な感覚が生まれています。晃子は、これらの感覚を整理して「するかしないか」を選び、行動に移しています。このとき、晃子の中では「Ⓐ様々な感覚が生まれてしまうこと」と「Ⓑ様々な感覚を整理し、自分の意志で行為を選ぶこと」という二つのことが起きています。

この二つのうち、これまでは「Ⓑ自分の意志で行為を選ぶこと」だけが主体性だと考えられてきました。しかし、ドゥルーズやオルソンは「Ⓐ様々な感覚が生まれてしまうこと」の次元で、主体性を捉えようとしています。それは「主体」を、何らかの「行為主体」として考えることに加えて、様々

＊8　リゼロット・マリエット・オルソン（Olsson, L. M.）：スウェーデンの教育哲学者。ジル・ドゥルーズとフェリックス・ガタリの思想を土台にしながら、乳幼児教育の課題を批判的に検討しています。

な感覚が生まれ出る「場所」としても考えるという「新しい主体性」の考え方です。

　ドゥルーズやオルソンの気持ちは、とてもよくわかります。というのも、「Ⓑ自分の意志で行為を選ぶこと」だけを主体性と呼んでしまうと（「主体」を「行為主体」とだけ考えてしまうと）、「与えられた選択肢の中から、自分の意志で行為を選ぶこと」でも主体性になってしまうからです。それに対して、ドゥルーズとオルソンは「Ⓐ自分の中に様々な感覚が生まれてしまうこと」言い換えれば「自分の中に、様々な選択肢が生まれてしまうこと」――つまり、様々な感覚や選択肢が生まれ出る「場所」として「主体」があること――を、まずは主体性と呼ぼうと言っているのです（詳しくは本書第6章を参照ください[*9]）。

　晃子の足が波に濡れたとき、「なんか気持ち悪いな。だけど、気持ちいいな」「なんだか不気味だな。だけど、のぞいてみたいな」「おもしろそうだけど、怖いな」、そうしたかたちで、まずは感覚が生じてしまう。言い換えれば「するかしないか」の選択肢の素《もと》が生じてしまう。その素《もと》を、自分の中で吟味しながら、「するかしないか」を決めていく。それは「Ⓐ様々な感覚（選択肢）が生まれてしまうこと」と「Ⓑ様々な感覚（選択肢）を整理し、自分の意志で行為を選ぶこと」の両方を生きることです。その両輪を「主体性」と呼ぼう――これがドゥルーズやオルソンが考えたことです。

　この本では、Ⓐの主体性を「生《なま》の主体性」と呼んで、Ⓑの主体性（自分の意志で行為を選ぶ主体性）と呼び分けます。

「生《なま》の主体性」という考え方の優れた点は、赤ちゃんの主体性を考えることができる点です。赤ちゃんは、大人と同じようには行為を発揮しません。ですので、Ⓑだけを主体性と呼んでしまうと、赤ちゃんの主体性を説明しづらくなってしまいます。しかし、世界（の奥行き）と出会うことによって、赤ちゃんの中には様々な感覚が生まれています。むしろ、我々大人以上に、赤ちゃんは世界そのものと出会っています。「これは石だ」とか「あれは海だ」といった言葉を媒介せずに、五感を通じて、世界そのものと出会っています。つまり、赤ちゃんは「生《なま》の主体性」を生きています。

さて、「生《なま》の主体性」を生きているのは赤ちゃんだけではありません。私たち人間は、一人ひとりが「生《なま》の主体性」を生きています。この私の中にも、様々な感覚が、一瞬一瞬、生まれています。自分の中に、様々な感覚が生まれてくる。その生成を感じること。それが「生《なま》の主体性」を生きることです。

それは、スッポンポンになって海に入っている我が子たちも同じ。彼女たちは、海の「奥行き」に吸い込まれながら、「これは海だ」などとは考えずに、海そのものを感じています。まさに「生《なま》の主体性」を生きているのです。

＊9　本書第7章では、大田堯の教育思想を検討し、大田が「生命一般の特徴」と「人間の固有性」とが、人間の中に存在するという人間観・生命観に立っていたことを明らかにします。それは「生《なま》の主体性」と「自分の意志で行為を選ぶ主体性」とが人間の中に存在するという人間観・生命観と通じ合うものだと言えそうです。

2　アクチュアリティ――一緒に笑って楽しんだ記憶

自分の五感を通して、世界の奥行きと出会う。そのとき、自分の中に、様々な感覚が、現在進行形で生まれてくる。

プクプクや波の世界に吸い込まれた晃子には、「なんか気持ち悪いな」とか、「なんか気持ちいいな」とか、「おもしろそうだけど、怖いな」といった様々な感覚が生まれてくる。

こうした様々な感覚が、現在進行形で自分の中に湧いてくるとき、人は「自分が、いまここに生きている」という実感を得ます。このとき感じている「現実感」、言い換えれば「生きている実感」をアクチュアリティと呼びます（詳しくは本書第5章を参照ください）。

対して、自分が生きているということを、周囲の人との確認作業や、写真などの記録によって確かめることで得られる実在感もあります。そうして得られる「生きていたという実在感」をリアリティと呼びます。

木村敏は、人間にはアクチュアリティとリアリティの両方が必要だと言います。

たしかに、アクチュアリティは、はかなく消えて、なくなってしまいますから、リアリティのほうが拠り所になりやすいのはわかります。しかし、それでも、子どもたちにはアクチュアリティに充たされた時間を、存分に味わってほしいと思っています。自分の中に、様々な感覚が湧き上がってきて、その感覚で充たされる時間を、たくさん味わってほしいと思っています。

写真序－6　2022年5月の称名寺

写真序－7　ああ、きもちいいなあ

それは海で味わうようなアクチュアリティでなくてもいい。

一緒に称名寺（我が家の近所のお寺）を散歩したときの「ああ、きれいだなあ」という感覚でもいい（写真序－6）。

一緒に鍋をつついたときの「ああ、あったかいなあ」という感覚でもいい。

ぎゅっとくっついたときの「ああ、きもちいいなあ」という感覚でもいい（写真序－7）。

シンプルに言えば「一緒に笑って、楽しんだ記憶」がたくさん残るような、そうした時間をたくさん残してやりたい。そう思っています。

3　生きていることを感じることと、信じること

そう考えるのは、人間には、自分の存在の不確かさを感じてしまうときが、どうしてもやってくるのだと

考えるからです。それは國分功一郎の言葉でいえば「人間の運命」とでもいうものです。[*10]

子どもの頃、自分がどこから生まれてきたのか。それが、とても不思議でした。

お母さんとお父さんが出会わなかったら、僕は生まれてこなかったのか。それでも、生まれてきたとして、だとしたら、他の家の子どもとして生まれてきていたのか。

そもそも、おじいちゃんとおばあちゃんが出会わなかったら、僕は生まれてこなかったのか。

そう考えて、自分が存在していることの奇跡に感謝する、というよりは、自分が存在していることの、あまりの不確かさに、得も言われぬ不安を感じていました。

アリを親指でつぶしたときにも、似たような不安を覚えました。五歳くらいの頃です。それまでもアリをつぶしたことはありました。しかし、靴を履いた足ではなく、右手の親指で、直接、アリをつぶしたのは、そのときが最初でした。

アリが、プチっとつぶれていく、あのときの感触を、いまでも鮮明に覚えています。たしかに、そこで、アリの息の根が止まった、一つの命が死んだ、その実感が、親指の感触として伝わってきました。

アリは、僕に殺される数十秒前まで、自分が、あと数十秒後に死ぬことなど、考えてもみなかったでしょう。それでも、死んだのです。

病気やケガで弱っていたわけでもなく、健康そのものだった、その日常が、ほんの小さな少年の、ちょっとした思いつきで、終わりを告げたのです。

途方もなく巨大な親指が、いま、僕の背後から、この僕を、プチっと押しつぶす。僕はしばらくの間、そんな恐ろしい空想にとりつかれてしまいました。

本当に偶然に、生まれてきて、本当に偶然に、死ぬ。自分が、いまここに存在しているということは、あまりに不確かなことだ。そんな不安が私の根底に巣食うようになりました。

アリをつぶした経験は、自分がつぶされるかもしれないという心の傷として、私に残りました。人間が、その運命として負う「傷」について、國分功一郎は次のように述べています。


ここで注意するべきは、傷を負うことは、生きている限りそれを経ないわけにはいかない経験だということである。生きているならば必ず傷を負う。これは普遍的な現象である。但しそれはあくまでも後天的なものだ。つまり、傷を負うことは人間にとって普遍的だが、その本性ではない。それはむしろ、絶対に避けられない運命と呼ばれるべきものだ。しかしこの運命は、普遍的であるがゆえに、しばしば本性と混同されてしまう。

哲学は長らく「人間本性human nature」について考えてきた。しかし、それと並んで、「人間の運命human fate」について考える必要があるのではないだろうか。[*11]

この呼びかけに、教育（学）は応えなくてはならないと思います。

*10　國分功一郎『暇と退屈の倫理学』新潮社、二〇二二年。
*11　國分、同前書、四九八頁。

本当に偶然に、生まれてきて、本当に偶然に、死ぬ。自分がいまここに存在しているということは、あまりに不確かなことだ。

そういえば最近、四歳の次女（響子）は「お父さんは、いつか、死んじゃうの？」と問いかけてきました。おそらく、どこかで「傷」を負ったのでしょう。それは、人間の運命です。

だからこそ、人間には、自分の存在の確かさを感じさせてやりたいし、信じさせてやりたい。自分が、いまここに存在していることを実感させてやりたいし、確信させてやりたい。[*12]

それが「一緒に笑って楽しんだ記憶」をたっぷりと残してやりたいことの理由です。

一緒に笑って楽しむこと。それは、自分の中に、様々な感覚が生まれてくる、その生成を感じること、言い換えれば、生《なま》の主体性を生きることとかかわっています。そうして「自分の存在の確かさを感じ」させてやりたい。そう思っています。

第4節　人間は葛藤（せめぎ合い）を生きる

1　「冷たいけど、あったかい」「不気味だけど不思議」――ヌミノースの感覚

人間は、「自分の存在の確かさを感じ」る手立て（引き出し）を増やしていきます。特に、自分の体を自分で動かせるようになってくると「自分の欲望を、身体《からだ》を通じて、かたちにする」ことによって

「生きていることを実感し」たり、「自分の存在の確かさを感じる」ことも増えてきます。そのときも、根底にあるのは、自分の中に湧き上がってきてしまう様々な感覚と欲望です。

写真序－8　寒くないのかな

二〇二一年一一月七日（日）

海の公園に散歩に行った。

晃子（四歳）はパンツ一丁になって、膝まで海に入っていった。もちろんだが、こんな時期に海に入っている子なんて一人もいない。

晃子だって、さすがに膝までしか入らない。「寒くないのかな」。さすがに心配になる。

写真序－8は波打ち際で砂を掘る晃子。いい腰をしている。

＊12　ドゥルーズはヒュームを検討した主体性論の中で「信じることと考案することこそ、主体が主体として行うことなのである」と述べています（ジル・ドゥルーズ、木田元・財津理（訳）『経験論と主体性――ヒュームにおける人間的自然についての試論』河出書房新社、二〇〇〇年、一二八頁）。私は、ドゥルーズの思想をさらに展開して、「信じる」ということを「確かさを実感すること」と「確かさを確信すること」の二重の働きとして考えたいと思っています。

写真序－11　憮然とする悠太

写真序－10　膝上までたくし上げて

写真序－9　笑う悠太

写真序－9は同じ日の悠太（一歳）。何で笑っているのかは忘れてしまった。しかし、本人が幸せそうだから、それでいい。

＊

二〇二一年一一月二〇日（土）

この日も海の公園に行った。

さすがに晃子もパンツ一丁にはならない。響子（二歳）と一緒に裸足になって、膝まで海に入っている（写真序－10）。

悠太も元気に走り回っている。だけど、芝生の上で口から転んだ。

口の周りを、泥とヨダレと鼻水と血とでグチャグチャにして、憮然としている（写真序－11）。

拭ってやると、少し泣いたけど、あまり泣かない。

我が子ながら、いい顔つきをしている。

写真序－12　三者三様

＊

二〇二一年一一月二六日（金）

響子は歌いながらマンガを読み、晃子はボールペンで黙々と絵を描いている。悠太はそんな二人に挟まれながら、体を揺らしている。

三者三様。混在しながら、裂開して、育っている（写真序－12）。

本章第2節の「1」で紹介した「スッポンポンになる晃子」の日記が二〇二一年五月八日（日）の日記ですから、この日記は、その半年前の日記です。この日の晃子もパンツ一丁になっています（一一月なので、さすがに、スッポンポンにはなっていませんが）。

おそらく、この日も、プクプクや波に吸い込まれ、飲み込まれ、包み込まれたのでしょう。そして、そのとき、晃子の中には、様々な感覚が生まれていたのでしょう。

裸足になって、波に足を浸した晃子に「冷たくないの？」と聞いたとき、「冷たいけど、あったかい」

と晃子が口にしました。

冷たいけど、あったかい。

おそらく、本当に、そうなのです。

「冷たい」と「あったかい」は逆の言葉ですから、論理的に考えれば「冷たいけど、あったかい」なんてことはあり得ない。しかし、晃子の中には「冷たいけど、あったかい」という感覚が本当に生まれていたのです。

「冷たい」と「あったかい」。こうした相反する感覚を同時に味わう。そんなパラドックス（矛盾）を含んだ感覚を、エリクソンは「ヌミノース」の感覚（神聖な感覚）と呼びました。[*13]

「ヌミノース」という言葉は、もともとルドルフ・オットー[*14]の言葉なのですが、そのオットーまでさかのぼれば、ヌミノースの感覚とは「戦慄」「活力」「神秘」「賛美」「不気味」「魅力」などが混然一体となった感覚です。[*15]

不思議と不気味が一体になったり、冷たさとあったかさが一体になったりしながら、自分の中に湧き出てくるときの、あの感覚。怖いけど、楽しいときの、あの感覚。

卒業式で桜を見たときに「美しさ」と「哀しさ」と「寂しさ」と、ひょっとしたら四月からの新生活に向けた「ワクワク」とが一体となって湧き出てくるときの、あの感覚。それは「快」と「不快」がないまぜになった感覚。

そうしたパラドキシカルな感覚（矛盾するはずの様々な感覚が、矛盾なく同居しているときの感覚）。

それが、ヌミノースの感覚です（本書第5章も参照ください）。[*16]

2　自分（たち）のことは自分（たち）で決める——自律性（Autonomy）①

ヌミノースの感覚を生きているとき、それは様々な感覚が生まれ出ているときですから、まさに「生《なま》の主体性」を生きているときです。

---

*13　エリク・H・エリクソン、近藤邦夫（訳）『玩具と理性——経験の儀式化の諸段階』みすず書房、一九八一年、九九－一〇〇頁。

*14　ルドルフ・オットー（Otto, R.; 1869-1937）：ドイツのプロテスタント神学者、宗教哲学者。一八六九年に生まれ、一九三七年に世を去りました。マールブルク大学で組織神学教授を務めるかたわら、プロイセン州議会の議員となって政治活動にも参加しました。

*15　オットー、久松英二（訳）『聖なるもの』岩波書店、二〇一〇年。

*16　ヌミノースの概念は、エリクソンが儀式化の理論を練り上げる中で登場しました。その際に、エリクソンは、ヌミノースの典型として、母子の相互認知を挙げ、ヌミノースの感覚を味わう時期が第Ⅰ期であると述べました。そうしたヌミノースの思想は、一九六五年のロンドン王立協会での講演で語られ、一九七二年の「ゴドキン講演」（ハーバード大学）につながり、一九七三年の著書『玩具と理性』へと注ぎ込まれました（L. J. フリードマン、やまだようこ・西平直（監訳）『エリクソンの人生（下）』新曜社、二〇〇三年、三五八、四三〇頁）。一九六五年の講演は「人間における儀式化の個体発生」と題された文章として読むことができます。管見の限り、この文章がエリクソンにおけるヌミノース概念の初出です（Erikson, E. H. (1987). *A way of looking at things: Selected papers from 1930 to 1980*. W. W. Norton & Company. 所収）。

海の公園での晃子・響子・悠太は、そこで生まれている感覚を、ほぼそのまま、発揮し、発露しています。家に帰って、幸せそうに笑っている悠太の表情も、感覚が、そのまま発露しているような表情です。

そして、その発揮（発露）は、何かにぶつかります。

ぶつかる相手が、自分の身体がもっている限界の場合もある。転んで憮然としている悠太は、おそらく、〝走り回りたい！〟という欲望に、足がついていかなかったのでしょう。欲望の発揮が、自分の身体に、ぶつかってしまったのでしょう（本節の「4」で詳述します）。

もしくは、自分の発揮が、相手の発揮にぶつかるときもある。たとえば、兄弟げんかの場面。自分の発揮と相手の発揮がすれ違って、食い違って、ぶつかっています。親子であれば「ぶつかる」なんてドギツイことは、あまりないかもしれないけれど、せっかくシルバニアファミリーで遊び始めたのに、お父さんが「出発するから、片づけて、ジャンパー着てくれ」と言ってくる場合もある。それ以外にも、お父さんが「出したらしまってほしい」「こぼしたら拭いてほしい」「広げたらたたんでほしい」と口うるさく言ってくる場合もある（お父さんとしては、あくまで「一緒に暮らしている者同士のお願い」のつもりでいます）。

こうして、いろいろなものとぶつかったり、すれ違ったり、ズレたりするので、人間は自分の行為を発揮する際に、抑制・調整を働かせるようになります。発揮と抑制・調整とが、同時に働くことについてエリクソンは「意志という決断力をもって『自由な選択（free choice）』と『自制（self-restraint）』

を（同時に）働かせるのである」と述べています。[*17]

ここでは「自由な選択（自由な発揮）」と「自制（自分で抑制、調整すること）」とが、二者択一ではなく、同時に働いているという点が重要です。

私たちは得てして、「抑制・調整」は「自由な発揮」を邪魔するものだと考えてしまいがちです。それは間違いではないのですが、そのように考えた結果、子どもの自由な発揮や選択を尊重しようとして、「抑制をしない」ということを選んでしまいがちです。たとえば、「広げっぱなしも自由だ」と考えて、「広げたらたたんでほしい」を言わない場合があります。

もちろん、それだって間違っていないのですが、エリクソンに言わせれば、育ちにおいて大事なのは、欲望の発揮が、いろいろなものにぶつかって、葛藤すること。

とはいえ、そのような葛藤は無理に体験させなくても、その子の中に、自然に湧き出てきます。たとえばイヤイヤ期と呼ばれる時期。エリクソンの理論においては「幼児期初期（Early Childhood）」と呼ばれる第Ⅱ期。この第Ⅱ期は「主体性」を考えるうえで、非常に重要な時期です。

第Ⅱ期には「じぶんで！」という感覚が湧き出てきます。言い換えれば、「自分のことは自分で決めたい」という自己決定の欲求が湧き出てきます。

しかし、この時期に湧き出てくる欲求は、それだけではありません。第Ⅱ期の人間は「じぶんで！」

*17 Erikson, E. H. (1964). *Insight and responsibility*. W. W. Norton & Company, p. 119.

の一方で、「みてて！　みてて！」という言葉を口にします。「じぶんで！」と言っておきながら、「みてて！」とも口にする。なんとも不思議な状態。「みてて！　みてて！」という言葉の裏にあるのは「お父さんのお願いに応えられるようになったんだよ」「もう赤ちゃんじゃないんだよ」「その姿をちゃんと見ててよ」という気持ちです。

たしかに、我が子の姿を見ていると「みてて！　みてて！」と言うときはたいてい、私が「たたんでほしい」とお願いしたものをたたむことができるようになったときだったり、「しまってほしい」とお願いしたものをしまうことができるようになったときだったりします。

そこにあるのは、周囲から「期待」されたいし、その期待に応える姿に「視線」を向けてほしいという気持ち（「期待」と「視線」は第Ⅱ期のキーワードです）。

イヤイヤ期（第Ⅱ期）を生きている子どもの中には「自分のことは自分で決めたい」という気持ちと「お父さんの期待に応えたい」という気持ちの両方が湧き出ているのです。そして、この二つの気持ちが、せめぎ合っているのです（本書第3章も参照ください）。

こうしたせめぎ合い（葛藤）を生きること。それが、「自由な選択」と「自制」とが、同時に働いているということです。

そのとき人間は、自分の「やりたいこと（やりたくないこと）」（欲望）を、そのまま発揮しているわけではありません。欲望を発揮する際に、抑制・調整を効かせながら発揮しています。[*18]

自分の体を自分で動かせるようになってくると「自分の欲望を、身体を通じて、かたちにする」ことによって「生きていることを実感し」たり、「自分の存在の確かさを感じる」ことも増えてくる。本節の冒頭で、そのように書きました。

「自分の欲望を、身体を通じて、かたちにする」ときに、人は、抑制・調整を働かせながら、発揮するようになります。とくに第Ⅱ期には、自分の身体とぶつかったり、周囲の期待・視線とぶつかったりしながら、抑制・調整を働かせるようになります。そうして、「自分の中にある様々な感覚をまとめて、そこから〝するかしないか〟を意志的に選び、行動に移す」ようになる。すなわち、先ほどの「Ⓑ自分の意志で行為を選ぶ主体性」を働かせるようになる。

くどいようですが、第Ⅱ期になれば、嫌でも葛藤（せめぎ合い）は盛んになります。「自分で決めたい気持ち」と「周囲の期待や視線に応えたい気持ち（期待や視線が気になっちゃう気持ち）」との葛藤（せめぎ合い）の中で、「それでも、最後は、自分のことは自分で決める」という経験を重ねていきます。やりたい放題の発揮ではなく、葛藤（せめぎ合い）を経た自己決定。そんな自己決定を、エリクソンは「自律性（Autonomy）」と呼びました。この「自律性」は第Ⅱ期における「主体性」の働きを説明した言葉です。

*18　ここでの欲望という言葉は、ドゥルーズの言葉づかいに従っています。詳細は本書第4章の「3」、「4」を参照ください。

3　我が子の葛藤に寄り添いながら――「疑惑」と「間《ま》」

もちろん、親としては、我が子たちの自己決定をできる限り尊重してやりたいのですが、そうはいってもすべてを許せるわけではありません（同様に、すべてを「到来」に委ねて、「待つ」ことができるわけではありませんし、到来したすべての出来事を「一緒に笑って楽しめる」わけではありません）。登園前にシルバニアファミリーで遊び始めたときには「出発するから、片づけて、ジャンパー着てくれ」が登場し、こちらから我が子たちを抑制してしまいます。

とはいえ、そのときも心がけているのは、抑制が自制に変わるのを待つこと。言い換えれば、周囲が無理に抑制するよりも、本人が自分で抑制し、調整することを大事にしてやること。

そのためにも「ブッキラボウに期待を伝えること」と「間《ま》をとること」は特に心がけています。この点は「Ⓑ自分の意志で行為を選ぶ主体性」を考えるうえでも重要な点ですので、「疑惑」（エリクソン）と「間《ま》」（大田堯）という言葉を紹介しながら、もう少し説明しておきます。

まずは「疑惑」という言葉。

第Ⅱ期には、筋肉が思い通りに動かせるようになってきます。加えて、周囲の視線や期待を感じ取るようにもなってきます。それにともなって、「出る」を「出す」に変えるようになってきます。ウンチにせよ、怒りにせよ、やる気にせよ、アイデアにせよ、それまでは「出る」がままに出していたものを、周囲の期待や視線に応じて、筋肉を使いながら、抑制・調整するようになります。「出る」

という中動態を「出す」という能動態に変えるようになってきます。

それは大きな成長です。しかし、周囲の期待や視線ばかりを優先してしまうと「自分のやっていることは本当に自分のやりたいことなのだろうか？　自分は、親や先生が期待していることを、先回りしてやっているだけなんじゃないだろうか」という「疑惑」が生じてきます。

親の立場としては、子どもの中の疑惑が膨らみすぎないようにするためにも「出発するから、片づけて、ジャンパー着てくれ」と、子どもが反抗しやすい形で、ブッキラボウに期待を伝えています。そのほうが「やなの！（嫌なの）」が言いやすく、反抗しやすいからです。

そして「間《ま》をとる」という言葉。これは、エリクソンの言葉ではなく、大田堯の言葉ですが、第Ⅱ期の人間にかかわるうえで、非常に大事な言葉です。

ありていに言えば、父親として、子どもたちが、自分たちの「間《ま》」で「出る」を「出す」に変えていくことを大事にしています。「間をとる」というのは大田の教育思想のキーワードですが、それは、①自分のペースで、自分の間合いで答えを考えるという「時間的な間《ま》」に加えて、②周囲から、空間的・心理的な間《ま》をとって、答えを考える、ということや、③善と悪の間（あいだ）で、悩みながら、自分なりの答えを出す、という意味が含まれているような言葉です。[*19]

＊19　大田堯「『間』と『答』との間――教育の危機について考える」『教育』一〇月号、一九六五年、及び、大田堯「選びながら発達することの権利について――教育における人間の問題」『教育』一月号、一九七〇年。それぞれ『大田堯自撰集成』第二巻（藤原書店、二〇一四年）と第四巻（同）に再録。

こうした「間《ま》」の思想は、ドゥルーズが「離脱」と呼んだり、國分が「変状の自閉的・内向的な過程」と呼んだプロセスを保証するための工夫でもあります[*20]。

「生《なま》の主体性」の箇所（本章第3節の「1」）で述べたように、主体性は、意志を超えて到来する出来事の中で生まれる感覚を起点にしています。そしていま述べたように、他者の期待や視線にさらされながら働いてもいます。言うなれば、自分以外のものに大きく依存しながら、「主体性」は働いています。だからこそ、「主体性」を大事にするために、「やなの！（嫌なの）」と反抗できることや「間《ま》をとる」ことを心がけています。そこでは、ブッキラボウに伝えるというダイナミックさと、ゆっくり「間《ま》をとる」という丁寧さとのバランスが求められます。そのバランスに正解はなく、ダイナミックさが多過ぎれば丁寧さを足して、丁寧さが多過ぎればダイナミックさを足すという、さじ加減としか言いようがありません。

4 できることはたくさんある。だけど、これはダメなんだ。そう自分で決めたんだ。
——自律性（Autonomy）②

とはいえ、「やなの！（嫌なの）」を言えることや「間《ま》をとる」ことだって、人間同士のかかわりの話。やはり、その根底には、人間を超えたものとのかかわりが必要です。そうでないと、本当の意味での自己決定はできやしない。そう思います。

本当の意味での自己決定とは、「できることはたくさんある。だけど、これはダメなんだ。そう自分で決めたんだ」という境地です。

たとえば、元気に走り回って、だけど、芝生の上で口から転んで、憮然としている悠太（前掲の写真序-11）。

その顔は、運命を受け入れています。

その根底には「お父さんの期待」を超えた「ヌミノースの感覚」があります。人間の次元を超えた自然界（生命界）が、その「奥行き」を繰り広げる。その世界と悠太が出会ったときに様々な感覚・欲望がないまぜになって湧き出る。そのときヌミノースの感覚を味わう。湧き出た欲望が、悠太を通じてそのまま発露する。

その発露に、悠太の身体が追いつかなかっただけ。そうして、転んで、グチャグチャになっただけ。だから悠太は起きたことを引き受けることができます。そこには「お父さんが言ったじゃん！　走り回れって言ったじゃん！」はありません。むしろ「たのしかったのに！　どうなってんだい、ぼくのからだは！　もう！」があります。

思う存分、走りきる。「もう、むりだ！」ってくらい、走りきる。

だからこそ、「これ以上は、無理なんだ」という前向きなあきらめが出てくる。

*20　ジル・ドゥルーズ、宇野邦一（訳）『フーコー』河出書房新社、二〇〇七年、一八五頁。國分功一郎『中動態の世界——意志と責任の考古学』医学書院、二〇一七年、二五七頁。

そこには「お父さんが言ったじゃん！　ダメって言ったじゃん！」もありません。それよりも「これは無理なんだ。これだけやっても無理なんだ。そう自分で決めたんだ」があります。それも、エリクソンの言う「自律性（自己決定）」です。

エリクソンは『洞察と責任』という本の中で、「人間は、①あり得ることを意志することを、②あり得ないことは意志するに値しないものとして放棄（自制〔renounce〕）することを、③そして、避けられないことは自分が意志したのだと信じること（to believe he willed what is inevitable）を、学ばねばならない」と述べています。[*21]

私は、この箇所を読むたびに、ラインホルト・ニーバーの祈りを思い出します。[*22]

神よ、
変えることのできるものについて、それを変えるだけの勇気を我らに与えたまえ。
変えることのできないものについては、それを受け入れるだけの冷静さを与えたまえ。
そして、変えることのできるものと、変えることのできないものとを、識別する知恵を与えたまえ。

人間には「できること」と「できないこと」があります。しかし、「その二つを決めた（識別した）のは自分だ」と言えるような育ちを送らせてやりたい。「お父さんがダメって言ったじゃん！」ではなく、悠太自身が「できることはたくさんある。だけど、これはダメなんだ。これは無理なんだ。そう自分で決めたんだ」、そう思えるような自己決定を味わってほしい。

先ほど本章第4節の「2」の箇所では、「発揮」は「抑制・調整」と対立するものではない、むしろ、その二つは同時に働くようになるんだ、ということを書きました。その際、周囲の期待・視線とぶつかったりしながら、抑制・調整を働かせるようになると書きました。それに加えて、いまここ（第4節の「4」）では、自分の欲望が、自分の身体とぶつかってしまうということを書きました。

エリクソン自身の理論は第4節の「2」で書いたような「人間同士のかかわり合い（ぶつかり合い）」を詳しく論じる理論です。しかし「人間を超えたものとのかかわり合い（ぶつかり合い）」や「自分の身体とのかかわり（ぶつかり）」を論じるものとして展開し得る理論でもあります。ここでは、そうした展開を試みてみました（その可能性を展開してみました[*23]）。

エリクソンの主張は一貫しています。それは「できることはたくさんある。だけど、これはダメなんだ。これは無理なんだ。そう自分で決めたんだ」と思える感覚。それが自律性（自己決定）の感覚だということ。

*21 Erikson, E. H. (1964). *Insight and responsibility*. W. W. Norton & Company, p. 118より訳出。番号（①、②、③）は筆者が付けました。

*22 西平直は『エリクソンの人間学』において、「排他的なトータリズムに代わりうるのは、より包括的なアイデンティティのホールネスのみである」というエリクソンの文章に、ラインホルト・ニーバーの祈りを「思い出す」と記しています（西平直『エリクソンの人間学』東京大学出版会、一九九三年、二五五及び二六二頁）。エリクソンの文章は、エリク・H・エリクソン、中島由恵（訳）『アイデンティティ——青年と危機』新曜社、二〇一七年、四一七頁で読むことができます。

そうした自律性（自己決定）は、いわゆる「自己責任」とは違います。自己責任が、社会の次元（人間の次元）で押しつけられるものだとしたら、悠太が味わう自己決定は、自然界（生命界）とのかかわりを含み込んだ自己決定です。「きもちいい！　この芝生の上、きもちいい！」を走りきって、それでも転んでしまって。だけど、もう一度、走り回って、また転んで。それを思う存分、繰り返して、「もう無理だ。これ以上は、無理なんだ」となったときに、「できることがある。だけど、できないこともある。だけど、それはお父さんが決めたんじゃない。僕が決めたんだ」というかたちで出てくる自己決定です。芝が硬いときは硬いなりに。柔らかいときは柔らかいなりに。風が強いときは強いなりに。弱いときは弱いなりに。芝や風と話し合いながら「できること／できないこと」「するか／しないか」を決めていく。そんな自己決定です（本書「終章」で「倫理」と呼ぶような自己決定です）。

さて、第Ⅱ期に関する文章が長くなってしまいました。ヌミノースの感覚や基本的信頼の感覚が第Ⅰ期の感覚であるという点にも触れながら、ここまで紹介したエリクソンの思想を、いったん整理しておきます。

まずは第Ⅰ期。相反する様々な感覚（「不思議と不気味」「冷たさとあったかさ」「快と不快」などがないまぜになったヌミノースの感覚）が、現在進行形で生まれてくる。その感覚が、そのまま発露する。それでも、応答してもらえる。そうした経験を積み重ねることで「この人は応答してくれる人だ」という相手に対する信頼の感覚や、「自分は応答してもらえる存在だ」という自分に対する信頼の感覚——すなわち、基本的信頼の感覚が開花する。それは「上手でなくても、見放されない」「失敗しても見放されない」という感覚でもあります。それが第Ⅰ期。

そして第Ⅱ期。イヤイヤ期。自分の「やりたいこと（やりたくないこと）」（欲望）を、自分の身体を使って、思う存分、発揮する。自分の身体とぶつかりながら、「できること」と「できないこと」を分けていく。わかっていく。加えて、「自分で決めたい気持ち」と「周囲の期待や視線に応えたい気持ち（期待や視線が気になっちゃう気持ち）」との間でも葛藤する。そこでも「できること／できないこと」の識別は働く。そのうえで、「するか／しないか」を自分で決める。そうして「できることはたくさんある。だけど、これはダメなんだ。これは無理なんだ。そう自分で決めたんだ」という「自律性（自己決定）」の感覚が開花する。それが第Ⅱ期。

以上の整理のうえで、この先の話をしておきます。

次は第Ⅲ期の話をしますが、第Ⅲ期には「自主性」「自発性」といった概念が登場します。これら

*23 この試みの背景には「二重の実行機能（double executive）」というエリクソンの言葉（考え方）があります。筋肉の発達と周囲の期待・視線とが「二重」に働くことで、「出る」から「出す」への抑制・調整がもたらされることを示そうとした言葉です。たとえば、ウンチ。それまでは「出る」がままに出していたウンチを、人間は抑制・調整し（我慢し）、トイレという場所で「出す」ようになります。このとき、まずは肛門の近くまで迫ってきたウンチを、肛門内にとどめるという肛門括約筋の発達があります。この「筋肉の発達」が「二重の実行機能」の一つ目（一重目）。それに加えて、ウンチは「トイレ」でしてほしいという「周囲からの期待・視線」が働いていています。これが「二重の実行機能」の二つ目（二重目）。こうした「二重の実行機能」が、第Ⅱ期には育ちます。Erikson, E. H. (1964). *Insight and responsibility*. W. W. Norton & Company, p. 119.

の概念も、(「自律性」という概念と同じように)自分で抑制し、調整しながら発揮する人間の姿、いわば「Ⓑ自分の意志で行為を選ぶ主体性」を生きる人間の姿を描くときに重要な役割を担ってくれる概念です。

「自律性」「自主性」「自発性」という三つの概念は混同して使われがちですが、エリクソンの理論においては、それぞれ違う意味をもつ言葉です。引き続き、エリクソンの考え方と言葉づかいを紹介しながら、その違いを書いておきます。[*24]

5 自分たちの手で、自分たちの世界をつくる——自主性 (initiative)

第Ⅲ期に入ると、「いま目の前にある現実」とは違う現実が、イメージとして湧いてくるようになってきます。まさに、ジョン・レノンの「イマジン」[*25]。「天国もなければ、地獄もない。国だってないし、宗教だってない。そんなイメージをしてみようよ」。そんなことが第Ⅲ期になると、可能になってきます。

もちろん、それは、ジョンのように大ぶりなイメージでなくとも、ごく日常の暮らしにおけるイメージとしても描かれます。

二〇二三年三月一二日(日)

三月一四日（火）に晃子は六歳になる。今年は、一四日が火曜日だから、晃子と相談して、一二日の日曜日に「誕生パーティー」をやることにした（一四日当日にもお祝いをします）。ということで、近所のイオンまでケーキやお菓子を買いに行った（写真序―13）。晃子は「今日はたのしいパーティーにしようね！」と言いながら、お菓子を選んでいる。

写真序－13　お菓子を選ぶ

きっと晃子の中には「あの歌、うたおう！」というイメージや、「歌の後は、ケーキと一緒に、ビスケット食べよう！」という段取りまでが描かれている。「ハッピーバースデー、うたおうね」とか、「このビスケット、買っていい？」と口にするときの声音《こわね》から、それが伝わってくる。

六歳の誕生日。晃子の中に膨らむイメージは、相当に豊かになっています。さらには段取りまでが、頭の中に膨らんでいます。

＊24　エリクソンの人間観・育ち観については、本書第3章も参照ください。
＊25　「イマジン」（Imagine）は、一九七一年に発売されたジョン・レノン（John Lennon）の同名のアルバムに収録された楽曲（作詞・作曲：ジョン・レノン、オノ・ヨーコ、レーベル：アップル・レコード）。

たとえば「お菓子とケーキのどっちを先に食べようかな。やっぱりケーキが先だな。ケーキの前に、ハッピーバースデーを歌いたいな。あと、ケーキには、やっぱりローソクを立てたいし、ローソクの火を、フーッて消したいな」というイメージ。そこから「ローソクに火をつけて、歌を歌って、火を消して、ケーキを食べて、お菓子を食べよう」という段取りが決まってきます。

この段取りは、エリクソンが「時間的見通し（temporal perspective）」と呼ぶものです[*26]。第Ⅲ期になると、このようなイメージと段取りが、豊かになります。そして、そうしたイメージや段取りの力を借りて、「やりたいこと（やりたくないこと）」（欲望）はさらに膨らんでいきます。

ここに響子（四歳）が加わると、晃子と響子の間でイメージや段取りが共有されて、二人の間の欲望は、さらに昂ぶります。

そうして、自分たちが描く世界を、自分たちの手でつくりあげていく。自分一人では実現できなかったイメージを、自分たちの力を寄り合わせることで実現していく。それが第Ⅲ期の「自主性（initiative）」の姿です。

それでは、この第Ⅲ期には、何が、自分たちを抑制するのでしょうか。

それは、順番や役割といった約束（決め事）や、「自分たち」に対する責任感といったものです。たとえば、晃子と響子の間でイメージや段取りが共有されていくとき、「ローソクに火をつけてから、歌を歌って、そのあと、ローソクの火を消して、……」というような順番が決まっていったり、「響子が歌って、晃子が火を消すね」という役割分担が決まっていったりします。

こうした順番や役割があることは、一人では実現できなかったイメージを、みんなの力で実現していくための副産物なのですが、順番や役割があることで「自分が歌いたいけど、響子に譲ろう」といったように、自分の欲望が抑制され、調整されもします（とはいえ、こうした順番を食い破って、欲望が炸裂する場合も多々あります。それを自発性と呼ぶ点については、後述します）。

加えて、第Ⅲ期になると、全体を見通せるからこそ、全体に対する責任感のようなものも芽生えてきますし、イメージの世界を「事実」として現実につくり出すことで、イメージでは取り返しのつくことが、事実（現実）になると取り返しがつかなくなることもわかってきます。[*27]

こうした責任感や、取り返しのつかなさの自覚が、順番や役割と重なり合って、さらには第Ⅱ期までの「周囲の期待」「周囲の視線」ともないまぜになって、人間を、さらに複雑に抑制することになります。

そうした抑制を感じつつも、イメージの力が働くことで、自分たちの手で、自分たちの世界をつく

＊26　Erikson, E. H. (1964). *Insight and responsibility*. W. W. Norton & Company, p. 120.

＊27　ここでは「コミュニティの中で割り振った役割（the role distributed in a community）」への責任という意味で、責任感という言葉を使っています（Erikson, E. H. (1964). *Insight and responsibility*. W. W. Norton & Company, p. 121.）。ただし、エリクソンの理論において「責任」という言葉は、第Ⅶ期の人間が担うべき「応答責任（responsibility）」として論じられます。それは、自分の行為に対する責任というよりも、乳児や幼児といった次世代の人間に対する（先行世代の）応答責任です（op.cit, p. 122 など）。なお、「取り返しのつかなさ」はirreversibilityという言葉で、エリクソンが論じるものです（op.cit, pp. 121-122）。

りたいという感覚も高まってくる。それは第Ⅱ期までの「自己決定」と一味も二味も違います。ジョン・レノンの「イマジン」のように、自分たちが描くイメージが、目の前の現実と離れていたとしても、工夫しながら、何とかして、そのイメージを実現させようとします。そこにあるのは、最初から最後まで、自分たちが主導権を握りたいという「自主性（initiative）」の感覚です。

ここで「自主性」と訳された言葉は、もともとinitiative（イニシアティブ）という言葉ですから、これは「主体性」と訳すよりも「主導権」と訳したほうがわかりやすいかもしれません。

それは「仕切りたい気持ち」とでもいうものです。実際、「たのしいパーティー」での晃子は、「たのしいパーティー」の「イメージ」、そして段取りを描くという「時間的見通し」、この二つをもって、パーティーを仕切ってくれました。指揮を取ってくれました。そこには、間違いなく、主導権の感覚がありました。

主導権を握りたいという気持ちと、「責任感」「取り返しのつかなさ」「順番と役割」などが、心の中でせめぎ合って、それでも自分（たち）でやろうとする。そのときの姿が「自主性（initiative）」の姿です。この「自主性」が第Ⅲ期における「主体性」の働きを説明した言葉です。

この自主性が、本当の自主性になるためにも、自主性は「生《なま》の主体性」、すなわち、自分の中に選択肢が生まれてしまうところから始まらなければなりません。しかも「自分の中に生まれた選択肢」がイマジネーションの力を借りて、様々に膨らんでいく。「たのしいパーティー」のイメージが豊かに膨らんで、歌いたい歌が増えていく。第Ⅱ期に比べて「可能性の振幅《ふれはば》」が、よりいっそう広がっていく。[*28] そうした可能性の振幅の中で、自分たちで決める。それが本当の「自主性」です（このとき、「可能性の振幅」がより広くなるからこそ、「間《ま》をとる」こともより大事になってきます）。

6　湧き出てくる「生《なま》の主体性」——自発性（spontaneity）

もう一つ、エリクソンが第Ⅲ期の人間を描くときに使う言葉があります。それが「自発性」という言葉です。[*29] この自発性という言葉（文脈によっては自発的とも訳されます）はspontaneity（スポンテイニティ）とかspontaneous（スポンテイニアス）いう英語の訳語なのですが、もともとのスポンテイニティというのは「自然に湧いて出てくること」とか「自然発生すること」を

*28 本書第7章では大田堯の思想を論じています。大田堯は「選びながら発達することの権利について」（一九七〇年）という論文の中で「人間の子は他の動物にはその比をみない振幅の広い可能性の中を、危険をおかして選びながら発達する不安定な存在なのである」（一一二頁）と述べています。筆者（久保）が用いた「可能性の振幅」という言葉は、大田の思想をルーツにしています。大田堯「選びながら発達することの権利について」『教育』一月号、一九七〇年。引用は、『ひとなる——教育を通しての人間研究（大田堯自撰集成　第四巻）』藤原書店、二〇一四年、二三九－二四〇頁より。

*29 たとえば、エリク・H・エリクソン、近藤邦夫（訳）『玩具と理性——経験の儀式化の諸段階』みすず書房、一九八一年、の一一頁や一一二頁。また一二九頁で「純粋な驚き（不意性）」と訳されている箇所の原文はthe spontaneity of surpriseであり、驚きが自然に湧き出てきてしまうことを意味しています。

も意味する言葉です。

「たのしいパーティー」のときの晃子がまさにそうでした（写真序－14）。段取りのとおり「ハッピーバースデー」を歌っていたら、「あしたははれる」[30]を歌いたくなって「げーんきだせー、なみーだー、ふきとばせ」と晃子と響子が歌い始めていました。段取りを食い破って、ひらめき（欲望）が発露される。まさに自発性です。

写真序－14　たのしいパーティー

第Ⅲ期は「遊びの時期（play age）」と呼ばれる時期です。エリクソンは、第Ⅲ期の人たちがイメージをもって遊ぶとき、そこに「自発性（spontaneity）」が見られるというふうに、この言葉を使うのですが、これは、様々な「ひらめき」が、まさに「自然発生」する植物のように、次々と湧き出てくるさまを言い表そうとするときに用いられる言葉です。言い換えれば、それは、遊びにおいて、「ひらめき」が中動態的に湧き出てきて、そのひらめきが筋肉を通じて、（あまり抑制されることなく）のびのびと発揮されるさまを描くための言葉です。

このような自発性は「生《なま》の主体性」が発揮されている姿だとも言えます。しかも、第Ⅲ期において発揮される「生《なま》の主体性」は、赤ちゃんの頃よりも、もっとダイナミックになっています。それは、思う存分動くようになった身体の力を借りて、さらには現実を超えて飛び翔けるイメージの力を借りて、炸裂するように発揮される「生《なま》の主体性」です。身体とイメージの力を得て復活した「生《なま》の主体性」。それが第Ⅲ期ならではの自発性です。

7　複雑に働く「主体性」

最後に、「ヌミノース」「基本的信頼」「自律性」「自主性」「自発性」と「主体性」の関係を整理しておきます。主体性には、「Ⓐ生《なま》の主体性」と「Ⓑ感覚を整理して、自分の意志で行為を選ぶ主体性」とがあります。このうち、Ⓑの主体性は、どんどん複雑化していきます。

第Ⅱ期には「自律性」へと展開し、第Ⅲ期には「自主性」へと展開していきます。

こうした展開は「第Ⅰ期から第Ⅱ期、第Ⅱ期から第Ⅲ期」といった順序と言うより、「第Ⅰ期に重なりつつ第Ⅱ期、第Ⅱ期に重なりつつ第Ⅲ期」といった重なりとして起こります。第Ⅱ期が始まったからと言って、第Ⅰ期が終わるわけではありませんし、第Ⅱ期が終わらないと、第Ⅲ期が始まらないというわけでもありません。

そうして重なりが重層化し、抑制・調整が複雑化していく。それは、抑制・調整の力が大きくなり、「Ⓐ生《なま》の主体性」がもつ野性味が小さくなっていくプロセスだと言えるかもしれません。逆に言えば「Ⓑ

＊30「あしたははれる」（作詞・作曲：坂田修）は、NHK番組「おかあさんといっしょ」一九九九年三月の歌として提供された楽曲。

表序－1　主体性の重なり

	第Ⅰ期	第Ⅱ期	第Ⅲ期
Ⓐ　生《なま》の**主体性**(subjectivity)	**ヌミノース**の感覚 (快・不快がないまぜのままに感覚・欲望が湧き出る)	(身体の力を借りて、感覚・欲望が思う存分、発露する)	第Ⅲ期ならではの**自発性**(spontaneity)の感覚 (身体とイメージの力を借りて、感覚・欲望が発露する)
Ⓑ　感覚を整理して、自分で選ぶ**主体性**(subjectivity)	**基本的信頼**の感覚 (ないまぜのままに感覚・欲望を発露しても応答してもらえる)		
		自律性(autonomy)の感覚 (「できること／できないこと」を分けつつ、感覚・欲望を整理し、「するか／しないか」を決める)	
			自主性(initiative)の感覚 (一人では実現できなかったイメージを、順番や役割をつくりながら、自分たちの手で実現していく)

出所：筆者作成。

自分の意志で行為を選ぶ主体性」の存在感が大きくなっていくプロセス。そんなプロセスの中で、「Ⓐ生《なま》の主体性」が、身体とイメージの力を得て、第Ⅲ期にあらためて炸裂する。それが、第Ⅲ期ならではの自発性です。こうしたプロセスを表にすると、表序－1のように整理できます。

第5節　生命《いのち》の教育学を

1　自分の存在の確かさを感じる――その手立てが増える

以上が「ヌミノース」「基本的信頼」「自律性」「自主性」「自発性」といった概念の概要です。

これらの概念は、自分の存在の確かさを感じたいし、確かめたいという人間の思いとかかわっています。「ヌミノース」というのは、相反する様々な感覚が自分の中に生まれ出てくること。そうして自分の存在の確かさを実感すること。「基本的信頼」というのは、様々な感覚をそのまま発露しても、応答してもらえること。そうして、自分の存在の確かさを感じること。「自律性」というのは自分のことは自分で決めること。そうして、自分の存在の確かさを実感すること。「自主性」というのは自分の世界の主導権を握ること。そうして、自分の存在の確かさを実感すること。「自発性」というのは自分に湧き上がってきた欲望が、気がついたら、いつの間にか、炸裂してしまうこと。そうして、自分の存在の確かさを実感すること。

こうして人間は、自分の存在の確かさを感じる手立て（引き出し）を増やしていきます。それは、「自分の存在の不確かさを感じる」という「傷」が増えていくことと比例しているようにも思えますが、その検討は、またの機会にいたします。

私は六歳くらいまでに「ヌミノース」「基本的信頼」「自律性」「自主性」「自発性」の感覚が、子どもの中に開花すればいいやと思って、過ごしています。そういった大らかな感覚で、子どもと接することができるのも、エリクソンの考え方に出会ったおかげです。

眠気が到来するような環境だけ準備して、あとは、その到来を一緒に待つ、というスタンスでいられるのも、一緒に笑って楽しんだ記憶だけが残ればいいやと構えていられるのも、そのおかげです。だって、そうして大らかに、長い目で見たほうが、子どもの中に「ヌミノース」「基本的信頼」「自律性」「自主性」「自発性」の感覚が開花するから。言い換えれば、「主体性」を働かせながら、生きていってくれるから。

主体性という言葉を使いながら、序章のまとめとしても書いておくならば、①世界の奥行きに出会いながら、様々なイメージ、アイデア、欲望、選択肢が湧き出ちゃうような生《なま》の主体性を生きる、②そうして湧き出た欲望を、自分の身体と頭を使いながら、自分の間《ま》で抑制・調整しながら発揮する主体性を生きる。それが、我が子に望むことです。ありがたいのは、そうした願いは、本人の願いと、ほぼ重なるということです。

2　生の喜び、生の不安、生の実感

言い換えれば、ヌミノース、基本的信頼、自律性、自主性、自発性を生きることを、子どもみずからが望んでいます。すなわち、様々な感覚の生成を感じること、その発露に応答してもらうこと、自分で決めること、主導権を感じること、自分の欲望が炸裂してしまうことを本人たちが望んでいます。おそらくそれは、それ自体が「生の喜び（joy of life）」だからでしょう[*31]。

そのような生の喜びの中に、「人間の運命」として「生の不確かさの感覚」が差し込まれてくる。さらには、抑制・調整も差し込まれてくる。もちろん、抑制・調整を効かせた発揮を、最初から自力でできるわけではありません。ですから「出したらしまってほしい」などの期待を伝えることも必要ですし、子どもが「間《ま》をとる」ことの保証も必要でしょう。もちろん、そのベースには、一緒に笑って楽しむ団らんの時間がありますし、「もう無理だ！」ってくらい走りきる時間があります。そういう意味では、育児・保育・教育は、「生の喜び」を大事にしたり、「生の不確かさ（不安）」に寄り添ったり、「生きている実感（生の実感）」に充たされたりする「生命・生活・life の実践」なのです。

父親としての立場を踏まえつつ、教育学者としての立場から述べるならば、一緒に笑って、楽しん

*31 自分の欲望を、身体を通じて、かたちにする。その喜び、そうして得る「生の実感」については、第5章を参照ください。

だり、自分の欲望を発揮したりしたときの「生の喜び」、人間がその「運命」としてもっている「生の不確かさへの不安」、喜びと不安が混じり合いながら自分を充たす「生の実感」といったものを教育学の根底に据えたいし、教育実践（保育実践）の根底に据えたい。

そうした教育学の展開は今後の課題ですが、教育をそこから始めないと、ウクライナへの空爆や、コロナ禍のソーシャル・ディスタンシングに対して、有効な反論ができません。

スキンシップを奪うことは「一緒に笑って楽しんだ記憶」を奪うこととして批判されるべきですし、ウクライナへの攻撃は、ウクライナの人々から、「いま自分は生きている」と感じられる舞台（アクチュアリティの舞台）を奪うことであり、「そこで自分は生きていた」という事実（実在）を確信するための素材（リアリティの素材）を奪うこととしても、批判されなければなりません。それは我が子たちから海という原風景を奪うことと同じです。

「教わりたくないけど、学びたい」「教わらなくても、人は、学ぶ」というモチーフから、私の教育学は始まりました。教育という営みは、知識や技術を獲得することだと考えられがちです。もちろん、それは大事なのですが、自分の身体を自分で動かせるようになれば、人間は、自分で世界を探索し、試行錯誤し、小さな失敗と小さな成功を繰り返し、知識・技術を獲得していきます。

そのとき必要なのは「失敗しても見放されない」という信頼感があること。「自分が大切にされている」という実感があること。「自分が確かに存在している」という実感があること。「自分は生きている」という実感があること。

私は、大田堯、木村敏、矢野智司、エリク・H・エリクソン、ジル・ドゥルーズらの思想に学びながら、「生命《いのち》の教育学」とでもいうべきものを考えてきたのだと思い当たります。

そこから教育を論じるためには「主体性」や「学び」といった概念を捉えなおす必要がありました。「自律性」「自主性」「自発性」といった概念を整理する必要もありました。いろいろなことを考えて、いろいろなことを書いてきました。この本は、その試みの中間報告です。

そうして教育（保育）が「生命・生活・lifeの実践」となり、生の喜びを大事にしたり、生の不確かさに寄り添ったり、生の実感に充たされたりすることが、そのまま教育（保育）実践となるような、そんな未来を生み出したいと思っています。

最後にお詫びを。本章第1節の「2　学びとは何か」で書いた「自分のカラダの声を聴けること」と「工夫すること、アタマを使うこと、考えることが大好きであること」のうち、前者については十分に書くことができました。自分の中に様々な感覚が生まれてくるのを感じること、そして、それらの感覚を整理しながら、「するかしないか」を選ぶこと。これらが「自分のカラダの声を聴けること」にあたります。しかし、「工夫すること、アタマを使うこと、考えることが大好きであること」については、もう少し書かなくてはいけません。

モノをつくりながら、自分に必要な知識・技術をモノにする。そうしたプロセスの中で、工夫すること、アタマを使うこと、考えることが大好きになる。エリクソンはそのような人間の姿を「第Ⅳ期」の姿として書きました。そのとき、どんな葛藤が起きるのか？　その点を論じるには「広い世界に出ること」や「自分の小ささを引き受けること」などを論じる必要があるのですが、そのためにはさらなるページが必要です。序章のページ数を増やして、第Ⅳ期まで書くことも考えましたが、さすがに、それは止めておきます。次の機会に、第Ⅳ期を、しっかりと書きたいと思っています。

第Ⅰ部

世界の奥行きが、
人間に火をつける
葛藤の中で、
間違えながら、
人は育つ

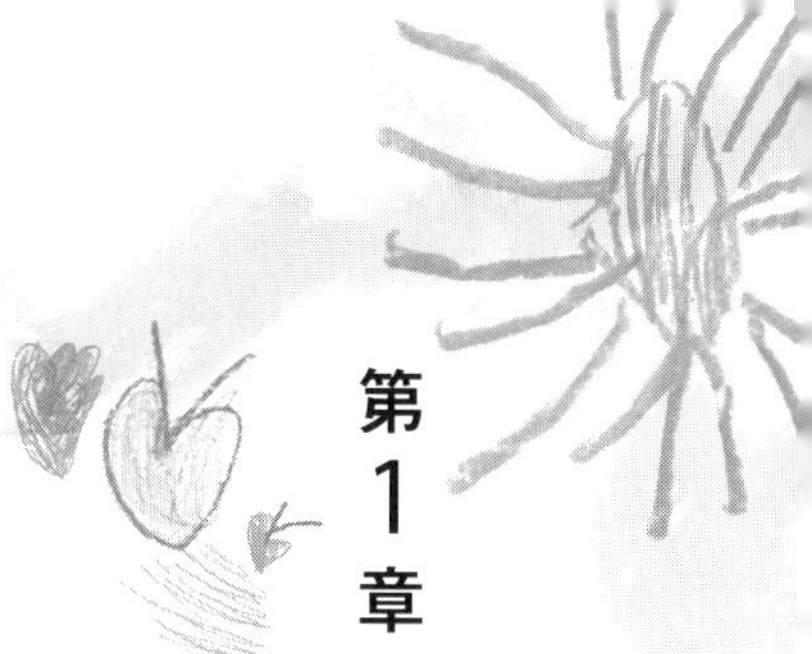

第1章 自然・生活・学びをめぐって
——和光の保育に触発されて考えたこと

世界の奥行きに吸い込まれ、飲み込まれ、包み込まれる。のみならず、生命力を発露させている人の姿に惹きつけられる。
そうして、発火した「やりたい」の火が、どのように人を「学び」へと誘っていくのか。その点について、「学びとは何か?」という問いにも答えながら、論じた文章です。これまで書いた文章の中でも、本書の幕を切って落とすのにふさわしい文章だと思い、第1章として載せることにしました。

第1節　自然と人間の関係

1　頂《いただ》きものに生かされる

私は和光保育園[*1]が好きです。

*1 和光保育園：千葉県富津市にある保育園（以下のQRコード参照）。

まず、第一に、心地がいい。保育園にお邪魔すると、まず、靴を脱ぐ。靴下まで脱いで、広々とした縁側に腰を下ろす。涼しい風が吹いてくる。思わず、深い息をつく。私と同じように、縁側でくつろいでいる子どもがいます。縁側で絵を描いている子どももいます。

縁側からの眺めも好きです。目の前の園庭では、子どもたちが遊びまわっています。その向こうには木々がそよいでいます。葉っぱが風に揺られるたびに、その影も、一緒に揺れる。

とにかく、時間がゆったりと流れています。しかし、和光保育園の魅力は、このゆったりとした時間だけではありません。和光保育園の子どもたちは生き生きしています。子どもたちの活きがいい。これが二つ目の魅力です。

この活きのよさは、どこから来るのでしょうか。それは「生命界からの頂きもの」に生かされているところから来ているように思います。「生命界からの頂きもの」を、私自身も、幼い頃、たくさん頂きました。

幼い日の、ある日の夕立を、いまだに鮮明に覚えています。

暑い夏の日の夕方。さっきまで真っ青だった空が、いっぺんに暗くなっていく。青く高かった空に、低くて分厚い、黒い雲が立ちこめてくる。ほんの数十秒で、空の表情が一変してしまう。

一変するのは空の表情だけではありません。肌にふれる空気がとたんに冷気を帯びてきます。鳥肌が立つほどの肌寒さ。

空の暗さと、空気の肌寒さが、尋常でない不気味さをかもす。

写真１－１　和光の園庭
撮影：鈴木秀弘。

写真１－２　和光の縁側
撮影：鈴木秀弘。

黒い雲の上には、稲光が見える。

やがて、空を裂くような、バリバリという雷鳴が聞こえてくる。その音が徐々に近づいてくる。

私が鮮明に覚えているのはここまでです。その後にどんな雨が降ったのかは覚えていません。それでも、あのときの、体感時間にすれば数秒の間に一変した空の表情、冷気の浸透、雷鳴の迫力は、いまでも鮮明に覚えています。

大げさに言えば、幼い私は、あの雲の向こうから、どの建物よりも大きな大魔王がやってきて、この世界を滅ぼすのだと思ったのです。本気でそう思ったのです。

なにがなんだかよくわからないけど、すごいことが起きている。私が感じたのは、そういった、ある種の「感動」でした。

この感動こそ、まさに「生命界からの頂きもの」です。このときの感動に動かされて、幼い私は、おそらく家に帰るなり母を捕まえて、そのときの雲のようすや、雷のようすを、熱っぽく話したと思います。母に向かって話す私は、間違いなく、生き生きしていたと思います。「生命界からの頂きものに生かされて、生き生きする」とは、こういったことです。和光保育園の子どもたちの「活きのよさ」も、そういった種類のものだと思うのです。

2　「生命」にふれる

急に立ちこめた分厚い雲、そこに光る稲妻、冷気の浸透、雷鳴の迫力。そのすべてが「夕立」の中に含まれています。そのすべてが「夕立」という一つの「塊《かたまり》」の中で蠢《うごめ》いています。その蠢きが、「夕立」という営みの「生命」をつくっています。

黒くて低い雲の下、冷たい空気に包まれて、轟《とどろ》く雷光を見上げる。「夕立」を「黒い雲」「稲妻の光」「稲妻の音」といった細かな要素に分けることなく、「雲は低くて、黒くて、分厚くて、雲の上はピカッと光って、すごい音がして……」といった「塊」のまま、受け止める。見ているもの、聴いているもの、嗅いでいるもの、ふれているもの、それらすべてを分けることなく「塊」のまま、受け止める。そのとき人は「夕立」の「生命」にふれることができます。

私は、こうした自然体験こそ、本来の自然体験ではないかと考えています。水槽の中で生き物を飼育することもいいのですが、それでは飼いならされた自然にふれているにすぎません。そうではなく、匂い、音、光、風、振動、手触りが一体となった塊を、塊のまま受け止める。それが本来の自然体験であり、生命にふれることであり、「生命界からの頂きもの」を頂くことではないかと思うのです。

3　リズムに委ねる

では、どうしたら、生命にふれることができるのか。それにはいくつかの方法があると思いますが、第一には、生命界がもつリズムに飲み込まれることです。生命界がもつリズムに身を委ねると言ってもいい。主導権はあくまで生命界の側にあります。「ふれる」というと人間に主導権があるように聞こえますが、そうではありません。主導権は生命界の側にあり、そこに人間がお邪魔するのです。

生命界に生きるものにはすべてリズムがあります。一番わかりやすいのは風や光がもつリズムです。夕立を構成していた「黒い雲」「稲妻の光」「稲妻の音」にもリズムがあります。黒い雲が立ちこめると同時に冷たい風が吹き、稲妻の光に続いて、雷鳴が轟きます。これらは塊となって、大きな一つのリズムをつくっています。まるで雲と風と雷と大地とが一つの交響曲を奏でているかのようです。そのリズムに我が身を委ねることで、夕立の生命にふれるのです。

夕立のような圧倒的な体験でなくても、私たちの周りには生命にふれる体験があふれています。木に登ることだって、アリの行列に見入ることだって、雲の動きに我を忘れることだって、そのすべてが生命にふれる体験になりえます。それは、木の揺らぎにも、アリの行列にも、雲の動きにもリズムがあるからです。ですから、そのリズムに身を委ね、そのリズムに入り込みさえすればよいのです。

4 「分けない」ということ

それではどうやって、そのリズムに入り込むのか。その秘訣は「五感で感じる」ということと、五感で感じているものを「分けない」ということにあると思います。

くどいようですが、生命界に生きるものにはすべてリズムがあります。そのリズムは、匂い、音、光、風、振動、手触り、すべてのものに現れます。たとえば、木陰でたたずんでいるとき、その枝が一陣の風に揺られれば、地面に落ちている光と影が揺れます。と同時に、頬には風を感じます。耳には、葉が擦《す》れあう音も聞こえてきます。きらめく光、吹いてくる風、葉の擦れあう音といったそれぞれの要素に、「一陣の風に木がそよぐ」ことによって生じたリズムが現れています。

諸要素に分かれて現れるリズムも、もともとは一体のものです。すべてが「一陣の風に木がそよぐ」ことによって生じたものです。ですから、きらめく光、吹いてくる風、葉の擦れあう音は、一体のリズムを奏でます。

私たちの五感が、この一体のリズムを感じ取ります。このとき、五感で感じている匂い、音、光、風、振動、手触り、そういったものを分けてしまっては、諸要素を感じることはできても、生命のリズムを感じ取ることはできません。リズムは、一体のものとして、リズムを奏でているからです。

リズムの一体感をそのまま感じるためには、五感で感じているものを「分けない」ことが必要です。分けてしまうと、肝心の一体感が損なわれ、リズムが感じ取れなくなってしまいます。

五感を「分けない」。それによって、一体のリズムを感じ取る。それが生命界のリズムに入り込む秘訣であるように思います。

5　気がついたら、いつのまにか

とはいえ、「分けない」ということは、簡単なことではありません。なぜなら、私たちは意識活動をしてしまうからです。意識は世界を「分けよう」とします。それは仕方がないことなのです。後に述べるように、事物《じぶつ》を一体のままでは扱わず、「分けて」扱うという作業が、人間を発達させてきたのも事実です。しかし、この「分けよう」とする意識の働きは、私たちが生命界のリズムに入り込もうとする際には、邪魔になります。

意識が働いてしまうということと「分けない」ということは、非常に相性が悪いのです。五感で感じたものを「分けない」ように意識すればするほど、個別の諸要素に意識がいってしまいます。意識が視覚に集中してしまったり、聴覚に集中してしまったりして、かえって、五感はバラバラになってしまいます。つまり、五感を「分けない」でおこうという意識を働かせてしまうと、その意識が、かえって五感を「分けない」ことを許さなくなってしまう。意識の働きと「分けない」ということはそんな関係にあります。

五感を「分けない」ために必要なのは、「分けない」でおこうと意識することではなくて、意識を働かせないようにすること、すなわち意識の働きを解除することです。そうして、意識に休んでいてもらうことです。しかし、それも難しい。なぜなら、意識の解除は、意識的にはできないからです。みなさんも身に覚えがあるはずです。「意識しないでおこう」と思えば思うほど、逆に意識が働いてしまうということが。

同様に、「今日は五感を分けずに、生命界のリズムに入り込むぞ！」と思っても、そうはいきません。生命界のリズムに入り込むときは、ほぼ例外なく、気がついたら、いつのまにか、無意識のうちに、入り込んでいます。意識の解除は、気がついたら、いつのまにか、それが到来していることを待つしかないものなのです。

6　環境の力と五感の力

気がついたら、いつのまにか、意識のスイッチが解除されている。そうして、五感を五感のまま受け取り、生命界のリズムに入り込む。そのとき、人は生命にふれ、生命界からの頂きものを頂いてしまう。そのおかげで、頂きものに生かされ、生き生きする。

これが、「活きのよさ」の正体なのだと思います。悩ましいのは、「意識のスイッチの解除は、意識的には起こせない」という点です。私たちは、意識が解除される瞬間の到来を待つことしかできません。しかし、なるべく多くこの瞬間が到来するように、環境構成を工夫することはできます。

工夫には少なくとも次の三つがあります。一つ目に、リズムを打っているもの、その中でも、匂い、音、光、風、振動、手触りといった多様なかたちでリズムが発信されているものを、身の回りに置いておくこと。二つ目に、そのリズムと、人間がゆっくりと共鳴する時間を用意しておくこと。三つ目に「我を忘れる」時間をたっぷりと保障し、こちらから「我に返す」ようにはしないこと。子どもが生命界に入り込んでしまっているときには、没頭するままに放っておくこと。

こういった環境を整えて、あとは環境の力と五感の力を借りるほかないように思います。

7　自分の殻を破っていくこと——学習とは何か①

ここまで書いてきたことは、「学習とは何か」について、和光保育園に触発されながら考えたことです。私は学習とは「自分の殻を破っていくこと」だと思っています。その方法には、大きく二つの方法があります。一つは、「世界に溶け合ってしまう」こと。もう一つは「異質なものと共に生きるために、文化を規定し返していく」こと（本章第2節の「3」（七八頁）で述べます）。

第一の「世界に溶け合ってしまう」こととは、いま述べてきた「生命にふれる」ことです。これは非常に、身体的な活動です。なぜなら、すでに述べたように、意識を解除し、自分を身体そのものにすることによって味わう体験だからです。しかし、同時に、非常に意味的な活動でもあります。

裸足になって、川に入り、一心不乱にザリガニを追い掛け回す。最初は冷たかった川の水が冷たくなくなってきて、水の中にいることすら忘れてしまう。苔《こけ》むして、滑りそうだった川底の石にも、足の裏が馴染んできて、自在に歩けるようになってくる。とはいえ、注意はしっかりと足の裏にまで行き届いている。そうこうしているうちに、ザリガニは前から脅かすと後ろに逃げることがわかってきて、後ろに網を待ち構えて、前から脅かすと、うまく捕まえられることがわかってくる。ようやくザリガニを手にしたとき、その体験の前と後では、ザリガニの手触りだけではなく、川の手触りが変わっている。それは自分にとってのザリガニや川の意味が変わることでもある。

ザリガニ、川の水、川底の石や苔。そうしたものが織りなす世界に、我を忘れて入り込み、その世界から頂きものを頂いたときに、世界が別のように見えてくる。

ここから先は「分別《ふんべつ》」と「無分別《むふんべつ》」という言葉を使います。

ふだん、意識して生きている世界は「分別」の世界です。「分別」は「分ける」「別れる」と書きます。物事を分けて考える知恵を示した言葉です。人は、この分別を働かせて「安全なもの」と「危険なもの」を分けたり、「食べられるもの」と「食べられないもの」を分けたりして、環境に適応してきました。ですから、分別は非常に大切なものです。

しかし、この分別の世界は、私とザリガニの間に境界を引き、両者を別のものとして扱う世界でもあります。のみならず、五感を分けて扱う世界でもあります。ですので、この分別の世界に生きているだけでは、人は世界のリズムの中に入り込むことはできません。それゆえ世界から生かされることもありません。

ですから一方で、人には、我を忘れて、川に入り、ザリガニを追い掛け回す時間が必要なのです。そうしたとき、私とザリガニとの間の境界は失われてしまいます。私と川の水、川底の石や苔との間の境界も失われます。これは「分別」を失った「無分別」の世界です。この「無分別」の状態において、人は「混じり合った感覚」「溶け合った感覚」を味わいます。

盆踊りの感覚も、それに近いものです。そこにいる人たちが混じり合いながら、同じリズムに身を委ね、溶け合っていく。そのとき、目の前で踊っているおばちゃんと自分との間の境界はなくなる。祭りが終わり、ふと我に返ると、おばちゃんが、祭りの前とは別のもののように見える。

おばちゃんの見え方が変わっているということは、おばちゃんの「意味」が変わっているということです。「無分別」を味わうことによって、「分別」の世界とは別の意味が見えてきます。

世界に溶け合うことで、分別の世界でつくられていた殻が破られ、それによって、世界の新しい見方が獲得される。これが「無分別」がもたらす学びです。

8　「無分別」から「分別」へ

しかし、人間は、いつまでも無分別の世界に浸ってはいられません。無分別の世界は、我を忘れるどころか、我を失う世界でもあるからです。

『かいじゅうたちのいるところ』[*2]の中で、主人公のマックスは、かいじゅうたちのいる世界に入っていきますが、最後には、こちら側の世界に戻ってきます。そうしないと、かいじゅうたちと自分との間の境界がなくなり、そうして自分がかいじゅうと一体となってしまうからです（実際、かいじゅうおどりを踊っているときのマックスは、すっかりかいじゅうに溶け合っています）。

かいじゅうと一体になる体験は、「分別」の世界では味わうことのできない楽しみをもたらしてくれますが、それは同時に、分別の世界に戻れなくなる危険もはらんでいます。

マックスは、すれすれのところで「分別」の世界に戻ってきます。しかし、「分別」の世界に戻ってきたとしても、「無分別」の世界で味わった楽しさの感触が残っています。

その感触を「楽しさ」と名づけてしまうのは不適切かもしれません。なぜなら、その感触は「楽しさ」という一つの名称に収めることはできないものだからです。

いわば「なにがなんだかよくわからないけど、すごいこと」として残っているものです。それは、とうてい分けることなどできない塊を頂いてしまったという感触です。

そうした無分別の世界で味わった感触を抱いて、分別の世界に戻ってきたとき、人はそこで何をするか。人はそこで、「分別」を始めます。たとえば「夕立」を、「黒い雲」「稲妻の光」「稲妻の音」といった諸要素に「分けよう」とします。それは「なにがなんだかよくわからないけど、すごいこと」という理解不能なものを、何とか、自分なりに理解可能なものに分けて、腑に落とそうとすることです。

＊2　モーリス・センダック、神宮輝夫（訳）『かいじゅうたちのいるところ』冨山房、一九七五年。

一つの塊を分けようとするとき、自分なりの秩序に沿って、分けていきます。たとえば、お散歩のとき夢中で拾って、気がついたら、ポケットいっぱいになっていたドングリを、ポケットからゴソリと取り出して、そのドングリを並べ始める。そのとき、子どもは、その子なりの秩序で、ドングリを並べ始めます。大きさの順に並べたり、淡い色のものから並べたり、といった具合です。

ともあれ、「なにがなんだかよくわからないけど、すごいこと」という一つの塊を、自分なりの秩序に沿って、分別し、そうして世界を理解していく。言い換えれば、世界に意味をつけていく。これが「分別」がもたらす学びです。

分別したとはいえ、それで「無分別」の世界からの頂きものがすべて腑に落ちたわけではなく、その手触りはずっと残っています。そして、その手触りを言葉にしたくて、大人になってからでも探ろうとする。そういうことは、よくあります。そうした体験を、原体験と呼ぶのであれば、気がついたら、いつのまにか原体験を頂いてしまうことが第一の学びであり、原体験の意味を自分なりに探り、その体験に意味を与えていくことが第二の学びであるともいえます。

ここまで、「自然」と人間との関係の話をしてきました。ここで一息いれて、話題を「生活」と「学び」の話に変えます。

第2節　「生活」の場が「学び」の場になるための仕掛け

1　「生活」と「学び」をつなぐ「手仕事」

和光保育園の鈴木眞廣園長と、次のような会話をしたことがあります。

和光保育園では、生活の場が学びの場になるように工夫してきた。しかし、生活の場を学びの場にしようとすればするほど、その場所が、どんどん生活の場から離れていく。大人の意図が充満した、窮屈な場所になっていく。生活と学びの両立は非常に難しい。生活と学びの関係について、久保さんはどう思う？

そういった趣旨の会話でした。

生活と学びの両立について、この場を借りて、私なりの考えを記しておきたいと思います。結論から言えば、生活の場が学びの場となるためには、生活に「仕事」があることが必要だと思います。しかも、その仕事に、いくつかの仕掛けが必要だと思います。

2　手仕事であること

一つ目の仕掛けは、生活の中の仕事が「手仕事」としてあることです。下手なやり方をするとうまくいかなくて、疲れだけが溜まっていくというところが手仕事のいいところです。だから、疲れないように工夫をします。この工夫によって、やり方が洗練されていきます。次第に「型」ができあがっていきます。その型によって、生命力が淀みなく流れ出るようになります。そうなると、しめたものです。自分のイメージ通りのものが、目の前に表現できるようになってくるので、手仕事がとても楽しくなってきます。生命力がみなぎってきます。

3　本物のもつ二面性を相手にした仕事であること——学習とは何か②

とはいえ、手仕事であれば何であろうと型が洗練されていくわけではありません。仕事を通して型が洗練されていくには、「本物」を相手に仕事をすることが大事です。

ここでいう本物とは「二面性をもつもの」という意味です。言いかえれば「どちらにも転ぶもの」です。たとえばナイフは、ジャガイモを切り、木を削る便利な道具ですが、自分の体を傷つけもします。扱い方次第で、「毒にも薬にもなり」ます。

本物がもつ「どちらに転ぶかわからない」という性格は、人を惹きつけます。特に、子どもは、この「どちらに転ぶかわからない」という不安定な状態の中に、楽しみを見出します。木登りでも何でも、うまくいくかどうかわからないことに惹きつけられ、挑戦します。

しかし、「どちらに転ぶかわからない」という不安定な状態は、しんどいものでもあります。ですから人は、そうした不安定な状態を脱し、安定の状態に行こうとします。そして、ひとたび安定の状態を見つけると、そこに安住しようとします。

この安住の状態は、非常に居心地がいいものなのですが、反面、危険なものでもあります。変化をしなくなってしまうという危険です。

文化とは、先人から継承されてきた道具や知見の総称ですが、文化にもこのような危険があります。文化を獲得することで、良くも悪くも安定してしまうのです。「どちらに転ぶかわからない」という不安定の状態が失われ、安住の状態ができあがってしまいます。

学習とは「自分の殻を破っていくこと」だと言いました。文化を獲得することは、たしかに一つの学習です。新しい知見を得ることで、自分の古い殻を破れるからです。しかし、それは反面、新しい自分の殻をつくることでもあるのです。場合によっては、古い殻よりも、丈夫な殻をつくってしまうことになるかもしれない。そうすると、自分の殻は破りづらくなってしまいます。

この状態を破るには「文化が通用しない事態に遭遇すること」が必要なのですが、これもなかなか難しい。それなりの文化が身につけば、どのような事態にも、それなりに対処できてしまうからです。ですから、「自分とは異なるものと寄り合うこと」が大事です。もっと簡単に「自分が絶対ではないことを知っていること」が大事と言ってもいい。和光保育園の子どもたちは年がら年中、これをやっています。缶けりのルールを決めるときだって、フラフープの順番を決めるときだって、自分とは異なるいろんな意見が出てきます。「自分の意見よりいい意見だな」という意見にたくさん出会います。自分の意見が絶対ではないことを感覚的に確かめ続けます。しかも、これを大人抜きでやっています。こうして、獲得したものへの安住を避け、不安定な状態に開かれ続ける構えを保ちます。

これは「自分とは異なるものと寄り合うこと」で、自分の殻をほぐし、硬くならないようにしておくということですが、同時に、文化の二面性を感じ続けることでもあります。それは「文化を獲得することは、古い殻を破る原動力になりもするが、半面、新しい殻への更新を妨げる原因にもなる」という二面性を感じ続けることです。それによって「文化を規定し返す状態」を保つことができます。

「文化を規定し返す状態」の逆にあるのが「文化に規定されている状態」です。新しい知見として獲得されたはずの文化が、いつのまにか、非常に丈夫な自分の殻となり、かえって変化が失われる原因となってしまっている状態――これが「文化に規定されている状態」です。言いかえれば、「毒にも薬にもなる」二面性をもっていたはずの文化が「薬から毒になって」しまっている状態です。

一方、「文化を規定し返す状態」とは、毒に変わってしまった文化を、薬へと規定し返すことで、「毒にも薬にもなる」という文化の二面性を取り戻した状態です。

こうした文化の規定し返しは、文化の二面性の再発見であるという意味で学習と呼べるものですが、同時に、硬くなっていた自分の殻をほぐし、あらためて破っていくという意味での学習でもあります。

先に述べた「自分の殻を破っていく」ための二つの方法、すなわち「世界に溶け合ってしまう」ことと「異質なものと共に生きるために、文化を規定し返していく」ことのうち、後者がこれにあたります。

4　感染

「本物」「文化」「二面性」の話をしているうちに、話が長くなってしまいました。戻ります。こうした「どちらに転ぶかわからない」ものと付き合い、それを使いこなそうとしているうちに、人間の所作は、その「型」が洗練されていきます。そうなると、自分のイメージ通りのものを、自在に表現できるようになってきます。

型を洗練させ、生命力を発露させている子どもの姿は、周囲の子どもたちに「感染」します。周囲の子どもたちが、同じことをやろうとします。なぜか。それは「型」が美しいからです。この場合の「美しい」というのは、淀みなく、生命力が発露されている感じ、あるいは生命力が炸裂している感じです。仮面ライダーやセーラームーンの決めポーズにも、この種の「美しさ」があります。

こうした美しさが周囲の子どもたちに「感染」し、子どもの「やりたい」という気持ちに火をつけます。ここに「手仕事」が「学び」の機会になる理由があります。

「やりたい」という気持ちがなぜ大事かということを説明するために、ヴィゴツキー派の教育学者エンゲストローム[*3]の学習理論を紹介します。彼の学習理論は、大胆に換骨奪胎《かんこつだったい》すれば、次の四段階として描けます。①欲求状態、②ダブルバインド、③ツールの発見、④ツールの洗練化という四段階です。それをやさしく言いなおすと、次のようにも言えます。

①「やりたい」の段階
②「やりたいけど、できない」「できないけど、やりたい」の段階
③「やった！　できた！」の段階
④「いつでもできる、どこでもできる」の段階

このうち、「やりたい」の段階は、学習の起点として、非常に重要です。たとえば竹のぼりをしている子どもを見て、「やってみたい」という気持ちに火がつきます。「登りたい」という欲求が芽生えた状態です。

しかし、そのあとに「登りたいけど、登れない」「登れないけど、登りたい」という段階が来ます。「やりたい」という欲求はあるのに、技術が、その気持ちに追いついていない状態です。エンゲストロームはこれをダブルバインドの段階と呼びます。ダブルバインドとは「板挟み」という意味ですが、この場合、「やりたい」という欲求と「できない」という技術との間で板挟みが生じています。ですから、何とかできるようになろうと失敗を繰り返し、試行錯誤をします。すでに楽しそうに、竹を登りこなしている子どもの姿を手本にしながら、そこから何らかのヒントをつかみ取り、自分なりの手立てを

編み出していきます。

そうして、試行錯誤を何度も繰り返していると、ついに「やった！　できた！」の瞬間が訪れます。竹のどこをつかめばいいのか、自分の体をどのように使えばいいのかという手立てやコツを発見します。これをエンゲストロームは、ツールの発見と言います。

「やった！　できた！」の瞬間があっても、百発百中でできるわけではありません。せいぜい五回中一回登れるくらいのものです。ですから「ツールの発見」の段階に至っても、何度も何度も失敗と試行錯誤を繰り返し、いつでも登れるという状態まで、技術を洗練させていきます。

こうした過程を経て、竹を登る技術が獲得されます。これがエンゲストロームのいう学習なのですが（正確には、これに加えて「拡張」という側面もあるのですが、ここではふれません）、「やりたい」という欲求の芽生えは、特に学習の第一の段階として非常に重要です。

そもそもに戻れば、「手仕事」がもたらす「型」の洗練と、美しい「型」がもつ周囲の子どもへの「感染」力は、「学習」を起動させるという点で非常に効果的なのです。

＊3　ユーリア・エンゲストローム（Engeström, Y.; 1948–）：フィンランド生まれの教育学者。詳細は本書第2章参照。

5　教えたがらないものから教わってしまう

注目しておきたいことは、周囲の子どもの「やりたい」に火をつけた竹の登り手は、それを狙っていたわけではないということです。自分の体が疲れないように工夫をし、型を磨いていっただけなのです。

それを見た周囲の子どもが勝手に発火したのです。「手仕事」が「学び」の機会として優れている点は、この「教えたがらないものから教わってしまう」という点にあります。これは、「やらされて教わる」ということとは大きく異なります。自分の自発性がまずあって、そこから「学び」が始まります。

6　周辺参加が許されること

しかし、「手仕事」がもたらす「学び」は、どこで「学び」が始まるかわからないという性格があります。様々な刺激が周囲にある中で、どの刺激が「やりたい」を発火させるのか、本人にもわからないからです。

ですから、ある活動を目にして「やりたい」に火がついたとき、その活動に加われるようにしておいてやることが大事なのです。最初からどっぷりと加わらなくても、周りから、徐々に加わっていけるようにしておいてやる。最初は見ているだけのところからでも加われるようにしておいてやる。これをジーン・レイヴとエティエンヌ・ウェンガーの用語で「周辺参加」と言います。[*4]「やりたい」に火がついたときには、この「周辺参加」によって、「やりたいけど、できない」へと進んでいけるようにしておいてやればいいのです。

そういった点では、本物の道具を置いておくだけでは、十分とは言えません。肝心なのは、本物の道具を用いた活動、すなわち「手仕事」です。そうした「手仕事」が生活の中にあって、しかも、その活動に周辺参加ができること。それが「生活」の場が「学び」の場になるための、一つ目の仕掛けではないでしょうか。

7　日々の仕事としてあること

もう一つの仕掛けは、そうした「手仕事」が、日々の仕事としてあることです。日々の仕事としてあるということは、月曜日に見た姿を、火曜日にも見ることができる。火曜日に見た姿を、水曜日にも見ることができる。もしくは去年見た姿を、今年も見ることができる。そうして、できない子どもも

＊4　ジーン・レイヴ＆エティエンヌ・ウェンガー、佐伯胖（訳）『状況に埋め込まれた学習——正統的周辺参加』産業図書、一九九三年。

は、できる子どもや保育者から、そのやり方を繰り返し学ぶことができる――そういったことです。「あれ、やってみたいな」といったあこがれが「やりたい」を発火させ、「ああやって、やればいいのか」というヒントが「やりたいけど、できない」段階から「やった！　できた！」の段階に至るきっかけになる。もしくは、月曜日にうまくいかなかったことを、火曜日にもう一度試すことができる。それだって、「こうやって、やればいいのか」という手立てを発見する機会になる。

このように「仕事」が「日課のような仕事」「日々、繰り返される仕事」としてあることも、「生活」が「学び」の場になるための一つの仕掛けだと思うのです。

以上、「自然」と人間の関係について、および「生活」の場が「学び」の場になるための仕掛けについて述べさせていただきました。あわせて、私なりの学習論まで述べさせていただきました。これらが、和光保育園に触発されて、私が考えたことです。

第2章　「主体的・対話的で深い学び」をキーワードに

二〇一七年に幼稚園教育要領等が改訂（改定）され「深い学び」という言葉が登場しました。その点について尋ねられることが多かったのを覚えています。その際に、私は「学びの深さには三つのレベルがある」ということをお答えするようにしていました。

ユーリア・エンゲストロームがグレゴリー・ベイトソンに準拠しながら「学習のレベル」について論じた箇所を参考にしました。それ以外にも、エンゲストロームの考え方は、「学びには失敗や試行錯誤が不可欠だ」という考え方に立つものとして、大いに参考になりました。

その考え方は「安心して失敗できる信頼関係が必要だ」というエリク・H・エリクソンの考え方へとつながっていきます。

この文章は、そのつながりを感じていただける文章だと思います。

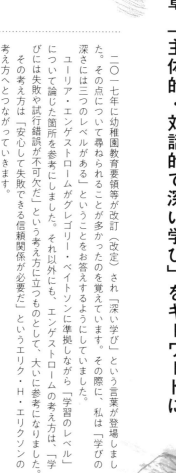

1　試行錯誤の中に学びがある

「登りたいけど、登れない」「ちぎりたいけど、ちぎれない」「持ち上げたいけど、持ち上がらない」。そういった試行錯誤の中で、子どもたちは知識・技術を発揮したり、結びつけたりしています。そこに子どもたちの「学び」があるということは、すでに多くの保育者が実感していることだと思います。

一方で、こうした試行錯誤を、保育所や幼稚園・こども園で思う存分、味わうことはだんだん難しくなっています。というのも、このような試行錯誤はある種のヒヤリハットをともなうものなので、保護者の理解を得ることが難しくなっているのです。

二〇一七年改訂（改定）の幼稚園教育要領、保育所保育指針等は、「子どもの試行錯誤を保障してあげたい」「多少の危険があったとしても、できる限り手を出さずに、見守りたい」と考えている保育者を後押しするものだと思います。のみならず、そうした保育者の思いを保護者に伝える際に「役に立つ」ものになっています。その点で、ぜひ活用してほしいのが「主体的・対話的で深い学び」という考え方です。

正確に言えば、「主体的・対話的で深い学び」という言葉は、「保育所保育指針」には入っていません。しかし、「幼稚園教育要領」と「幼保連携型認定こども園教育・保育要領」には入っていますし、小中学校の「学習指導要領」でもキーワードになっています。そのことからもわかるように、今後の保育・教育・学習を考えるうえで、非常に重要になる言葉です。本論では、この言葉に込められた学びの考え方と、そうした学びを生み出すためのヒントを述べていきます。

2　学びの深さの三つのレベル

「主体的・対話的で深い学び」という言葉の中には、主体的な学び、対話的な学び、深い学びという三つの学びが隠れています。

これらの学びについては、すでに多くの書籍で解説がなされていますが、あらためて、私なりに、その意味を述べておきます。

主体的な学びというのは、学習者本人の「やりたい！」という気持ちから始まる学びです。ポイントは、学びが、保育者・教育者の「やらせたい！」という思い・願いから始まるのではない、という点です。もちろん、保育者・教育者の「やらせたい」「身につけさせたい」という思い・願いは大事です。しかし、そういった保育者・教育者の思い・願いは、できる限り環境の中に潜ませて、学習者自身の「やりたい！」に火がつくのを待つ。

たとえば、この「玩具」を使いなさい、この「遊具」で遊びなさい、という働きかけはなるべくしないでおいて、子どもが自発的に、その「玩具」「遊具」を手に取るように環境を構成する。そうして、「やりたい！」に火がつくような環境を構成する。そうしたことを通じて、学習が、本人の「やりたい！」から始まるようにする。それが、主体的な学びという言葉に込められた考え方です。

対話的な学びというのは、子ども同士の協働から生まれる学びです。試行錯誤から生まれる学びとも言えます。挑戦し、失敗する。そうした試行錯誤を繰り返す中で、子どもたちは様々なアイデアをやりとりし、仲間たちのアイデアにもふれ、自分の学びとします。対話的な学びとは、そういった学びです。「対話」というくらいですから、言葉を通じたアイデアのやりとりは重要ですが、乳幼児教育においては、「姿」を通じたアイデアのやりとりも重要だと言えます。後ほど述べるように、たとえば、段ボールを切ろうとしても、ハサミじゃうまく切れない。それでも切ろうとする。そんな友達の姿を見て「発表会のときに使った、段ボールカッターだったら切れるかもしれない！」と考えて、試してみる。そんな学びです。

深い学びとは、知識・アイデアを相互に関連づけることで生まれる学びです。とはいえ、深い学びは、主体的な学び、対話的な学びに比べると、いまいち正体が見えづらい。研修会でも、そんな声をよく聞きます。ですので、私は、ユーリア・エンゲストローム[*1]の「学習のレベル」の議論[*2]にもとづいて、「学びの深さには三つのレベルがある」という点を説明しています。レベルが最も浅い学びを学習Ⅰとし、レベルが最も深い学びを学習Ⅲとする。そうすると、学びの深さは次のように描くことができます。

学習Ⅰ：教えられた通り、言われた通りの仕方で問題を解決しようとする。
学習Ⅱ：自分たちで状況を把握しながら、問題を解決しようとする。
学習Ⅲ：自分たちの状況把握・問題解決の仕方すら問い直しながら、新たな解決方法を編み出す。

ある自治体の研修会で出てきた事例をもとに説明します。二人の五歳児が段ボールを使って、秘密基地をつくろうとしています。カベや屋根は組み立てることができたのですが、ドアだけが、どうしてもうまくつくれません。段ボールを切って、ドアをつくりたいのですが、それがうまくいかないのです。このとき、もし、保育者がこの二人に切り方を教えてしまって、この二人が教えられた通り、言われた通りの仕方で段ボールを切ったとしたら、その学びは学習Ⅰだというふうに考えます。

このときの二人は保育者に聞きに来ませんでした。自分たちでどうやったら切れるかを考えて、切ろうとしています。その時点で、この二人は学習Ⅱの深さに到達していると言えます。そのうち、二人のうちの一人、あきちゃんが段ボールカッターで切り始めました。発表会で大道具係だったあきちゃんは、段ボールカッターの使い方を知っているのです。

＊1　ユーリア・エンゲストローム（Engeström, Y.; 1948–）：フィンランド生まれ。ヘルシンキ大学名誉教授（成人教育学）。「活動理論」と呼ばれる人間の教育と学習と発達を創造するための理論を展開し、そこから「拡張的学習」という新しい学習理論をつくりだした、世界の教育学をリードしてきた教育学者。本書第1章も参照。

＊2　ユーリア・エンゲストローム、山住勝広ら（訳）『拡張による学習――活動理論からのアプローチ』新曜社、一九九九年。特に一六三－一六八頁。エンゲストロームはグレゴリー・ベイトソンの学習論に準拠して、「学習のレベル」論を展開しています。学習のレベルを考える際には「学習者が状況を俯瞰できているかどうか」が重要なのですが、本論ではその点に深入りしないでおきます。
また、「深い学び」は「こうしたらどうなるんだろう」という遊びにおける「実験」的な場面で生まれるものでもあります。

あきちゃんがもたらした「段ボールを切る」というアイデアのおかげで段ボールを切ることができました。しかし、段ボールカッターで切ったドアは、二人が思った形とは少し違うようです。段ボールカッターでは細かいところを切ることが難しく、二人が思ったような形には切れません。そうしたあきちゃんの試行錯誤を見て、二人組のもう一人であるかなちゃんが、セロハンテープ、ガムテープ、ホッチキスをもってきてドアを補修しようとします。そうして、二人は、自分たちが思ったようなドアをつくりあげていきます。

担任の先生によると、段ボールカッターを使って段ボールを切ったのは、この日が初めてではないとのこと。一方、セロハンテープ、ガムテープ、ホッチキスを使って、段ボールの形を整えるという方法は、このとき編み出された方法だったそうです。先生がおっしゃるには、ホッチキスは画用紙でお面をつくるときに使ったことがあったので、そのときの知識・技術を段ボールに当てはめたのではないかということでした。

この場面には、主体的な学び、対話的な学び、深い学びがすべて含まれています。これが主体的な学びだということは、この二人が、自分の「やりたい！」という気持ちからドアづくりを始めていることから、わかります。また、かなちゃんは、あきちゃんが試行錯誤する姿から、どうすればうまくいくだろうということを考えています。これが対話的な学びです。

そして二人は「思ったように段ボールが切れない」という問題に直面します。そのとき、保育者に聞きに来ずに、自分たちで状況を把握しながら、問題を解決しようとします。あきちゃんは以前、段ボールを切ったときに身につけた「段ボールカッターを用いる」という技術・知識を使って、何とか問題を解決しようとします。これは「深い学び」のうち、学習Ⅱだと言えます。それでもうまくいかない姿を見て、かなちゃんは「セロハンテープ、ガムテープ、ホッチキスを使って、段ボールを思った通りに造形する」という方法を編み出します。そうして、学習Ⅱから学習Ⅲへと、学習のレベルを深めたわけです。

3　学びには五つの段階がある

それではどうすれば「主体的・対話的で深い学び」が生み出されるのでしょうか。「学習には五つの段階がある」という考え方が、その参考になります。

エンゲストロームの学習論のエッセンスを私なりに言い換えると、学習を次の五つの段階で描くことができます。

1. やりたい！
2. やりたいけど、できない。できないけど、やりたい。
3. やった！　できた！
4. いつでも、どこでも、やりこなせる。

5．できるようになったことが、周囲に波及する（できるようになったことが、出番をもつ）。

この五段階を使って「主体的・対話的で深い学び」を理解しなおしてもいいかもしれません。まず、学習が、学習者の「やりたい！」という欲求から始まるという第一段階。これが「主体的な学び」に相当します。そして、「やりたいけど、できない。できないけど、やりたい」という第二段階。この第二段階において、試行錯誤が繰り返され、その試行錯誤の中で「対話的な学び」と「深い学び」が生まれます。

この点からも了解されると思いますが、「主体的・対話的で深い学び」を生み出すためには、第一段階と第二段階がとりわけ重要です。私は「主体的・対話的で深い学び」をキーワードにした継続的な研究会を複数の自治体・法人で行っていますが、それらの研究会でも、第二段階をどう保障するかということが、いつも議論になります。もちろん試行錯誤が続くためには「やりたい！」という気持ちに、強い炎が燃えている必要があるので、第一段階も重要になってきます。それを踏まえて、研究会では次の二点をテーマにして、研究を進めています。

Ⓐ「やりたい！」にどうしたら火がつくのか？
Ⓑ「やりたいけど、できない」がどうやったら続くのか？

みなさんも、「やりたい！」に火がついた場合とそうでなかった場合を見比べたり、「やりたいけど、できない」が続いた場合とそうでなかった場合を見比べたりしながら、ぜひヒントをつかんでみてください。

これまでの研究会では、保育者の「やってごらん」という「声かけ」よりも、他の子の「できた！」という「姿」のほうが、「やりたい！」に火をつけることが多いということがわかってきました。

また、子どもの数が多過ぎず、少な過ぎず、五人くらいのときに「やりたいけど、できない」が続きやすいということや、ガムテープ以外にホッチキスがあったり、さらには糊があったり、といったように、手立てが豊富にあったほうが「やりたいけど、できない」が続きやすいということもわかってきました。

4　やりたいけど、できないから、やらない

ある自治体の研究会で、参加していた保育者の方から「うちの園に『やりたいけど、できないから、やらない』という子どもがいる」という相談を受けました。別の自治体の研究会でその話をしたところ、「うちの園にも、そういう子がいます」という声が上がりました。そして、そういった子どもが実はけっこういるということがわかってきました。

段ボールカッターのあきちゃんは「やりたい！」と思ったことに、何でも挑戦しています。挑戦し

て失敗する中で、技術・知識を発揮したり、結びつけたりします。そこに「主体的・対話的で深い学び」が生まれます。

しかし、あきちゃんのように、やりたいと思ったことに挑戦する子ばかりではないのです。「できないけど、やりたい！」というのがあきちゃんだとしたら、「やりたいけど、できないから、やらない」という子もいるのです。

そこで、私たちは「やりたいけど、できないから、やらない」という子どもの気持ちを深くつかむために、エリク・H・エリクソンの「基本的信頼」の考え方を勉強しました。エリクソンの理論のことは佐々木正美先生の『子どもへのまなざし』[*3]などの著作を通じて、ご存じの方もいるかもしれません。

エリクソンは「個別の欲求に敏感に配慮してもらう」という経験[*4]、「摂取と接触の要求に応答してもらう」という経験[*5]が、一貫して感じられることで[*6]、基本的信頼の感覚が育つと述べています。

これは「(離れていても)呼べば、くっついてくれる」ような、「(お腹が空いても)呼べば、お腹を充たしてくれる」ような、信頼できる他者がいるという感覚です。二歳くらいになれば、この感覚は「貸しても、返してと言えば、返してくれる」「譲っても、やりたいと言えば、自分の番が来る」「困っても、助けてと言えば、助けてくれる」という感覚へと育っていきます。

あきちゃんは「できないけど、やりたい！」と考えて、できなくても挑戦する子です。エリクソンの考え方で言えば、このあきちゃんには「できなくても、そばにいてくれる人がいる」「困っても、助けてくれる人がいる」という基本的信頼の感覚が育っています。

より深く理解すれば、あきちゃんの中にも「できなかったらどうしよう」とか「できなかったら見放されるかも」という不安（不信）があるはずですが、そういった不安よりも信頼のほうが上回っています。

しかし、「やりたいけど、できないから、やらない」という子どもの心の中では「できないと、見放されてしまう」という不安のほうが、信頼を上回っています。

不安が上回ってしまう背景には、さまざまな要因があります。保育者の接し方が要因の場合もあります。「あの子はできるのに、どうしてあなたはできないの」とか、「できない子は放っておくよ」という態度で大人が接してしまうと、どうしても不安が強くなってしまいます。それは、保護者がそのような態度で接してしまう場合も同様です。

＊3 佐々木正美『子どもへのまなざし』福音館書店、一九九八年。

＊4 エリク・H・エリクソン、西平直・中島由恵（訳）『アイデンティティとライフサイクル』誠信書房、二〇一一年、六〇頁（Erikson, Erik. H. (1959). *Identity and the life cycle*. W. W. Norton & Company, p. 65.）。なお、訳については筆者により一部変更しています（以下、同）。

＊5 Erikson, Erik. H. (1964). *Insight and responsibility*. W. W. Norton & Company, p. 116. より筆者訳出。

＊6 エリクソンは「斉一性と連続性（sameness and continuity）」「基本的信頼が基本的不信を上回るバランスとなる持続するパターンをしっかりと確立すること（the firm establishment of enduring patterns for the balance of basic trust over basic mistrust）」「一貫した存在（coherent being）」という言葉を用いながら、経験の一貫性について語っています。エリクソン、前掲書（＊4）、二〇一一年、五八、六〇頁（Erikson (1959). pp. 63-64.）及び、Ibid（＊5）, p. 117.

「主体的・対話的で深い学び」を生み出すためには、子どもの心に「基本的信頼」の感覚が育っていることが必要です。そうして「できなくても、やりたいから、やってみる」という安心感を培っておくことが重要です。

このような信頼感・安心感は、園だけで培えるものではありません。保護者の方を含めた支援を行うことで培えるものです。

そろそろ紙幅が尽きますので、支援のポイントだけ述べておきます。大切なことは、その方に不器用さや至らなさがあるとしても、それを、その人のせいにしないということです。その方は、子どもが出す物音に気をつけなくてはいけないところにお住まいかもしれない。子育てをしながら働くことに理解の低い職場にお勤めかもしれない。「子どもをしっかりしつけなさい」という小言が多い親族が身近にいるのかもしれない。その方だって、住まいが別のところであれば、もっと大らかに子どもに接することができるはずです。

「あの人が悪いのよ」「あの人さえいなければ、うまくいくのよ」。つい、そういう言葉で問題を片付けたくなりますが、本当の問題は「どうして、あんなに素敵な人が持ち味を発揮できないんだろう」というところにあるのです。

そうして、「その人を取り巻く環境」が、その人の不器用さや至らなさを生んでいると考える。そして、その人の持ち味が発揮されるように「その人を取り巻く環境」を組み立て直す。そういった援助をする。偉そうなことを言っていますが、私だって、それをできているわけではありません。なので、ここに書いておいて、自分で心がけたいと思います。

以上、「主体的・対話的で深い学び」をキーワードに、二〇一七年改訂（改定）の幼稚園教育要領や保育所保育指針等に込められた「学び」の考え方と、そうした学びを生み出すためのヒントを述べました。

エンゲストロームの理論とエリクソンの理論を参考に述べましたが、本質は、①子どもたちの「やりたい！」と「やりたいけど、できない。できないけど、やりたい」をあらためて大事にするということ、②「やりたいけど、できないから、やらない」という子どもには保護者の方を含めた支援を行うことに尽きます。要領・指針は、この二点も大切にしたものだと、私は考えています。

第3章

日常生活と民主主義と教育をつなぐ理論
――エリクソンの人間論

前の章で、エリク・H・エリクソンの「基本的信頼」の考え方に触れました。エリクソンの考え方は、人の育ちを理解する際に、いまだに重要な理論であり続けています。

この文章を書いた二〇一九年当時、哲学者である西研さんと研究会をご一緒させていただきました。西さんが「基本的信頼」「自律性」「自主性」の三つは、民主主義の主体には感じていてほしい感覚だ、とおっしゃっていたことを覚えています。

同じ気持ちで、この文章を書きました。

エリクソンの考え方について質問をされた際には、いまだにこの文章を参考資料にしながら答えています。

1　エリクソンをヒントに

エリク・H・エリクソンは、人生の初期に、「基本的信頼（basic trust）」「自律性（autonomy）」「自主性（initiative）」の感覚が育まれると述べた。この三つの感覚は、民主主義の主体が備えるべき要件でもあるし、人間が幸せに生きるための条件でもある。その意味では、これらの感覚は子どもに保障しさえすればいいものではなく、子どもを含めた人間全員に保障されるべきものでもある。本稿では、エリクソンの理論を参照しながら、基本的信頼、自律性、自主性の感覚同士がもつかかわりや、発達の順序性について論じる。

さて、教育（あるいは、人の育ち）は学校でのみ行われるものではないし、民主主義も投票所や議会でのみ行われるものではない。教育も民主主義も、人間が営む日常生活の一瞬一瞬の中で生まれたり、生まれ損ねたりしている。

いわば、日常生活と民主主義と教育はつながっている。私にとって、そのつながりに気づかせてくれる言葉が、エリクソンの「基本的信頼」「自律性」「自主性」といった言葉である。これらの言葉は、日常の一瞬一瞬の中に民主主義を生み出す際のヒントにもなっている。

我が家には二歳と〇歳の娘がいる。私のゼミには、二〇人の若者がいる。私がアドバイザーを引き受けている法人、自治体、株式会社が一五箇所ほどある。私は、親として子どもの学びにかかわり、教員として学生の学びにかかわり、アドバイザーとしてメンバーの学びにかかわっている。その際に、エリクソンの言葉や考え方をヒントにしている。

以下、日々の生活のなかで、私がどのようにエリクソンの理論を参考にして、どのように人の学びにかかわっているのかを紹介するが、人生の初期にあたる「乳児期」「幼児期初期」「遊戯期」「学童期」の個別の話を始める前に、エリクソンの発達論の全体像を示しておく。

2　人間の育ちを長い目で見る

図3−1が、エリクソン自身が作成した「エピジェネティック図式」と呼ばれるものである。この図において、人生は乳児期から老年期までの八つの時期に分けられている。そして、それぞれの時期で生じる葛藤が記されている。たとえば、第Ⅰ期（乳児期）では、基本的信頼と基本的不信との葛藤が生じる（その詳細は後で述べる）。その葛藤を乗り越えることで、希望という「人間的な強さ（徳）」が開花する。エリクソンに言わせれば、人生とは、葛藤を通じて、人間的な強さ（徳）を開花させるプロセスである。この表には人生において生じる八つの葛藤と、人生において開花する八つの人間的な強さ（徳）が記されている。本稿では、このうち第Ⅳ期までについて論じる。第Ⅳ期までの育ち（学び）を素描すれば、次のように描ける。

第Ⅰ期：応答してもらえるという信頼感・安心感を培う。
第Ⅱ期：信頼感・安心感を土台にして、自己決定をする。
第Ⅲ期：自己決定を土台にして、自分（たち）がイメージする世界を、自分（たち）の手で（自分たちが主導して）つくっていく。
第Ⅳ期：自分（たち）の世界をつくる際に、仕上がりにこだわるようになる。そのこだわりを土台にして、道具・技術・知識を獲得する。

	1	2	3	4	5	6	7	8
老年期 Ⅷ								統合 対 絶望，嫌悪 **英知**
成人期 Ⅶ							ジェネラティビティ 対 停滞 **世話**	
前成人期 Ⅵ						親密 対 孤立 **愛**		
青年期 Ⅴ					アイデンティティ 対 アイデンティティ混乱 **忠誠**			
学童期 Ⅳ				勤勉性 対 劣等感 **有能感**				
遊戯期 Ⅲ			自主性 対 罪の意識 **目的**					
幼児期初期 Ⅱ		自律性 対 恥，疑惑 **意志**						
乳児期 Ⅰ	基本的信頼 対 基本的不信 **希望**							

図3－1　エピジェネティック図式

出所：エリク・H・エリクソン，村瀬孝雄・近藤邦夫（訳）『ライフサイクル，その完結』みすず書房，1989年，73頁より一部改変。

以上が第Ⅳ期までの育ち（学び）の大まかなイメージである。学びとは、技術や知識を獲得することだ、と思っている方は驚かれるかもしれない。しかし、エリクソンの教えに従えば、そうした学びを急いでやる必要はない。むしろ、安心を培い、自己決定を励まし、主導権を認めるということをしさえすれば、自分たちの世界をつくるために技術や知識を獲得しようとする。

私は、この考え方に出会ったおかげで、人の育ちを長い目で見ることができるようになり、子どもにゆったりと向き合えるようになった。というのも、この考え方が教えてくれるのは、第Ⅳ期までに四つくらいのことを身につけておけばいいんだよ、という気長なメッセージだからだ。

以下、娘と私との日常の様子を交えて、エリクソンの考え方を紹介する。

3　第Ⅰ期――自分（たち）は応答してもらえる存在なんだ

私は、自分の娘や学生の心の中に「希望」が開花するように願っている。辛い経験の中で、自分に対する自信が傷ついたり、人に対する信頼が損なわれたりしたとしても、生きることに対する「希望」が根づいている状態にしておいてやりたいと思っている。[*1]

そのために、娘の欲求表出にできる限り応答しようとしている。エリクソンは、「赤ちゃんの個別の欲求を敏感に配慮すること（sensitive care of the baby's individual needs）。それを通して、子どもの中に信頼感を創りあげていく」と述べている。[*2] また、「母親的人物とは、新たな存在がもつ摂取や接触の欲求に、温かく穏やかに包み込むように、応答する人物である（respond to his need for intake

*1「人生が維持されるのだとすれば、自信が傷つき、信頼が損なわれたとしても、希望は残っているはずである」Erikson, Erik. H. (1964). *Insight and responsibility.* W. W. Norton & Company, p. 115より筆者訳出。なお、訳書としては以下の書籍が刊行されている。エリク・H・エリクソン、鑪幹八郎（訳）『洞察と責任――精神分析の臨床と倫理［改訳版］』誠信書房、二〇一六年。

and contact)」とも述べている。[*3] ポイントは、欲求表出に、個別に、応答することである。

○歳の娘にとっては、泣くことが欲求表出である。私は、その欲求表出に応えるようにしている。そうして「だいじょうぶだよ。お父さんは、君の望み（希望）に応えようとするよ」というメッセージが伝わるようにしている。

応答とは、離れずに側にいることではない。むしろ、離れても、呼ばれたら（赤ちゃんが泣いたら）、側に戻ること。それが応答である。そうした応答を繰り返すことで、娘の中に「離れても、呼べば、戻ってきてくれる」という信頼感が培われる。これは「この人は応答してくれる人だ」という相手に対する信頼感だが、それに加えて「私は、他者に応答してもらえる大事な存在なんだ」という自分に対する信頼感が培われる。その両方が、基本的信頼の中身である。[*4]

繰り返すが、応答とは、離れないことではない。むしろ、欲求表出に応答できる範囲で離れることであり、離れても、欲求表出に応えて戻ることである。言い換えれば、距離を縮めることではなく、伸び縮みさせることである。そのような伸び縮みを繰り返すことで、離れても大丈夫だ、という信頼を培う。

こうした応答は、年齢を重ねるにつれ、さまざまな形態をとる。「貸しても、返してと言えば、返してくれる」「譲っても、やりたいと言えば、自分の番が来る」「困っても、助けてと言えば、助けてもらえる」。これらはいずれも、応答のヴァリエーションである。

という話を授業でしていたら、学生の一人が「恋愛において、束縛の強い人は、信頼よりも不信の強い人なんですか」と質問した。そうなのである。束縛の強い人は「離れたら戻ってこないかもしれない」という不信（不安）が強く、「離れても、戻ってくる」という信頼（安心）を上回っている。エリクソンは信頼について、次のように書いている。

「乳児が成しとげる最初の社会的行為は、母親が見えなくなっても、無闇に心配したり怒ったりしないで、母親の不在を快く受け入れることができるようになることである。それは、取りも直さず、母親が予測できる外的存在になったばかりでなく、『内的な確実性』をもつようになったからである」[*5]。

束縛の強い人が、相手が見えなくなった途端に心配や怒りがこみあげてくる人だとしたら、それはまさに不信である。

大事な点を伝え忘れたが、エリクソンは、第Ⅰ期で信頼が獲得されたら、その信頼が一生続くとは

＊2 以下の訳書を参考に、原著から訳出。エリク・H・エリクソン、西平直・中島由恵（訳）『アイデンティティとライフサイクル』誠信書房、二〇一一年、六〇頁（Erikson, Erik. H. (1959). *Identity and the life cycle*. W. W. Norton & Company, p. 65.）。

＊3 Erikson (1964). op. cit.（＊1）, p. 116 より筆者訳出。

＊4 「剥奪された感じ・引き離された感じ・見捨てられた感じは、すべて基本的不信という残留物を残すが、これらの組み合わせによってできた印象に対抗して、基本的信頼が確立され、維持されなくてはならない」。エリクソン、前掲書（＊2）、二〇一一年、五八頁（Erikson (1959). pp. 62-63.）。

＊5 エリク・H・エリクソン、仁科弥生（訳）『幼児期と社会１』みすず書房、一九七七年、三一七頁（Erikson, Erik. H. (1950). *Childhood and society*. W. W. Norton & Company, p. 247.）。

考えない[*6]。第Ⅰ期の信頼と不信のせめぎ合い（葛藤）、つまり、応答してもらえるんだという信頼（安心）と応答してもらえないかも知れないという不信（不安）とのせめぎ合いは、一生続くと考える。

私の二歳の娘は、家庭という小さな社会で基本的信頼を培った。その娘は、一歳になったときに保育園という未知の社会に入っていった。そのとき、あらためて第Ⅰ期をたどり直す。それは小学校に入ったとき、中学校に入ったときも同様である。「新たな地平を拡げるとき」、人は第Ⅰ期をたどり直す[*7]。そのときに、乳児期に信頼を培っていたかどうかが影響する。

未知の社会に入り、「新たな地平を拡げる」という経験は、人生の中で、何度も繰り返される。そのときに、自信をもって踏み出せるようにしておいてやりたい。娘の欲求表出に応答するのが億劫なほど疲れているときは、そう考えて、応答するようにしている。

4　第Ⅱ期——自分（たち）のことは自分（たち）で決める

娘は徐々に、寝返りをするようになり、ずりばいをし、ハイハイをし、あっという間につかまり立ちをして動き回る。その頃から、イヤイヤ期が始まる。イヤイヤ期は「自分のことは自分で決めたい」という自己決定の欲求が盛んになる時期である。この自己決定の欲求のことを、エリクソンはAutonomy《オートノミー》と名づけ、先人たちはそれを「自律性（の感覚）」と訳した。

娘にイヤイヤ期が来たときに、妻に「イヤイヤが収まらないってことは、親のしつけが出来てないいってことじゃなくて、娘が健康に第Ⅰ期を乗り越えた証拠なんだから、親は、イヤイヤ言っている我が子を見ながら、自分の子育てを褒めればいいんだよ」と話したら、「その言葉に救われる親は多いと思う」と言われたので、子育てサークルなどで話をするときは、そのメッセージを伝えるようにしている。

この考え方は、実際にエリクソンの理論が教えてくれるものであって、人は、第Ⅰ期で培った信頼・安心を土台にして、第Ⅱ期で自己決定をするのである。

とはいえ、メッセージがそれだけでは、イヤイヤ期の子どもに手を焼いている親御さんの参考にならない。私自身は、広げたら広げっぱなし、出したら出しっぱなしの娘に対して「広げたら、たたんでほしい」「出したら、しまってほしい」という言葉を伝えるようにした。これはエリクソンに言わせれば、「期待」を伝えるというやり方である。

第Ⅱ期は、自己決定と恥とがせめぎ合う時期である。エリクソンは「恥とは、自分が完全に人目に曝され、また見られていると意識していること、要するに、自己意識的であることを意味している。人は見られる存在であり、見られる準備のできていない存在である」と述べている。[*8] ここでのキーワードは「人目」すなわち「(他者の) 視線」である。

＊6 Erikson (1959). op. cit.（＊2）, p. 181.（エリクソン、二〇一一年、一三七頁。）
＊7 Erikson (1964). op. cit.（＊1）, p. 117.

ここでのエリクソンの示唆を、子どものイヤイヤを抑えるために「応用」するならば、子どもを視線にさらすことで、本人に恥を感じてもらうという方法がある。しかし、そのやり方では「あまりに恥をかかせると、正しくあろうとする感覚ではなくて、見られていないなら何でもやって上手く逃げてしまおうという、秘かな決意が生まれる」ということにもなり得る[*9]。

そこで私が参考にしたのは「成熟しつつある人間は、周囲に期待できることと、自分に期待されていることに関する知識を、徐々に、組み込むようになる」という一節である[*10]。

イヤイヤを抑えるためには「視線」にさらすよりも、「期待」を伝える方が前向きである。だから私は、広げたら広げっぱなし、出したら出しっぱなしの娘に対して「広げたら、たたんでほしい」「出したら、しまってほしい」という期待を伝えるようにしている。

この点については、山竹伸二が『子育ての哲学』の中で述べている「三つの承認パターン」の話も、大いに参考になった。山竹の言う三つの承認のうち、二つを紹介すると、①ありのままの自分が無条件に認められる承認、②できるようになったことを「できたね」と評価し、ほめる承認の二つである[*11]。

これは、①が第Ⅰ期の「応答」、②が第Ⅱ期の「期待」に対応する。実際、二歳の娘を見ていると「みてて、みてて」ということをさかんに言う。そういうときはたいてい、私が「たたんでほしい」といったものをたたむことができるようになったときだったり、「しまってほしい」といったものをしまうことができるようになったときだったりする。そのときの娘の心の中をのぞけば「いまから、お父さんの期待に応えることをするから、うまくいったらほめてね」という気持ちなのだろう。

ということは、いまイヤイヤ期を生きている娘の心の中には「自分のことは自分で決めたい」という気持ちと「お父さんの期待に応えたい」という気持ちとがせめぎ合っているのだろう。

ここでは「自己決定と恥のせめぎ合い」を「自己決定と期待のせめぎ合い」と読み替えている。エリクソン自身は、恥という否定的感覚も、それがあるからこそ、葛藤が生じるのだというふうに、肯定的に考えている。[*12] 第Ⅰ期では基本的信頼が、第Ⅱ期では自律性（自己決定）が肯定的感覚と呼ばれるものである。一方で、第Ⅰ期では基本的不信が、第Ⅱ期では恥が、それぞれ否定的感覚として生じる。肯定的感覚と否定的感覚の両者が生じるからこそ、その間に葛藤が生じ、かつ、葛藤がダイナミズムを保つのである。いわば、否定的感覚は、必ずしも否定的にばかり働くのではない。そのことを示すためには「恥」という言葉より、「期待」という言葉を用いたほうが適当であるので、そのようにしたのである。

＊8　エリクソン、前掲書（＊2）、二〇一一年、六八頁（Erikson (1959). p. 71.）。
＊9　エリクソン、前掲書（＊2）、二〇一一年、六九頁（Erikson (1959). p. 71.）。
＊10　Erikson (1964). op. cit.（＊1）, p. 119より筆者訳出。この一節からは、子どもは周囲からの期待を一方的に伝えられる存在ではなくて、子どもからの期待を周囲に伝えることも許された双方向的な存在なのである——という子ども観（人間観）を読み取ることもできます。
＊11　山竹伸二『子育ての哲学——主体的に生きる力を育む』筑摩書房、二〇一四年、九〇－九一頁。
＊12　Erikson (1959). op. cit.（＊2）, p. 181.（エリクソン、二〇一一年、二三七頁。）

5　第Ⅲ期――自分（たち）の世界をつくる

イヤイヤ期まっただ中の娘とも、これまでとは違うかかわり方ができるようになってきた。それは約束をしたり、見通しを共有したりというかかわり方だ。

たとえば、食事の最中に遊びたいと言い始めても、「食べ終わったら遊べるよ」というふうに、食べた後の見通しを共有できたり、「食べたら遊ぼう」という約束をできるようになってきた。これは第Ⅲ期に入りつつある証拠だ。

第Ⅲ期になると「集団の中での役割」がわかったり[13]、作業全体の中での今の作業がわかったり、つまりは「時間的見通し」がもてたりするようになる[14]。実際、最近の娘は、生活のなかで役割を担おうとする。私と妻が食べ終わった食器を片付けていると、一緒に片付けようとしたり、片付けた食器を洗おうとしたりする。

第Ⅱ期までは、目の前で起きていることや、目の前にいる相手に引っ張られがちだったのに対して、第Ⅲ期になると全体を見通せるようになり、その全体の中での「役割」がわかるようになる。

それは遊びの仕方にも変化をもたらす。たとえば、ごっこ遊びにおける「お父さんイメージ」「お母さんイメージ」がとても豊かになってくる。マイ・ワールド（自分の世界）が豊かになってくる。最近、娘は、マラカスをマイクにして、自分の世界でステージに登り、一生懸命、歌を歌っている。そのうち、友達同士で、それぞれの「自分の世界」をもち寄って、「自分たちの世界」をイメージできるようにもなるのだろう。

第Ⅲ期では、イメージが豊かになる半面、事実という「取り返しのつかないもの（不可逆なもの）」に対する認識もシビアになってくる。[*15] 自分のイメージする世界を、自分の手で、事実としてつくることはとても楽しい。しかし、自分の手で、事実をつくっていくことによって、その事実をつくる前の世界には戻れないということもわかってくる。これが不可逆の感覚である。

加えて、自分がつくった事実が「全体」に影響を及ぼすこともわかってくる。それが罪悪感（罪の意識）になり、自分の手で、自分の世界をつくることをやめさせてしまうことだってある。

基本的信頼、自律性（自己決定）、自主性が、お互いを土台にしながら深くかかわっていることは再三述べた。それと同様に、不信、恥、罪悪感も深くかかわっている。不信も、恥も、罪悪感も、失敗を恐れるという点で一貫している。すなわち、失敗しても（失敗したら）応答してもらえないだろう（助けてもらえないだろう）という不信（不安）は、第Ⅱ期には、失敗してはいけない（期待に応えなくてはいけない）のに、期待に応えきれない――しかも、その姿を人目にさらさなくてはいけない――という恥ずかしさに変わり、第Ⅲ期になれば、失敗したら、そのしわ寄せが全体に及んでしまう（だから、手を出すのはやめておこう）という罪悪感を生み出していく。

*13 Erikson (1964). op. cit.（＊1）, p. 121.
*14 Erikson (1964). op. cit.（＊1）, p. 120.
*15 Erikson (1964). op. cit.（＊1）, p. 121.

6 第Ⅳ期――道具・技術・知識を獲得する

最後に、第Ⅳ期についても、簡単に触れておこう。というのも、第Ⅳ期こそが「学び」「教育」の一般的イメージに最も重なる時期だからである。第Ⅳ期になると、自分の世界をつくる際に、仕上がりにこだわるようになる。すなわち、いい仕事をしたいと思うようになる。あわせて、いい作品に仕上がったときの喜びを感じるようになる。そうしたこだわりや喜びを土台にして、道具・技術・知識を獲得する。*16

フィンランドの教育学者エンゲストロームは、学習の段階を、「1．欲求段階」、「2．ダブルバインド」、「3．対象／動機の構成」、「4．適用、一般化」、「5．強化、反省」の五つの段階に分けている。*17 そのエッセンスを汲み取りながら、私は、この五段階を次のように書き換えている。

「1．やりたい！」、「2．やりたいけど、できない」、「3．やった！　できた！」、「4．いつでも、どこでも、やりこなせる」、「5．できるようになったことが、周囲に波及する」。

エンゲストロームは、この五つの段階を繰り返しながら、学習が進むのだと考える。エリクソンの理論は「できないけど、やりたいからやる！」という前向きさを培う際に参考になる理論である。不信や恥、罪悪感が強いと「やりたいけど、できないから、やらない」ということも十分起こりえるからである。

エンゲストロームは、先の五つの段階のうち「やりたいけど、できない」という第二段階をもっとも重視する。その段階において、様々な方法を試し、うまくいく方法を獲得するからである。方法を獲得することが学びだとしたら、第二段階こそが、学びを生み出すキモなのである。

このとき、子どもが方法を獲得する仕方には、三つのレベルがある。第一は、教えられた方法を獲得するレベル。第二は、自分なりの方法を、自分の引き出しからもち出すレベル。第三は、自分の引き出しになかった方法を編み出すレベル。学びは、おおよそこの三つのレベルのうちのどこかで起きている。[*18]

7　民主主義と教育

次の時代を生きる世代を、第二、第三のレベルでの学びができる人間に育てておいてやりたい。第一のレベルは、人工知能を搭載したロボットが人間以上にうまくやってしまう時代でもある。そのためにも、本人が「やりたい！」と思ったことを、安心して、自分で決めて、自分の手でできるように

＊16　Erikson (1964). op. cit.（＊1）, pp. 123-124.
＊17　Engeström, Y. (1987). *Learning by expanding*. Cambridge University Press, p. 150.（ユーリア・エンゲストローム、山住勝広ら（訳）『拡張による学習――活動理論からのアプローチ』新曜社、一九九九年、一三五頁）。エンゲストロームの学習論については、本書第2章も参照。
＊18　Ibid., pp. 114-117.（同前書、一六三－一六八頁。）

育ってほしい。

また、そのような学びを、周囲の人間と協力しながら進めていけるように育ってほしい。つまり、自分たちの引き出しになかった方法を、自分たちで編み出し合うような学びを進めていってほしい。アイデアを出し合って、新しい方法を編み出し合うことは、それが「やりたいこと」であれば、楽しいはずであるし、そうして自分たちの引き出しを増やしていくことは、「生き方の幅」を増やしていくことにもなるはずだ。それは「自分（たち）は応答してもらえる存在なんだという信頼感」「自分（たち）のことは自分（たち）で決めるという自律性（自己決定）」「自分（たち）の世界は自分（たち）でつくるという自主性」を中身とした民主主義の実現でもある。そのための種は、人間の中に埋め込まれているので、まずは日常の一瞬一瞬において、その種が開花するようにかかわってやることをしようと思う。

とはいえ、私は、民主主義を、日常の心がけのレベルにとどめていいとは思っていない。民主主義を社会全体に拡げなければいけないと思っている。

エリクソンは「地平を拡げるときに、応答がなされることで、希望が再確認される」と述べている。[*19]

いつか娘たちは、家庭という地平から、地域という地平、あるいは学校という地平へと、その活動を拡げていく。そのときに、新しい場所で、第Ⅰ期から辿りなおすことができるような、そういう社会をつくっておいてやりたい。その点からすると、今の日本の課題が見えてくる。安心も不十分なままに「視線」「評価」に晒されること（私自身もやってしまいがち）。「評価」を面と向かって言われるならまだしも、本人の知らないところで陰口を叩かれること。そういったことをなくしていったり、自動車の危険にさらされることなく自分の活動を拡げていけるような環境を整備してやったり[*20]、そういったことを一つ一つやっていこうと思う。最後に、子どもを含めた人間全員が基本的信頼、自己決定、自主性の感覚を日々味わえるようにすること。そうして、一人ひとりが、葛藤（せめぎ合い）を通じて、人間的な強さ（徳）を開花させていくこと。こうした社会の実現も大きな課題である。

＊19　Erikson (1964). op. cit.（＊１）, p. 117 より筆者訳出。
＊20　久保健太「『道路分化』という道路文化の構築に向けて――子どもが育つ場としての道路『環境』の論理的必要性」『こども環境学研究』第二巻一号、二〇〇六年、三三－四三頁。

第3章 補論

「第Ⅱ期」からの「学び」
——エリクソンと矢野智司

第3章の文章を書いた当時は、エリクソンの理解にまだまだ甘さがありました。特に「学び」が起きる時期として、第Ⅳ期を重視しすぎました。第Ⅱ期から始まる「学び」を考えなくてはいけない。そのような思いから、自論を修正するためにも書いた文章が、この文章です。

『子どもの文化』（二〇二一年六月号）で「学び」をテーマに諏訪保育園（八王子市）の島本先生と対談をさせていただきました。島本先生から学ばせていただいたことと、エリクソンから学び直さなくてはならないと思っていたことが重なりました。

その点について書いた文章です。

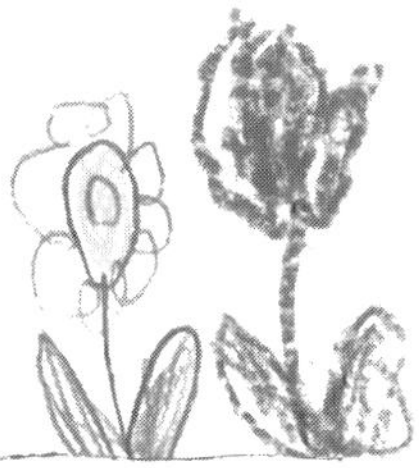

1　島本先生のメッセージ

自分に湧き上がってきた「欲望」を、自分の「身体」を使って、表現する喜び。

たとえば、朝、玄関を出て、土砂降りの雨を見たとき、思わず、その雨の中に飛び出したくなる。気がついたら、いつの間にか、雨の中に飛び出していって、思う存分、バシャバシャする、その喜び。

自分の指は思い通りに動かせるようになって、だから、自分の指で折り紙をちぎることはできる。だけど、指でちぎるよりもハサミで切りたくて、なんとかハサミで折り紙を切ってみる。そのときの喜び。

そうした喜びを、自分の体が、自分で動かせるようになった頃に、なるべくたくさん積み重ねる。それが「学ぶことの楽しさ」の土台ではないか。

島本先生との対談[*1]の中で、もっとも印象に残ったのは、島本先生の右のようなメッセージです。それがどうして印象に残ったのかというと、エリクソンの理論の捉え直しを迫るもののように、私には感じられたからです。

2　エリクソンの捉え直し

エリクソンの理論では、知識・技術の獲得としての「学び」は「第Ⅳ期」に置かれています。それは「学童期」と呼ばれる時期で、学校に入った子たちが想定されている時期です。

一方、自分の体が、自分で動かせるようになる時期は、ずっと早く、おそらく「第Ⅱ期」と呼ばれる時期です。それは「幼児期初期」と呼ばれる時期で、一歳になる頃からの子どもが想定されている時期です（エリクソン自身は、年齢で区分することを避けていた節があるので、年齢は参考程度にしてください）。

つまり、エリクソン理論においては、知識・技術の獲得としての「学び」の時期（第Ⅳ期）は、自分の体が、自分で動かせるようになる時期（第Ⅱ期）よりも、ずっと後に置かれているのです。

ですから、島本先生の「自分の体が、自分で動かせるようになった頃から、子どもたちは『学ぶことの楽しさ』を味わい始めている」というメッセージは、エリクソン理論の捉え直しを迫るもののように感じられたのです。

と、ここまで見ると、エリクソンの考え方と島本先生の考え方は食い違っているように見えるのですが、私には、そう思えませんでした。エリクソンか島本先生のどちらかが間違っているというよりは、「私のエリクソン理解の仕方が間違っているのではないか？　本当は、エリクソンは、島本先生と同じことを言おうとしていたのではないか？」、そう思えました。

対談をした三月一八日（木）から、この文章を書いている四月五日（月）までの二週間の間、エリクソンを読み直してみました。そうすると、『玩具と理性』[*2]という本の一〇三頁に、次のような一節を見つけました。

＊1　久保健太・島本一男「対談　倣うと習う学びの行方――保育と子育てから考える学びの本質と環境について」『子どもの文化』六月号、二〇二一年、二一一八頁。
＊2　エリク・H・エリクソン、近藤邦夫（訳）『玩具と理性――経験の儀式化の諸段階』みすず書房、一九八一年。

第二の段階つまり幼児期初期に根づく基本的な強さは「意志」だと考えることができよう。筋肉能力や移動能力のみならず認知能力の新たな発達が、そして他者との相互交渉のレディネスの増大が、好条件下にあれば、自分の意志力を発揮すること、および自分にそれを行使する能力がありかつそれが許されることを発見することへの大きな喜びを培う。

重要な洞察がたくさん含まれた一節ですが、いまの私にとって重要な箇所は「自分の意志力を発揮すること（…中略…）への大きな喜びを培う」という箇所です。

この箇所で、エリクソンは、まさに、島本先生と同じことを言っています。人間は、第Ⅱ期において、筋肉が発達し、移動能力、認知能力が発達します。そうすると、自分の体を自分で動かせるようになってきます。そのときに、自分の体を使って、自分の意志を発揮する。そのことによって、大きな喜びを蓄積していく、溜め込んでいく。エリクソンは、この一節で、そのように言っています。

正直に言うと、私は、この一節の重さを見逃していました。第Ⅱ期のキーワードが「自己決定」であることは知っていましたし、「自己発揮」もキーワードに加えたほうがいいことはわかっているつもりでした。しかし、そこに「喜び」があることを見出す視点は、弱かったように思います。島本先生との対談を通じて捉え直すことができたのは、「自己決定」「自己発揮」の中に「喜び」があるという視点です（島本先生はそれを「学ぶことの楽しさ」と表現していました）。

その一方で、エリクソンの文章を読んでも、「自己決定」「自己発揮」の中に「学び」があるという視点は、まだまだ弱いように思います。その点をさらに考えてみます。

3 メディア身体の図式

「自己発揮」の中に「学び」がある。特に、第Ⅱ期から始まる「身体」を使った「自己発揮」の中に「学び」がある。この点をさらに考えるために有効なのが、矢野智司が『幼児理解の現象学[*3]』という本の四二頁で示した「メディア身体の図式」(図3補-1)です。

メディアという言葉が誤解を生みそうなので、少し、解説しておきます。私は、本稿の冒頭に、次のような子どもの姿を記しました。

　自分の指は思い通りに動かせるようになって、だから、自分の指で折り紙をちぎることはできる。だけど、指でちぎるよりもハサミで切りたくて、なんとかハサミで折り紙を切ってみる。そのときの喜び。

紙を切る際にハサミを用いるように、人間は何らかの道具に媒介されて、世界に働きかけます。

＊3 矢野智司『幼児理解の現象学――メディアが開く子どもの生命世界（幼児教育知の探究13）』萌文書林、二〇一四年。

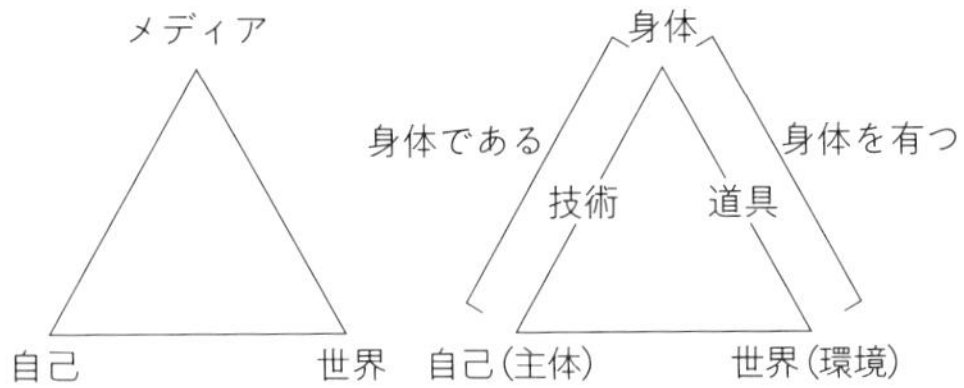

図３補－１　メディア身体の図式

この道具のことを「媒介物」という意味で「メディア」と言います。

メディアと言うと、新聞やテレビ、雑誌というマス・メディアのことを想像されるかもしれませんが、メディアという言葉は、もともと「媒介物」という意味をもっています。

たとえば、御飯という対象に働きかけるとき、箸という媒介物を使いますし、食材という対象に働きかけるとき、包丁という媒介物を使います。このときの箸や包丁がメディアです。

そう考えると、私たちは多くのメディアに媒介されることで対象に働きかけていることがわかります。その様子を記したのが、二つの三角形のうち、左側の三角形です。左側の三角形では、自己と世界との間をメディアが媒介しています。

矢野は、そのメディアをさらに詳しく分析して、右側の図を描いています。右側の図では「技術」「身体」「道具」という言葉が新しく登場します。

たとえば、右手でハサミを使って紙を切るとき、右手に備わった「技術」と、ハサミという「道具」とが一体の「メディア身体」となり、紙という対象に働きかけています。

同様に、手と包丁も、一体の「メディア身体」となって、食材という対象に働きかけます。目と眼鏡、腕とラケット、などなど、世界にはたくさんの「メディア身体」のセットがあります。これが、矢野による「メディア身体」という考え方です。

4　技術の獲得という学び

メディア身体という考え方は、「自己発揮」の中にある「学び」を理論的に説明してくれます。特に「身体」を使った「自己発揮」の場合は、その説明が、ピタリと当てはまります。

二歳三か月になる次女の響子は、ハサミを使うのが、とても上手になってきました。あえて理論的に言ってみれば、彼女の右手の「技術」がますます磨かれてきて、ハサミという「道具」との「メディア身体」の動作精度が上がってきました。

響子より小さい悠太（八か月）は、ハサミという道具を使いこなすことはできずに、新聞をビリビリと破いています。ちぎるというほどの巧みさはなく、破るというくらいの粗っぽさがあります。

悠太の場合、自分の指が、そのまま「道具」です。しかし、自分の指を使いこなすほどの「技術」が身についていないので、道具と技術が一体となった「メディア身体」も動きの精度が低い状態です。

悠太の状態であった人間が、徐々に響子の状態に近づいていく。そのとき、「技術」の獲得があります。悠太は、このあと、自分の指を「道具」として使いこなし、小さな紙をちぎることができるほどの「技術」を身につけていくでしょう。さらには、お姉ちゃんがハサミを使っているのを見て（もしくは、お姉ちゃんのようにまっすぐにものを切りたくなって）、ハサミという「道具」を使いたくなるのでしょう。そうして、いつの日かハサミという「道具」と自分の指とを「一心同体」に近い精度で使いこなすほどの、言い換えれば精度の高い「メディア身体」にするほどの「技術」を身につけるのでしょう。

ここで描かれる「技術」の獲得と、「メディア身体」の精度の高まりこそ、島本先生が「自分の体が、自分で動かせるようになった頃から始まる学び」とおっしゃるもの、すなわち「自己発揮」の中にある「学び」の中身です。

5　「自己発揮」の「喜び」のために

重要な点は、島本先生とエリクソンが一致して述べているように、このような学びが、本来「自己発揮」の「喜び」を伴っているという点です。

その「喜び」、言い換えれば「学ぶことの楽しさ」が全面発揮される状態を、倉橋惣三は「自己充実」と呼びました。倉橋の思想については、いつか検討したいと思います。

私は親として、子どもたちの「自己発揮」が「喜び」となるように、次の二点を心がけたいと思います。第一は、「自己発揮」しようと試行錯誤している子どもたちの、その試行錯誤を見守ること。第二は、「教えられた正しいやり方を覚えること」よりも「その子なりのやり方を試すこと」を尊重すること。

この文章では、「自分の体が、自分で動かせるようになった頃から始まる学び」と「その喜び」について、エリクソンと矢野智司の理論を用いて、論じてみました。島本先生との対談を通じて、「自己発揮」の中にある「喜び」「学び」について重要な気づきをいただきました。ありがとうございました。

第Ⅱ部

世界が動き、人が試みるとき、そこに学びが生まれる

まくら1　一人ひとりの「センス」を軸にした学びへ

雑誌『真宗』から依頼をいただいて書いた連載の文章です。「割れる」と「割る」の違い。「センス」と「ミーニング」の違い。人が世界と出会うとき、そこには様々なセンス（感覚）が生まれ、その「センス」が知識へと姿を変えること。

第4章から第6章にかけて論じられる、そのような世界観・人間観・学習観が読み物として、気楽に書かれている文章です。第4章に先立つ「まくら」としてふさわしいと思い、ここに載せることにしました。

連載時の雰囲気を残すために、あえて、連載時のまま「次号では」「前号では」といった言葉を残しておきます。

1　世界の「奥行き」に触れる

今日は柚子風呂に入った。

その柚子も、買ったものではなく、子どもたちと公園に行った帰りに御近所さんからいただいたものだった。

正確に言うと、御近所さんの門前に「ご自由にお持ちください」と柚子が並べてあったのを、三ついただいて来たのだった。

お風呂に入るとき、長女の晃子（四歳）は

「ゆずいれよう！」

「どんな匂いするんだろう！」

「楽しみっっ！」

と目を輝かせている。

湯船に柚子を浮かべると、ぱぁっと香りが広がった。

台所に置かれていたときとは、明らかにちがう香り。ほのかに甘い、いい香り。

晃子は柚子を手に取って、鼻へとそっと近づけた。「いいかおりぃ」と言いながら、うっとりと目を閉じている。

湯船には、二つの柚子がプカプカ浮いている。

悠太（一歳）が嬉しそうにブキャッと手を振った。

悠太の手が晃子の手にぶつかった拍子《ひょうし》に、晃子の手から柚子がすべり落ちた。そして、割れた。

柚子の香りが、いっそう広がった。

こんな他愛もない、どこにでもある日常の中に、世界についての重要な真理が隠されているように思います。

それは、私たちを取り巻く出来事は、そのほとんどが、私たちが「起こした」と言うよりも、なかば偶然に「起きてしまった」ものであるということ。

柚子の香りは、私たちが「広げた」のではなく、私たちの前で「広がった」わけだし、晃子の手から落ちた柚子は、誰かが「落とした」のではなく、ちょっとしたはずみで「落ちた」のです。

そして、そうした偶然の力によって、私たちは、柚子の香りと出会うことができるのです。

湯船に浮かべなかったら、さらには手から落ちて、割れなかったら、出会うことができなかった柚子の香り。言い換えれば、柚子が秘めていた、その「奥行き」。世界は、このような奥行きに満ちています。

と偉そうに言っていますが、私だって、門前に置いてあった「でこぼこした黄色い実」を「柚子」

と名づけて、わかった気になっていただけかもしれない。

香りにうっとりした晃子や、プカプカしている姿にシンクロした悠太のほうが、よっぽど世界の奥行きに触れていたのかもしれない。

偶然の力を借りて、出会うことができる世界の奥行き。その奥行きに触れることを「学び」と呼べないものか。次号では、その点を考えます。

2　センスとミーニング

前号で、柚子風呂に入った話をしました。そして、我が子たちが、手から落ちて割れた柚子から広がる匂いと出会ったエピソードを紹介しました。

子どもたちは偶然の力を借りながら、身をもって、世界の「奥行き」に触れています。そして、偶然出会った「奥行き」に、もう一度出会おうと、様々な試行錯誤をします。

晃子（四歳）は、次の週末も、御近所さんから柚子をいただき、湯船に柚子を浮かべていました。のみならず、風呂場で柚子を割っていました。

「割る」と「割れる」は違います。「割る」は思い通りに行くけれど、「割れる」はそうではありません。そこには偶然が混じってきます。

「割れる」という偶然によって、先週、晃子は柚子の「奥行き」に出会いました。今週の晃子は、柚子の「奥行き」に出会おうとして、意志的に柚子を「割って」います。ここに「学び」の根があるように思います。

先日、響子（三歳）は、ひしゃくに水を掬《すく》ってはバケツに入れるということを繰り返していました。入れた水が入っていく。そのとき少しだけ、きれいなしぶきがあがる。水の「奥行き」が姿を現わす。もう一度、そのしぶきを見たくなって、ちょっとずつ角度を変える。そうして何度も何度も、水を掬っては入れる。その都度、世界は新たな「奥行き」を垣間見せる。

晃子は柚子を通して、響子は水を通して、世界の「奥行き」に出会っています。こうして、自分の身をもって、世界をわかっていっています。

世界をわかっていく仕方には、単純にいって二つの仕方があります。一つは、身をもって知っていくやり方。もう一つは「辞書」を読んで世界を知るやり方。

教育哲学では、「意味」を「センス」と「ミーニング」の二つに区別します。センスとは、柚子や水がもつ「その人にとっての、その場面での意味」。身をもって知る世界の意味。ミーニングとは、柚子や水がもつ「どのような人や場面であっても通用する意味」。辞書を通じて知る世界の意味。

子どもが世界と身をもって出会うとき、そこではセンスが生まれています。子どもは「ミカン科の常緑小高木。初夏に花が咲く」というミーニングなんて知らずに「でこぼこした黄色い実」そのものと出会っています。

なのに私たちは、辞書を読んで、世界のミーニングを知っていくことだけを「学び」だと考えてはいないでしょうか？　人間が身をもって世界と出会うことを「学び」と呼び、そこで生まれるセンスを知識と見なすことはできないものでしょうか？　次号では、その点を考えます。

3　新しい学び観へ

前号では、教育哲学において、「意味」が「センス」と「ミーニング」の二つに区別されることを紹介しました。

柚子風呂に入って、柚子の匂いにうっとりする晃子（四歳）にとって、柚子は「寒い日に、○○さんちの前にいっぱい置かれていて、お風呂に入れると、いい匂いがする黄色いもの」です。これはが晃子にとっての柚子のセンス。

つまり、センスとは「その人にとっての、その場面での意味」です。逆に「どのような人や場面であっても通用する意味」をミーニングと呼びます。柚子であれば「ミカン科の常緑小高木。初夏に花が咲く」という意味がミーニングに当たります。ミーニングとセンスは両輪です。世界をわかっていくためには両方が大切です。私自身、「どこかの誰かが調べてくれて、見つけてくれたミーニング」を、論文というかたちで文字を通じて学びながら、大いに助けられています。

しかし、だからと言って、学習の軸にミーニングの習得を置くことには反対です。やはり、各人が身をもって世界の奥行きを見出し、その奥行きに触れることを大事にしたい。

晃子が世界の奥行きに触れようとする際、「割れる」という偶然によって出会った柚子の「奥行き」にもう一度、出会おうとして、意志的に柚子を「割り」ます。

この「割れる」と「割る」の同時進行によって、そのドキドキハラハラによって、世界の奥行きを感受し、そこに、その場面でのセンスが生まれること。私は「学び」において、その点を大事にしたいと思っています。

うれしいことに、世界の奥行きを「センス」として感受することを「学び」として重視する、そのような提案が教育哲学の分野では生まれてきています。

リゼロット・マリエット・オルソンは、ジル・ドゥルーズの哲学を土台にして、「子どもたちと世界との出会いから生み出された意味（センス）が、姿を変えて知識になる」と述べています。[*1]

教育学者である山本一成さんは、私にエドワード・リード[*2]の世界観を教えてくれました。リードは「身をもって感受した意味が複数ある。その複

＊1　Olsson, L. M. (2009). *Movement and experimentation in young children's learning: Deleuze and Guattari in early childhood education.* Routledge, p. 182.
ドゥルーズとオルソンについては、本書第4章と第6章で少し詳しく取り上げます。

数の中から、幾つかを選びつつ行為する。その行為によって見出されたアフォーダンスが価値である」と考えるとのこと。これらはすべて、世界をわかるうえでの「センス」の大事さを述べた哲学です。

そしてドゥルーズは「センスは常にナンセンスと同時に生れる」ことを述べています。これなどは柚子が「割れた」ときに「ゆずがオナラした」と口走った晃子の世界そのものだと思うのです。ともあれ、私はセンスとミーニングを新しい「学び」の両輪にしたいと考えています。

＊2　エドワード・リード（Reed, E. S.; 1954–1997）：アメリカの科学哲学者で、ジェームズ・ギブソンの系譜に連なる生態心理学者。主著として以下のものなどがあります。
Reed, E. S. (1996). *Encountering the world: Toward an ecological psychology*. New York: Oxford University Press.（エドワード・リード、佐々木正人（監修）、細田直哉（訳）『アフォーダンスの心理学――生態心理学への道』新曜社、二〇〇〇年。）

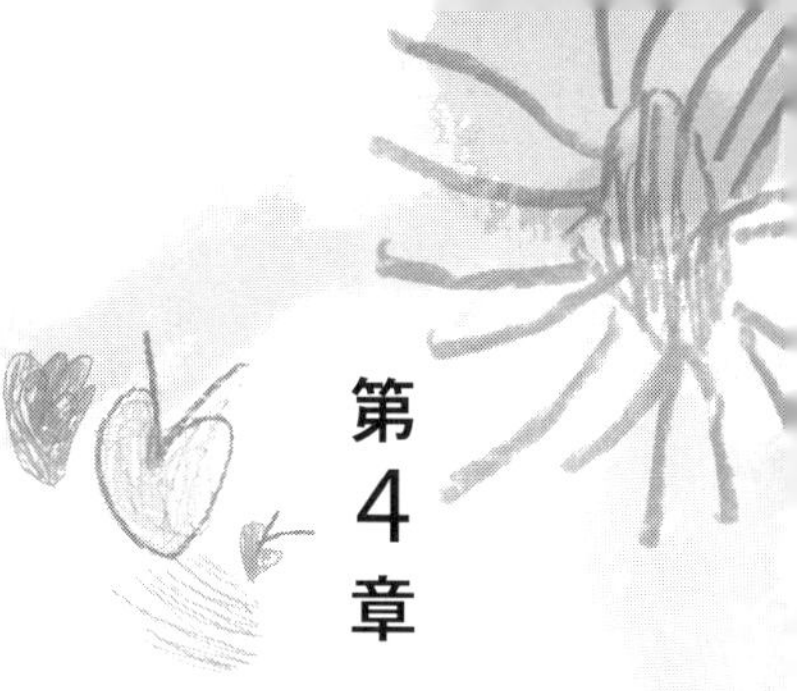

第4章 乳幼児の学びの理論としてのドゥルーズ／ガタリ理論

二〇二〇年に新型コロナウイルスの感染が拡大し、生活は一変しました。大学の授業や、研修・講演は、ほぼすべてオンラインに変わりました。

自宅で、家族で過ごす時間も増えました。本を読む時間も増えました。そんな暮らしの中で、ジル・ドゥルーズの文献を読み直してみたら、以前よりも格段に、その思想が染み込んできました。おそらく、子どもたちとの暮らしが、ドゥルーズの思想と結びついて、私の中に落ちてきたのだと思います。

ちょうどその時期にリゼロット・マリエット・オルソンの書籍の翻訳作業も始めました。すでに数年が経過していますが、その翻訳書も近いうちに刊行できると思います。

ドゥルーズの思想と乳幼児の世界との相性は、抜群にいい。そう感じています。

この文章は、二〇二一年七月に学術論文として書いたものです。いま読むと読みにくさが目立ちます。

それは論文という文体のため、というよりも、私がドゥルーズを理解しきれていないために生まれているものだと思います。

とはいえ、ドゥルーズの思想を読者のみなさんにお伝えするためには大事な文献だと考え、ここに載せる次第です。

1　ドゥルーズ／ガタリの世界観・人間観から乳幼児の学びを記述するために

ジル・ドゥルーズとフェリックス・ガタリが示した世界観・人間観は、乳幼児の学びを記述する格好の枠組みとなりうる。リゼロット・マリエット・オルソンは、“*Movement and experimentation in young children's learning: Deleuze and Guattari in early childhood education*（『乳幼児の学びにおける動きと試み——乳幼児教育におけるドゥルーズとガタリ』）”[*1] という著作において、ドゥルーズ／ガタリ（以下、D／G）の諸概念のうち「ミクロ政治」「切片性」「超越論的経験論」「出来事」「欲望のアレンジメント」といった概念を用いて、乳幼児の学びを記述しようと試みている。

本来であれば、オルソンの試みを継承し、D／Gの世界観から乳幼児の学びを記述したいところではある。しかし、本稿は、その数歩前で立ち止まる。乳幼児の学びを記述するための概念としてオルソンが選んだ、先の五つの概念のうち、「出来事」「欲望のアレンジメント」の概念が含む世界観・人間観を、オルソンやD／G以外の文献も用いながら示し直すことを、本稿の目的とする。

本稿ではD／Gの思想を枠組みとした乳幼児研究を今後行っていくための、その準備作業をしておきたいと思っている。そこに本稿の意図がある。その点で、本研究は先行する諸文献に何かを付け加えるものではない。むしろ、オルソンの試みを理解するための参考文献を整理し直し、それらの文献の力を借りて、オルソンの試みを読み解き直すものである。総説論文の一種としてお読みいただきたい。

2　ＯＨＰマシンプロジェクト（一年目）

オルソンは、ストックホルム近郊のプレスクールでのプロジェクトを素材にし、そこで生まれた学びを、ドゥルーズの世界観、人間観から論じている。そのプロジェクトとは、ＯＨＰマシンとスクリーンを活用したプロジェクトである。プロジェクトは二年にわたるものであるが、その一年目に見られた子どもたちの姿を下に紹介する。

ある日、二人の子どもがＯＨＰマシンの前に座っていた。その子たちは、マシンに背を向け、スクリーンの方を向いていた。突然、一人の子どもがマシンの方へと振り返り、マシン上のオブジェクトの一つを動かした。すると、もう一人の子どもが、（マシン上で起きていることと、スクリーン上で起きていることとの）結びつきを発見した。

この発見によって、グループ全体が動き出した。全員が画面に向かって駆け寄り、その前で踊ったり叫んだりした。「お化け！　お化け！」。子どもたちはとても興奮していて、走り回ったり叫んだりするのを止めなかった。[*2]

---

*1　Olsson, L. M. (2009). *Movement and experimentation in young children's learning: Deleuze and Guattari in early childhood education*. Routledge.
なお、訳書として北大路書房から刊行予定です。

*2　Ibid., p. 136 より筆者訳出。

こうした子どもたちの姿は、ストックホルム教育研究所の保育者研修コースで、ドキュメンテーションとして報告される。オルソンは、コースに集う保育者たち（そこには、OHPマシンプロジェクトの張本人もいれば、他のプレスクールからの参加者もいる）と一緒に、子どもたちの姿を検討する。その検討の結果、オルソンは次のように分析を記す。

子どもたちがお化けを用いるやり方は、私たちが、子どもたちとお化けとの関係として考えているようなやり方ではない可能性がある――保育者とその同僚はそう考えていると、彼女（プロジェクト実施園の保育者）は説明してくれた。子どもたちは、自分たちを怖がらせたり、興奮させたりするものではなく、新しい何かを発見したり、よくわからないが興味を湧かせ、興奮させるようなものに直面したりしたときに、それを祝うための儀式としてお化けを使っているのだと、彼女は説明してくれた。

観察を通して、保育者たちは、子どもたちが何か新しいものや予期しないものを発見したときに、お化けが常に登場することに気づいた。何か新しくて予想外のことが発見されるたびに、「お化け！お化け！」と叫びながら踊るこのワイルドで陶酔的な儀式が行われていた。プロジェクターから放たれる光と、スクリーンに映し出される影との結びつきが発見されると、光と影についての子どもたちからの問いが多くなったことをドキュメンテーションは示していた。（…中略…）子どもたちは、教室内にあるコスチュームを着れば、スクリーンにさらに壮観な影の効果が現れることを発見した。また、スクリーン上にストーリーを生み出せることも発見した。[*3]

研修コースでの検討を続けながら、プロジェクトは以下のように続いていく。

子どもたちは一年中ＯＨＰマシンを使い続けた。部屋の中央に置いて、毎日使っていた。保育者たちは、子どもたちがマシンでしていることについて、一種の儀式をつくったようだと気づいた。たとえば、子どもたちはいつもコスチュームを着ることから始めた。子どもたちは話し合う（negotiate）のにかなりの時間を費やした。そして、子どもたちは全員が自分のコスチュームに満足するまで決して動き始めなかった。子どもたちはいつも連れ立っていた。全員が役割をもちながら調べることが重要だった。[*4]

以上が一年目の様子である。「お化け」という言葉が子どもたちの試みにどのような意味をもっていたのか。オルソンは「出来事」「意味」という概念を用いいながら分析するのだが、その点は本章「7」以降で読み解く。ここでは、引き続き、二年目の様子を紹介する。そこでは、コスチュームが、より大きな役割を果たすようになる。

＊3　Ibid., pp. 136-138 より筆者訳出。
＊4　Ibid., p. 138 より筆者訳出。

3　ＯＨＰマシンプロジェクト（二年目）

二年目も、子どもたちはＯＨＰマシンをほぼ毎日使っていた。プロジェクトの初期に子どもたちが導入したコスチュームとともに、それは教室の設備に不可欠なものになった。子どもたちは、マシンを使って何かに取り組むときには、必ずコスチュームを着た。二年目の初めに、保育者はグループに新しい素材を導入した。それが、すべての子どもたちの写真が貼り付けられた構成ブロックだった。それぞれの子どもは、頭、胴体、脚の三つの部分で撮影されており、様々な組み合わせで構成ができるようになっていた。（…中略…）

保育者が子どもたちに素材を紹介した日、子どもたちはとても躊躇しているように見えた。保育者は子どもたちに「みなさんが取り組むのに、新しい素材を持ってきたんだけど、やってみない？」と伝えた。子どもたちは最初は沈黙していたが、すぐに起き上がって「私たちが取り組むなら、コスチュームが要る」と言い、コスチュームを取りに駆け出した。子どもたちは構成ブロックを使い始めてしばらくすると、ブロックの写真の中にコスチュームを着ていないものがあることにすぐに気づいた。それを発見したとき、子どもたちはコスチュームを着ていない子どもの写真が貼られたブロックをすべて片付け、コスチュームを着た子どもの写真が貼られたブロックのみで構成を始めた。しばらくすると、子どもたちはすべての構成ブロックを隣の部屋のＯＨＰマシンに持ち込み、かつて光と影を用いた発明を続けていた部屋で、今やブロックを用いた発明をするようになった。[*5]

以上が二年目の姿である。こうした子どもたちの姿を研修コースで検討しつつ、オルソンはＤ／Ｇ

の概念を用いて子どもたちの姿を分析していく。以下、オルソンの分析を参照しつつ、オルソンの分析を読み解く際に参考となる文献を紹介していく。

4　主体に先立つものとしての欲望

オルソンは、保育者たちが設定した学習の基準が先にあるのではなく、子どもたちの欲望（desire）が先にあるという思想によって、プロジェクトが進められていたことに注目する。言い換えれば「子どもたちの欲望を飼い馴らすために、あらかじめ定められた基準に従って、子どもたちの欲望を予測し、制御し、監視し、評価すること」よりも、「子どもたちの学習に組み込まれた（involved in）原動力としての欲望に焦点が当てられている」ことに注目する。[*6]

プロジェクトを貫くこの思想にD／Gの欲望観が影響している。D／Gの欲望観については、オルソン自身も参照している『アンチ・オイディプス』から以下の文章を引いておく。

欲望は、こうしたもろもろの受動的総合の総体であり、これが部分対象を、またもろもろの流れと身体を、機械として組織し、みずから生産の単位として作動する。現実的なものは欲望から生ず

＊5　Ibid., pp. 153-154 より筆者訳出。
＊6　Ibid., pp. 141-142 より筆者訳出。

るのであって、それは無意識の自己生産にほかならない欲望の受動的総合の結果である。欲望には何も欠けていないし、対象も欠けてはいない。欲望に欠けているのはむしろ主体であり、欲望は固定した主体を欠いているのだ。ただ抑圧によって、固定した主体が存在するだけだ。[*7]

少々難解な文章だが、この文章において、D／Gは、欲望が主体に先立つものであることを論じている。その点について、久保は子どもの姿と重ねながら、次のように述べている。

今朝、次女の響子（二歳）は、雨の中に飛び出していきました。そこには欲望だけがあって、主体はありませんでした。（…中略…）（『アンチ・オイディプス』の中でD／Gが述べているように）欲望は、積極的に生み出せるものではありません。むしろ受動的に生産し、生産されてしまうものです。響子が雨の中に飛び出したように、まさに、思いつく。到来する。やってくる。のです。それをD／Gは「無意識の自己生産」と呼んでいます。

欲望は欠如（欠けているもの）と結びつけて語られがちです。喉の渇きという水分の欠如が、水を欲望するというふうに。しかし、D／Gは、そのようには考えません。欲望のあるところには欠如があるのではなく、生産があるのです。欠けている何かを埋めるために飛び出すのではなく、飛び出したいから、飛び出すのです。

さらには、欠如しているものがあるとすれば、それは「固定した主体」だと言います。また、主体が生まれるとすれば、それは欲望があるときではなく、抑圧があるときだとも言います。雨の中に飛び出していくとき、そこに主体はありません。あるとしたら、欲望があります。そして、「固定した主体」が現れるとしたら、それは、思いついた時ではなく、その思いつきを抑圧し始めたときです。雨の中に飛び出していった、その先にクルマが来たら、響子は、何とか止まろうとするでしょう。そのとき、欲望を抑圧する「固定した主体」が初めて現れるのです。[*8]

以上が『アンチ・オイディプス』において、D／Gが示した人間観である。D／Gはここで、意識的な主体に先立つものとしての、無意識的な欲望について述べている。オルソンが継承しているのは、D／Gのこのような欲望観である。およそ意識的な主体が存在する場には、すでに、無意識的な欲望が、主体に先立って存在している。これは「主体がまず存在し、その主体が欲望をもつのだ」という欲望観と主体観を転換するものである。

この点を、オルソンは「欲望の力（desiring forces）」という言葉を使って、随所で論じている。たとえば「欲望の力は、子どもたちのあいだ、そして子どもたちとOHPマシンのあいだで動き始めている」[*9]といった文章も見られる。ここに見られるのは、登場人物たちの主体（subject）や、保育者の

---

*7　ジル・ドゥルーズ、フェリックス・ガタリ、宇野邦一（訳）『アンチ・オイディプス――資本主義と分裂症（上）』河出書房新社、二〇〇六年（原著は一九七二年）、五八頁。
*8　久保健太「倉橋惣三が描く子どもにふれる（第六回）」（溝口義朗との共著のうち、久保執筆部分）『保育ナビ』七月号、二〇二一年、五七頁より一部改変。
*9　Olsson (2009). op. cit.（＊1）, p. 155 より訳出。他にp. 144 やp. 148 なども参照。

意識的な学習基準に先立って、その場で働いている欲望の力である。

主体に先立つものとして欲望を捉えることによって、保育者による学習の基準は後景に退き、その場に動いている欲望に焦点が当てられることになる。この点は、欲望観の転換がもたらす、学習観の変革の一つである。

しかし、欲望観の転換によってもたらされる学習観の変革はそれだけではない。それは「あらかじめ定義された基準に従って予測し、制御し、監視し、評価することで、学習を飼い馴らそうと試みる」という学習モデルから、「欲望する身体が自分の能力を拡張させるための、より多くのスペースを創造する」という学習モデルへの変革である。[*10]

この点についてオルソンは、D／Gの「欲望のアレンジメント」の思想、および「アフェクト」の思想を踏まえている。そこで、次節では欲望のアレンジメントに関する文献を整理しつつ、オルソンの試みを読み解く。

5　欲望のアレンジメント

欲望のアレンジメントについては、オルソン自身の次の文章がわかりやすい。

ドゥルーズ／ガタリは、あなたが何かまたは誰かを欲望しているという考えに異議を唱えたいのだと言う。あなたは、常に、アレンジメントにおいて欲望している。あなたがドレスを欲望するとき、あなたは、あなたが足を運ぶ、ある夜の外出事との関連で欲望する。あなたは（一緒に外出する）友人との関連で欲望しているのであって、その外出事に出席しない友人との関連で欲望しているのではない。あなたは決して、ある対象を欲望しているのではない。あなたは、常に、関係のアレンジメントにおいて欲望している。[*11]

私たちは、単独の対象を欲望するのではない。様々なアレンジメント（組み合わせ）から構成された欲望がまずあって、その欲望が主体の中を流れていく。オルソンは、D／Gに仮託して、そのように主張している。この主張を理解する際に参考になるのは、千葉雅也が『ジル・ドゥルーズの「アベセデール」』に寄せた「欲望」の解説文である。以下、引用する。

> 欲望の理論が抽象的になるのは、欲望を、それが置かれている状況から抜き取ってしまうからである。我々は何かを欲望するのではない（そうやって欲望の対象を一つだけ特権化することが、ここに言う「抽象化」に他ならない）。我々は具体的なあれこれのものの集合の中で欲望する。私が何かを欲望するというよりも、複数の具体的要素の布置によって構成された欲望が、私の中に流れるのだ。そのような「構成主義constructivisme」こそ、ドゥルーズの欲望理論の根本テーゼである。なお、

*10　Ibid., pp. 181, 187 より筆者訳出。
*11　Ibid., p. 149 より筆者訳出。

そうした具体的な諸要素の布置を指す言葉が、この後も何度も出てくる「アジャンスマンagencement」なる語である。[*12]

アジャンスマンというフランス語は、オルソンの文献（英語）ではassemblageと訳され、本稿ではアレンジメントと訳した。ともあれ、ここに示されているのは、様々なアレンジメントから構成された欲望が、主体の中を流れていくという思想である。そこには前述の、主体に先立つものとしての欲望という思想が含まれつつ、と同時に、「場所としての主体」という思想が含まれている。

場所としての主体という思想は、オルソンにも見られるもので、特に「関係的な場としての主体性（subjectivity）」という主体観は、その思想を色濃く反映している。[*13]

「場所としての主体」「関係的な場としての主体性」という人間観は、中動態およびアフェクトという概念によって議論されてきた人間観でもある。ここでは木村敏と國分功一郎の議論を紹介することによって、「場所としての主体」「関係的な場としての主体性」の思想を読み解きたい。まずは、木村敏が中動態について述べた文章を引用する。

「私は海を見る」「私は音楽を聞く」という能動文の場合には、動作の主体である私がそのまま主語に置かれて、動作の客体が客語になっている。これは、自己である「私」を主語的実体として立てる言い方である。これに対して中動文「私には海が見える」「私には音楽が聞こえる」の場合には、

「見る」「聞く」という動作は表面から姿を消して、「見える」「聞こえる」という感覚の対象が主語として立てられ、「私」は「私には」の形でこの感覚が生起する場所として扱われている。[*14]

木村はここで、「行為する主体」という主体（主語：subject）のあり方を示す態として能動態があるのに対して、「感覚が生起する場所としての主体」という主体のあり方を示す態として中動態があることを指摘している。この「感覚が生起する場所としての主体」という中動態的な主体観は、オルソンが「関係的な場としての主体性」と呼んだものに、そのまま重なるものである。「場所としての主体」という人間観は、乳幼児研究においては特に重要な人間観である。この点について、久保は次のように述べている。

子どもたちを見ていると、目に映るすべてのメッセージをキャッチしながら、そのメッセージの正体を確かめようとしている姿に、よく出会います。目に映るメッセージだけではない。耳に入ってくるメッセージ、鼻先に漂ってくるメッセージ。世界に満ちあふれる様々なメッセージ（心理学ではそれらのメッセージを「アフォーダンス」と言います）を五感によって、豊かにキャッチしています。

*12　千葉雅也「欲望」國分功一郎（監修）『ジル・ドゥルーズの「アベセデール」』KADOKAWA、二〇一五年、一七頁。
*13　Olsson (2009). op. cit.（＊1）, pp. 174-176.
*14　木村敏『あいだと生命——臨床哲学論文集』創元社、二〇一四年、一五〇頁。

メッセージをキャッチしてしまうものだから、その正体を確かめたくなったり、ほかのだれかに伝えたくなったりして、音の先を見ようとします。「見る」の土台に「見える（聞こえる）」があるのです。「動き出す」という能動性の土台に「メッセージをキャッチする」という中動性があるのです。[*15]

また、欲望が流れる「場所としての主体」は個体である必要はなく、集合的な主体（collective subject）が主体となる場合が多々ある。オルソンが主体（subject）という言葉を用いずに、主体性（subjectivity）という言葉を用いて「関係的な場としての主体性（subjectivity as a relational field）」を論じる背景には、このような人間観がある。

6　アフェクト

國分は「アフェクト」という概念を導入しつつ、木村が「感覚が生起する場所」と呼んだ人間の様態を「自閉的・内向的な変状（アフェクト）の過程」の「座」と呼んでいる。[*16] 木村、國分のいずれにおいても、そこでは人間が、行為主体としての様態ではなく、場所（座）としての様態を取っている。國分が導入する「アフェクト」概念は、ドゥルーズに大きな影響を与えたスピノザに由来する概念である。その点については、オルソンが次のように述べている。

欲望のアレンジメントにおいて起きていることは、身体がアフェクトし、もしくはアフェクトされているということである。アフェクトは、哲学者であるスピノザによって私たちに提示された概念であり、それは意識的な思考に取って代わる新しいモデル、すなわち身体というモデルをもたらす。スピノザは「身体がなし得ることを、私たちはわかっていない」ということを示すことで、「身体は私たちがそれについてもつ認識を超えており、同時に思惟もまた私たちがそれについてもつ意識を超えている」ことを明らかにした（ドゥルーズ『スピノザ』）[*17]。意識はアフェクトを登録することはできず、アフェクトの効果、つまり私たちの感情を登録できるだけである。（…中略…）

たとえば泳ぐことを学んでいるとき、私の体が浮くように水に入ることも、水の身体が優勢になり、私の身体がもつ活動する能力（body's capacity to act）を解体し、制限し始めることも、どちらもが起こり得る。私の身体がもつ活動する能力が制限されているとき、私たちは受動性、悲しみ、不満などを感じる。（逆に）私たちの身体がもつ活動する能力が拡張されているとき、私たちは強さ、喜び、満足などを感じる。私たちの意識的な心では、これら（こうした感情）こそ、私たちが経験するところのものである。しかし、これらの感情は、アフェクトの効果（effect）にすぎない。アフェクトする能力、アフェクトされる能力、活動する能力、それらの能力が拡張されたり、制限された

＊15　青山誠・久保健太『対話でほぐす　対話でつくる　明日からの保育チームづくり』フレーベル館、二〇二〇年、三六頁。
＊16　國分功一郎『中動態の世界——意志と責任の考古学』医学書院、二〇一七年、二五一頁。
＊17　Deleuze, G. (1988). *Spinoza: Practical Philosophy*, trans. Robert Hurley. San Fransisco: City light books.（ジル・ドゥルーズ、鈴木雅大（訳）『スピノザ——実践の哲学』平凡社、二〇〇二年。）

りしたことが（結果として）登録されたものが感情である。[*18]

オルソン自身が指摘しているように、アフェクトという概念によって、身体に注目が当てられる。加えて、アフェクトという概念によって、身体が行為する能力を高める素材が、子どもたちにもたらす喜びを説明することができるようになる。プロジェクトの二年目に、コスチュームが大きな役割を果たしたことはすでに述べたが、オルソンによれば、コスチュームは、身体が活動する能力を高める素材なのである。以下、アフェクト概念を踏まえた、コスチュームの分析を引用する。

欲望のアレンジメントにおいて起こることは、身体が活動する能力を増減させるということである。身体におけるアフェクトの能力が減ったときに、私たちは悲しみを感じ、能力が増したときに、私たちは喜びを感じる。この観点からすると、コスチュームは、身体の可能性（potential）を高めるのに役立つ。ある子どもが言ったように「元気が出てくる（it makes you alive）」のである。[*19]

アフェクト概念を導入することで、コスチュームがプロジェクトにおいて果たした役割は、「身体の能力を高め、喜びを感じさせるものとしてのコスチューム」として理解することが可能になる。

以上、欲望のアレンジメントとアフェクトについて、オルソンの述べるところと参考になる研究とを参照してきた。ここにおいて、「4」で述べた学習モデルの変革、すなわち「あらかじめ定義された基準に従って予測し、制御し、監視し、評価することで、学習を飼い馴らそうと試みる」という学習モデルから、「欲望する身体が自分の能力を拡張させるための、より多くのスペースを創造する」という学習モデルへの変革が、欲望のアレンジメントとアフェクトとの思想を土台にしていたことが了解されるであろう。[*20] すなわち、欲望のアレンジメントの思想からは、あらかじめ定義された基準よりも、いまこの場所で働いている欲望の力に焦点を当てることが導き出される。加えて、アフェクトの思想からは、身体が自分の能力を拡張することの喜びを学習の原動力とすることが導き出される。この二つの思想に導かれるようにして、学習モデルの変革が生じている。

とはいえ、このような学習モデルに対しては、欲望する身体を好き放題にさせていいのかという懸念が生まれるかもしれない。しかし、その点は心配が要らないように思う。というのは、身体は限界をもつからだ。言い換えれば、ある程度、拡張すると「疲れる」というのが身体だからだ。すなわち、身体は欲望を抑制（抑圧）するものとしても機能し得る。その点は、三木成夫の内臓感覚論などと絡めながら、今後、議論を深めたい点である。[*21]

その点とも関わるのだが、D／Gのいう欲望は、エリクソンが「正体不明の衝動（dark urges）」と呼ぶものと重なる。[*22] 第Ⅰ期的なこの「衝動」が、抑制（抑圧）を経ることで、第Ⅱ期的な「意志」が

＊18　Olsson (2009). op. cit.（＊1）, pp. 152-153 より筆者訳出。
＊19　Ibid., p. 173 より筆者訳出。
＊20　Ibid., pp. 181, 187.
＊21　三木成夫『内臓とこころ』河出書房新社、二〇一三年。

生じるのだと思われる。この点は、今後、重要な論点となり得るように思う。

7　出来事と言語

本章「2」において、「子どもたちは、自分たちを怖がらせたり、興奮させたりするものではなく、新しい何かを発見したり、よくわからないが興味を湧かせ、興奮させるようなものに直面したりしたときに、それを祝うための儀式としてお化けを使っている」ことを述べた。この「お化け」について分析する際、オルソンは、ドゥルーズが『意味の論理学』[*23]において提示した「出来事」「意味」「無意味」などの概念を用いて、分析を行っている。そこで本稿においても、それらの概念について鹿野祐嗣『ドゥルーズ『意味の論理学』の注釈と研究』[*24]を参照しながら、理解を深めておきたい。

ドゥルーズによれば、出来事と言語との結びつきのあり方は「指示」「表明」「指意」の三つの次元に分けることができる。本稿では、OHPマシンプロジェクトにおけるお化けの例を用いて、三つの次元を確認する。さて、子どもたちがお化けという言語で呼ぶものは、出来事としては「スクリーンに映る黒い像」であり、大人であれば「影」という言語で呼ぶものである。出来事としての黒い像（影）と言語とが結びつくとき、「指示」「表明」「指意」という三つの次元がある。第一は「そこに影が映っている」とか「この影は濃い」というように、言語によって出来事の状況を指示しようとする「（事態の）指示」の次元である。第二は「私は影が好きだ」とか「この影を消したい」というように、言語によって出来事に対する心理状態を表明しようとする「（心理状態の）表明」の次元である。第三の「指意」とは「概念的な指意」と呼ばれるものであり、「相互参照の過程の中」での言語と出来事との結びつきのことなのだが[*25]、この次元を理解する際には、久保がヴィゴツキーの心理活動について述べた次の文章が参考になる。

例えば、雨雲を見て、傘を準備するという心理活動では、「雨雲が見える」「雨が降る」「濡れる」「濡れないようにする」「傘を準備する」という思考が行われているが、この一連の活動を媒介しているのが「雨雲」「雨」「濡れる」「傘」といった言語（の語義）である。そこから、（…中略…）「雨雲」などの言語は心理的道具と呼ばれる。人間は、これらの道具（言語とその語義）を使いこなすことで、活動を意識的なコントロールのもとで行えるようになる[*26]。

今後、ドゥルーズの思想を学び論として深めていくとき、ヴィゴツキーの「語義」概念とドゥルーズの「指意」概念との比較検討は一つのテーマになり得るが、ここでは両者の重なりのうち、「雨雲」

*22　Erikson, E. H. (1964). *Insight and responsibility*. W. W. Norton & Company, p. 118.
*23　Deleuze, G. (1969). *Logique du sens*. Éditions de Minuit.（ジル・ドゥルーズ、小泉義之（訳）『意味の論理学（上・下）』河出書房新社、二〇〇七年）。
*24　鹿野祐嗣『ドゥルーズ『意味の論理学』の注釈と研究――出来事、運命愛、そして永久革命』岩波書店、二〇二〇年。
*25　以上、同前書、一三一－一三九頁。
*26　久保健太「ヴィゴツキー」中坪史典ほか（編）『保育・幼児教育・子ども家庭福祉辞典』ミネルヴァ書房、二〇二一年。

「雨」「濡れる」「傘」といった言語が、相互参照の過程の中に置かれている点に注目することで「指意」概念を読み解きたい。この「相互参照の過程」を「シニフィアンの連鎖」と言い換えながら、オルソンは指意の次元について、以下のように述べている。

指意は、命題が言葉と普遍的な概念を関連づける方法である。それは命題内の単語を何かを指意するものと見なす方法である。指意は、ある命題内の単語またはシニフィアンを、いわゆるシニフィアンの連鎖の中の、別の命題内の単語またはシニフィアンと接続することによって機能する。これらの連鎖においては、シニフィアンは互いの前提または互いの結論であるという役割を果たす。すなわち、ある単語は、他の単語が、その単語を条件づける仕方に依存している。[*27]

8　意味（センス）と無意味（ナンセンス）

以上が三つの次元の確認である。しかし、出来事と言語との結びつきを指示、表明、指意の次元に限定してしまうと、言語は真偽問題の中に閉じ込められてしまう。[*28] たとえば「そこに影が映っている」という事態の指示の次元では、本当に影が映っているのかという真偽問題の中に、また、「私は影が好きだ」という心理状態の表明の次元では、本当に影が好きなのか（正直に、偽りなく言語で表明しているのか）という真偽問題の中に、さらに、概念的な指意の次元では、概念的な矛盾なく、相互参照が成立するものとして言語が用いられているのかという真偽問題の中に、言語がそれぞれ閉じ込められてしまう。

このことの問題は、たとえば「（この影は）お化けだ！」という子どもたちの言葉の真偽を問うた結果、その言葉を、偽りや誤りを含んだ言葉として断罪してしまうことの中に現れる。そうした状況を避けるために、ドゥルーズが導入するのが、第四の次元としての「意味（センス）」の次元である。

この次元はスクリーンに映った黒い像を呼ぶ際に「お化け」という言語を用いることを許容する次元である。それどころか、黒い像を「お化け」と呼ぶことを新しい真理の生産、すなわち、真偽問題に条件づけられない「無条件の真理の生産」と見なす次元である。[*29] そこでは「黒い像」という出来事と「影」という言語との結びつきだけを「真」と見なし、他の結びつきを「偽」として断罪するような状況からは解放された、（出来事と言語の）新たな結びつきが生産される。

それは、出来事と言語の両者が真偽問題から解放されることでもある。とりわけ出来事は「実現された出来事」ではない、「到来し得る出来事」へと解放されていく。その点については『意味の論理学』で展開される「第一次領域」「第二次組織」「第三次整序」の議論を踏まえつつ検討したいところなのだが、紙幅の都合上、別の機会に検討することとする。[*30]

＊27　Olsson (2009). op. cit.（＊１）, p. 108 より筆者訳出。
＊28　Ibid., p. 110.
＊29　Ibid., pp. 109-111.
＊30　鹿野、前掲書（＊24）、二〇二〇年、二三七頁及び二六〇頁が大いに参考になります。

また、意味の次元を導入することで、子どもを、誤った結びつきを行う「欠如した存在」から、新たな真理や意味を構成する存在へと捉え直すことも可能になる。[*31] 意味の次元を導入する教育実践上の意義はそこにある。

さらには「黒い像」を「お化け」と呼ぶような、ある種の無意味（ナンセンス）が、意味の対立物ではなく、意味を生産し得るものとして把握され直しもする。こうした「子ども観の捉え直し」「意味を生産し得るものとしての無意味」について、オルソンが網羅的に述べた箇所を引用する。

お化けは、プロジェクト全体を通じて復活するものだが、簡単にイメージできるものとしては、機能していない。子どもを少し怖がらせるものとして、しかし、子どもたちをとても惹きつけるものとして機能している。（…中略…）

「お化け」という言葉は、私たちに親しみのある特定の語義（meaning）や指意（signification）をもっているのではない。子どもたちは言語に固有の潜在性とプラグマティック（実用的で現実的な実際上の効果）を用いているのだ。（…中略…）「お化け」という語は、その場に関与しているものの身体と同時に機能している。それが引き出すのは身体の儀式、すなわち、ジャンプし、ダンスし、叫ぶことであり、それは新たな探求を推し進める。お化けは、子どもたちから発せられる典型的に無意味な作品である。しかし、ここで完全に明らかなのは、意味と無意味とが一つの中心を回転しながら展開しているということだ。無意味を通じて意味が生まれてくるのだ。

保育者は、お化けを、意味とは関係のない無意味なものとして非難しないように注意したので、言語のもつプラグマティックな様相を活性化することができたのである。そうして、保育者たちは、子どもたちの意味生産と問題構成にアクセスすることもできたのである。言語という点について、子どもたちには欠如があると見なされてしまうことがよくある。大人の間での共通観念は、子どもとは適切な言語をもっておらず、ほとんどの場合、子どもたちは言語をすっかり間違えているというものである。しかし、お化けの実例からは、子どもたちと、その学習プロセスが、言語の点から見ても、再評価に値するものであることがわかる。子どもたちは、言語をプラグマティックに、かつ、創造的に用いて、意味を生産し、問題を構成しているのだ。[*32]

9　知識、学び——結びにかえて

第四の次元として、意味の次元を開くことで「知識とは、生産された意味が姿を様々に変えたもの（variation）である」という知識の定義も可能になる。[*33] 本稿のまとめとして、これまでに登場した諸概念を総動員しながら、オルソンが描く学習の姿を、以下のようにスケッチしておこう。

アレンジメントされた欲望が、集合的な主体の中を通り過ぎてゆく。そうして動き出したメンバーたちが意味を生産していく。そうした過程で獲得される知識は、生産された意味が姿を変えたもので

＊31 Olsson (2009). op. cit.（＊1）, p. 186.
＊32 Olsson (2009). op. cit.（＊1）, pp. 164-165 より筆者訳出。
＊33 Ibid., p. 182.

ある。そのような知識生産のプロセスを学びのプロセスと呼ぶ。[*34]

以上が、オルソンがD／Gの思想・概念を参照しながら描き直そうとした学びの姿である。オルソンの試みを引き継ぎながら乳幼児の学びを記述すること、その中で、エリクソンの理論などとドゥルーズの理論との接合を図ることなどが、今後の課題となる。

*34　この点については、Ibid, Ch.7 (pp. 179-188.) を参照してください。

まくら2

アクチュアリティとリアリティの二重の私を生きる
——「育ち」環境における「音」環境の大切さ

全国私立保育連盟の委託研究として、赤ちゃん学研究センターのみなさんと『保育者と子どもが心地よくかかわり合える音環境に関する研究』（二〇一七年三月）を行いました。その報告書に載せた文章です。

私にとって思い出深い文章であると同時に、「アクチュアリティ」と「リアリティ」といった考え方（本書第5章でも登場します）を説明する際に、補足資料として配布することも多い文章です。

また、この文章には「適切なカオス」という考え方も登場します。「不思議」と「不気味」が混在し、「閑《しずか》さ」と「喧噪」とが混在する。そういった環境に身を置きながら、人間は育ちます。その混在を、この文章では「適切なカオス」という言葉で表現しています。これは第5章の「ヌミノース」概念を理解する際の参考になると思います。

さらに、この文章では、津守真による「応答」の考え方を整理してもいます。これらの点で大事な文章だと思い、載せることにしました。

ただし、一つの章にするほどのボリュームもありませんので、「第5章と第6章のまくら」として載せることにしました。

1 「音」「応答」「〇・一・二歳」をキーワードに――研究の目的・背景

今回、私たちは、
小西行郎（同志社大学赤ちゃん学研究センター）
志村洋子（同志社大学赤ちゃん学研究センター）
嶋田容子（同志社大学赤ちゃん学研究センター）
藤井弘義（東洋大学工学部）
溝口義朗（東京都認証保育所　ウッディキッズ園長）
久保健太（関東学院大学教育学部）

の六名でチームを組み、研究を行いました。[*1] 今回の研究の大目的は、「育ち」環境における「音」環境の大切さを明らかにすることにありました。というのも、音の問題は、人間の育ちに非常に深く関わっているにもかかわらず、その重要性が軽視されがちだからです。

今回、私たちはこの目的を果たすために「音」「応答」「〇・一・二歳」をキーワードに研究に取り組み始めました。

「音」の中でも単なる音量ではなく「残響音」に注目しました。以下、志村報告[*2]の言葉を使いながら、研究の目的と背景について述べておきます。

残響は長いか、短いかで測定します。残響音が長い部屋とは、「自分の声が響いて大きくなったように聞こえる」部屋です。そういった部屋では、自分の声以外の物音（例えばブロックの音や、食器の音、周囲の声など）も響いて大きくなるので、その部屋は物音で溢れます。いきおい、すぐそばにいる相手にも、声を張って言葉を伝えなくてはならなくなります。そうして、人々の声はどんどん「普段の声」から離れていきます。結果として「応答」が成り立ちづらくなってしまいます。

逆に残響音が短い部屋とは、声や物音があまり響かない部屋です。そこでは周囲の物音が気にならず、人々も「普段の声」で応答ができます。

つまり、残響の長さの違いは、応答の質に違いをもたらすわけです。

私たちは、こうしてもたらされる「応答の質の違い」が人間の育ち、とくに〇・一・二歳の育ちに与える影響を調査したいと考えました。

とはいえ、このような目的を十分に果たすには、①残響音の調査をした上で、②そこでの応答の質を調査し、さらに③応答の質の違いが、そこにいる子どもたちの「育ち」にどのような影響を与えているかを調査する、という大規模な調査が必要になります。

私たちは、その端緒として、①の調査を行いました。

その調査結果については、志村先生による調査報告（傍注＊2）をご覧ください。

ここでは、「育ち」環境における「音」環境の大切さを、私の専門である教育哲学の立場から、紙幅の許す限り述べておきたいと思います。

2　コトの世界とモノの世界

たとえば、流れていく雲を見ます。雲はゆっくりと形を変えながら流れていく。牛になったり、ソフトクリームになったりする。雲に応じて、イメージがふくらむ。人間のほうが、雲の世界に引き寄せられていく。そうして、気がついたら、いつのまにか雲の世界にどっぷり浸かって、私は、雲の世界を生きている。

このとき、私と雲とは一体になっています。私は私、雲は雲。そういった仕切りはありません。

＊1　各人の所属等は、二〇一七年三月当時のものです（以下同）。
＊2　志村洋子「第2章　乳幼児を取り巻く環境空間としての保育室の音の現状」公益社団法人全国私立保育園連盟　保育・子育て総合研究機構研究企画委員会『保育者と子どもが心地よくかかわり合える音環境に関する研究――保育室の残響音に着目した調査研究報告書』二〇一七年、八－一二頁。

仕切りが取り払われて一体になっている。そういった世界を、木村敏にならって「コトの世界」と呼びます。一方、私は私、雲は雲――というふうに、それぞれのモノの間に仕切りが引かれたような世界を「モノの世界」と呼びます。*3

松尾芭蕉は立石寺《りっしゃくじ》で

閑《しずか》さや　岩にしみ入る　蝉の声

との句を詠みましたが、ここでも、蝉、岩、閑さ、そして芭蕉の四者は、一体となってコトの世界を生きています。それぞれがバラバラに、「モノ」として生きているのではありません。

実は、乳児も、こういったコトの世界を生きているのだと思います。浜田寿美男は「原初的共同性（本源的共同性）」という概念で、その点を指摘していますが、*4 私は、そのような思想に立ってこそ、「育ち」における「音」環境の大切さを捉えることができると考えています。以下、その点を述べます。

3　アクチュアリティとリアリティ

雲の世界に引き寄せられ、そうして、気がついたら、いつのまにか雲の世界にどっぷり浸かって、私は、雲の世界を生きている。

このとき感じている〝生きている感覚としての現実感〟、木村はこれをアクチュアリティと呼びます。

一方で、雲はH_2Oであるというのも動かしがたい事実です。つまり、《H_2Oとしての雲というのも、現実》なのです。こうした現実のほうを、アクチュアリティに対して、リアリティと言います。

「私は私である」という感覚を得るには、アクチュアリティとリアリティの両方が必要であるというのが木村の理論です。一つは〝私は生きているなあという現実感＝コトを生きているということ。もう一つは《「○○というモノとしての私」という現実感＝概念、実体感《アクチュアリティ》〟が大事だということ。社会的存在としての事実感《リアリティ》》が大事だということ。

私個人で言えば、関東学院大学教育学部の教員としての久保健太、本研究のメンバーとしての久保健太といったリアリティとしての現実があるのですが、それは、学生と一緒に勉強したり、いま、この瞬間、この文章を執筆していたりすることから得られるアクチュアリティとしての実体感に裏づけられています。

〝アクチュアリティとしての自分〟と《リアリティとしての自分》のどちらもが感じられ、確認されることで「私は私である」という感覚が得られる。木村の議論は、そういった議論です。

4　モノとモノの間に仕切りを入れられるコト環境

子どもについて見てみると、子どもは、圧倒的にアクチュアリティの世界で生きています。目の前の木がクヌギであるなんていちいち考えずに、ましてや一歳児としての自分、乳児としての自分なんてまったく考えずに、目の前の出来事の中で生きています。

「育ち」をひとことで定義することはできませんが、コトの世界（アクチュアリティの世界）のみで生きていた状況から、少しずつモノの世界（リアリティの世界）で生きるようになり、両者を二重に生きるようになることで「私は私である」という感覚を得るようになる――これが私なりの「育ち」の一つの定義です。

さて、「少しずつモノの世界で生きるようになる」ということは、いままでは「一体だ」と感じていたコトの世界の中に、仕切りを引いていくことでもあります。いわば、蝉、岩、閑さ、自分が一体

＊3　木村敏『精神医学から臨床哲学へ』ミネルヴァ書房、二〇一〇年など。
＊4　浜田寿美男『「私」とは何か――ことばと身体の出会い』講談社、一九九九年。

になっていた状況から徐々に抜け出て、蝉、岩、閑さ、自分との間に、自分なりの仕切りを入れていくことです。これは、おぼろげに、身体的に感じていた「自分」と「自分ではないもの」の間に、自分なりの仕切りを入れていくこととも言えます。

これは汐見稔幸が「カオス（混沌）からコスモス（秩序）をつくる」と呼んだ営みでもあります。[*5] このとき重要なのは、コト環境の質です。

コト環境は、適切な量のカオスでなければなりません。カオスが強すぎると、一つひとつのモノを分別することができなくなってしまいます。蝉の声以外に、鳥の声もして、けものの声もして、人の声もして、さらには場内アナウンスの音、ヘリコプターの音、電車の音、工事現場の音、食堂からの食器の音までしているとき、そこから蝉の声を取り出し、仕切ることは非常に難しいのです。つまり、子どもが自分なりの仕切りを入れていくという「育ち」を保障するためには、適切な量のカオスというコト環境が求められるわけです。

5 「適切なカオス」と「塗りつぶし」の違い

以上の議論を経て、ようやく「育ち」における「音」環境の大切さ——とりわけ「残響音」への配慮の大切さ——を捉えることができます。

立石寺は残響音が短い環境です。蝉が鳴き始めて、鳴き止んで、そこに閑さが訪れるので、鳴き声が岩に染み入っていきます。

もし、立石寺が、残響音の長い環境であれば、そうはいかなかったはずです。蝉が鳴き止んで、にもかかわらず、その声が響き続ける。残響が響き終わる前に、次の鳴き声が始まってしまう。だから、いつまでたっても、染み入っていかない。

いわば、その空間が、蝉の声で塗りつぶされてしまうわけです。それが残響音の長い空間です。そこでは、鳴き止んでいる間に聞こえていたであろう「水のせせらぎ」や「木々のそよぎ」は聞こえてきません。そういった小さな音はかき消されてしまいます。

いわば適切なカオスが成立しないほどに、一つの音で、その場が塗りつぶされてしまうわけです。そのような状況では、子どもが自分なりの仕切りを世界に入れていくという「育ち」が保障されづらくなってしまいます。

芭蕉が足を運んだ立石寺には適切なカオスがありました。蝉の声が止んでいるときには、水のせせらぎや、木々のそよぎが、耳に入ってきたはずです。いわば、蝉の声、水のせせらぎ、木々のそよぎが一体となって織りなす「コトの世界」があったはずです。

そうした「コトの世界」がまず存在し、そこから蝉の声、水のせせらぎ、木々のそよぎが浮かび上がってくる。いわば、残響音の短い空間では「蝉と蝉でないものが、一つのコトの中からともに浮き出て」きます。

それに対して、残響音の長い空間では、蝉の声が、その空間を塗りつぶしてしまいます。そうしたコトの世界から浮かび上がってくるのは「蝉の声」だけです。いわば、「蝉だけが、一つのコトの中から浮き出てくる」のです。

「蝉と蝉でないものが、一つのコトの中からともに浮き出てくる」のか、「蝉だけが、一つのコトの中から浮き出てくる」のかは大きな問題です。前者においては自分なりの仕切りを入れていくという「育ち」が保障され得るのに対して、後者においては、それが行われづらい――その点に、両者の大きな違いがあります。

＊5　汐見稔幸・久保健太（編著）『保育のグランドデザインを描く――これからの保育の創造にむけて』ミネルヴァ書房、二〇一六年、一一〇－一一四頁。

6　応答とは何か？

加えて、両者の違いは「応答の質」にも大きな違いをもたらします。その点を捉えるために、津守真の文章を引いておきます。[*6]

子どもはことばが先にあってその行為をしているのではなく、身体感覚が先なのだから、身体水準にもどって考え直す。身体感覚は私的な部分が大きいから、他人にはそれを知りえないという人もあるが、私はその考えはとらない。子どもの身体水準のことを私はある程度知りうる。

a　子どもと一緒にそれをすることによって。

b　子どもと対の関係でそれをすることによって。

c　それを言語化することをやめ、ことばによって蔽われている無意識の身体感覚を取り出すことによって。

このaとbは多くの人がしている。cは心がけたいがとてもむつかしい。

私は、この津守の思想を引き継いで、応答を次の三つのバリエーションで考えたいと思っています。

応答1：「その子どもを聴く」という応答（その子どもを見る：津守の言うbに近い）

応答2：「その子どもが聴いている蝉の声を、ともに聴く」という応答（その子どもが見ているものを、ともに見る：津守の言うaに近い）

応答3：「その子どもが身を置いている閑さの中に、ともに身を置く」という応答（その子どもが生きている世界に、ともに身を置く：津守の言うcに近い）

応答とは、こうした三つの手立てを使い分けながら、その子どもと、ともに歩き、ともに生き、理解し合おうとすることだと言えます。

残響音の問題——空間が、音で「塗りつぶされる」ことの問題——は、これらの応答にも大きな影響を与えます。「応答2」や「応答3」においては、その子どもが見ている方向を見、聴いている方向を聴くことが必要になるわけですが、そもそも、空間が音で塗りつぶされている状況では、その音の発信源から音が聞こえてくることがありません。ある音が聞こえたとしても、その音は、その空間に響きながら、その空間を塗りつぶしているわけですから、多くの方向から、その音が聞こえてくるわけです。

そうなると、子ども自身が、どちらを向いて、その音を聴けばいいものか戸惑ってしまいます。保育者がともに聴こうとしても、どちらを向けば「ともに聴ける」のかがわからなくなってしまいます。

つまり「塗りつぶし」の状況では「ともに聴き、ともに見る」ということが難しくなるのです。このような状況では「ともに身を置く」はさらに難しくなります。

「ともに身を置く」がどうして大事なのか？ここでも浜田の議論を参考にしたいと思います。浜田は「原初的共同性」から「私」がつくり出されてくると述べます。これを私なりに言い換えると「自分と自分でないものがともに生きているコトの世界」から「自分」と「自分でないもの」とを自分なりに仕切ることができるようになってくる——と言えます。

浜田が「原初的共同性」と呼び、私が「自分と自分でないものがともに生きているコトの世界」と呼んだもの。それは「ともに身を置くこと（「応答3」）」によってもたらされる世界です。

浜田は『「私」とは何か』という著書の中で、そういう世界を生きることによって、そこから

＊6　津守真『保育者の地平——私的体験から普遍に向けて』ミネルヴァ書房、一九九七年、一八四頁。

「私」がつくり出されてくるということを示します。「自分と自分でないものが生きているコトの世界の中から『私』をつくり出す」――これも「育ち」の定義の一つとなり得るものですが、その根底には「ともに身を置くこと」があります。そして、残響音の短い空間は、一つの音による空間の塗りつぶしを防ぐことによって、「ともに身を置くこと」を保障し、そうして「私がつくり出されること」を保障するわけです。

以上、教育哲学の立場から、「育ち」環境における「音」環境の大切さを述べました。とくに「〇・一・二歳」の「育ち」として「アクチュアリティとリアリティの二重の世界を生きるようになることで『私は私である』という感覚を得るようになる」こと、「自分と自分でないものが生きているコトの世界の中から『私』をつくり出す」ことについて述べました。加えて、そのような「育ち」に「応答」がどのように関わるかを述べました。

さらには、そういった「育ち」「応答」を実現するために「音」環境が重要であることを、特に残響音に着目して述べました。

本研究をきっかけに、「育ち」における「音」環境の重要性に注目が集まることと、大規模な調査が展開されることを願っています。

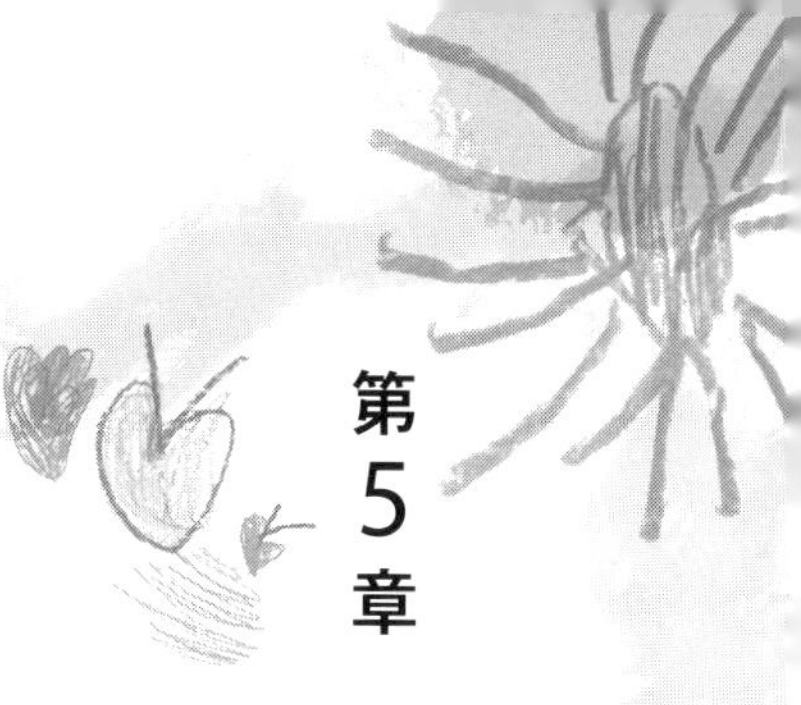

第5章 遊びの語り方を変えよう──中動態としての遊び

國分功一郎さんが『中動態の世界──意志と責任の考古学』(医学書院、二〇一七年)を刊行して以来、中動態の世界観が注目されています。

私が中動態の世界を知ったのは木村敏さんの『あいだと生命』が最初でした。おそらく、二〇一四年ごろだったと思いますが、それ以来、中動態の世界観は、乳児の世界を描くために重要な世界観ではないかと考えてきました。

編集者の西吉誠さんに、そのような考えをお伝えしていたところ、西吉さんの計らいで「中動態としての遊び」という文章を佐伯胖さんの編著書『子どもの遊びを考える──「いいこと思いついた!」から見えてくること』という本のなかで書かせていただけることになりました。それが、この文章です。

この文章自体が、出来事が到来するかのように書かれた文章で、気がついたら、いつの間にか、思いも寄らないことを論じていました。ですので、この文章で起きていたことの履歴としての「あらすじ」を最後に載せることにしました。

ドゥルーズの原書を開くたびに、目次が巻末に載せられていることが不思議だったのですが、ひょっとしたらドゥルーズも、「自身の本で起きていたことの履歴としての目次」を最後に載せていただけなのかも知れないと思いました(私とドゥルーズを同列に語るなどおこがましいのですが)。

中動態の世界観を論じるだけでなく、「コンセンサス」という概念が登場するなど、私にとって大事な文章です。
なお、文章の冒頭に登場する「矢野論文」とは、矢野勇樹さんによる修士論文のことです（詳しくは佐伯胖（編著）『子どもの遊びを考える――「いいこと思いついた！」から見えてくること』（北大路書房、二〇二三年、第Ⅰ部（第1章〜第4章）をお読みください）。

矢野論文は非常に重要な論文です。これまで、自発性や能動性で語られることの多かった「遊び」の議論に、中動態の議論を導入したからです。それによって、「遊び」論は「生きている実感」の議論、「学び」の議論、「民主主義」の議論へと開かれる可能性をもちます。

本章では、その可能性の豊かさを、簡潔に、時には図式的に示したいと思います。とはいえ最初に、次のことはお伝えしておきます。國分功一郎によれば、「中動態の意味は、おおむね、現在の言語で言う自動詞表現、受動態表現、再帰表現の三つで表すことができ」ます[*1]。その点を、日本語の「（場を）盛り上げる」（能動態）と「（場が）盛り上がる」（中動態）という動詞を使って説明します[*2]。第一に、私（たち）が盛り上げようとしなくても、場がおのずから「盛り上がる」こと。むしろ、「盛り上がる」という出来事が、私（たち）という存在を場所にして、おのずから、起きること。これが自動詞表現で表される中動態の意味です。第二に、「盛り上がる」という出来事において、たとえば、周囲の歓声や照りつける太陽が私（たち）に働きかけていること。私（たち）に作用していること。私（たち）はある意味、受け身であること。これが受動態表現で表される中動態の意味です。第三に、とはいえ、

「盛り上がる」という出来事において、私（たち）はまったくの受け身（受動）でもないこと。むしろ私（たち）は、場のメンバーとして何らかの行為をしていること（そこには「何もしない」という非行為も含まれる）。そして、私たちが行為をすること（しないこと）によって、場がますます盛り上がったり、逆に、盛り上がりを失ったりすること。つまり、その行為（非行為）が私（たち）自身に跳ね返ってくること。言い換えれば、再帰してくること。これが再帰表現で表現される中動態の意味です。

さて、本章では、中動態の三つの意味のうち、一つ目の自動詞表現（おのずから起きること）と二つ目の受動態表現（私たちに働きかけながら起きること）に焦点を当てます。三つ目の再帰表現については、本章第１節で少し触れるだけで、ほとんど深入りできません。いつか、別の機会に論じたいと思います。以上の前置きをしたうえで、それでは、さっそく始めます。

第１節　遊び全体が、中動態的に表現し得るものである

中動態で生きることとは、周りに生かされながら、生きることでもあります。より正確に言えば、自

＊１　國分功一郎・熊谷晋一郎『〈責任〉の生成――中動態と当事者研究』新曜社、二〇二〇年、一〇一頁。

＊２　この説明は木村敏による中動態の説明も参考にした。木村敏「自己の『実像』と『虚像』」『あいだと生命――臨床哲学論文集』創元社、二〇一四年（二〇一〇年初出）、一五〇頁。また、國分・熊谷、前掲書、九九頁なども参考にした。

分は周りに生かされながら、自分は周りを生かしながら、気がついたら、いつの間にか、自分たちを超えた何ものかの力によって、自分たちの力以上のものを生み出していること。それが中動態で生きることです。もちろん、これは中動態がポジティブに働いた状態であって、周りを重くしながら、自分も重くなって、挙句の果てに、自分たちではどうしようもできない何ものかの力によって、当初の意図とは違う出来事に終わってしまったというネガティブな場合もあるでしょう。いずれにせよ、「自分（たち）がその出来事を起こした」という能動態ではなく、「自分（たち）にその出来事が起きた」という中動態でしか表現できない出来事が存在します。それどころか、そのような出来事は、人生のあらゆる局面に顔をのぞかせています。

矢野論文は、そうした人生の局面のうち、「遊び」の源泉としての「思いつき」が、ある個人（個体）に到来する瞬間に注目しました。そして、「遊び」の源泉としての「思いつき」が能動的に「生み出される」のではなく、中動態的に「生まれ出てくる」ことを指摘しました。

この指摘は非常に重要な指摘です。いままで能動態で語られることの多かった「遊び」を、中動態で語る一歩目を開いたからです。矢野論文の一歩目に続いて、二歩目を踏み出してみるならば、遊びにおいては「思いつき」が到来する瞬間だけではなく、遊び全体が中動態的に「起こる」ということが言えそうです。

どういうことか。「思いつき」を「アイデア」と言い換えながら、書いてみます。

目の前に現れた「かたちあるもの」に触発されて、ある「アイデア」が到来する。

その「アイデア」を「かたち」にしたら、「新しいアイデア」が到来する。

その「新しいアイデア」を「かたち」にしたら、「新しい新しいアイデア」が到来する。

その「新しい新しいアイデア」を「かたち」にしたら、……。

と、しているうちに、「当初のアイデア」とはまったく別のものができあがっている。


遊びとは「思いつき」を「かたち」にし、「かたち」から「思いつき」、また、その「思いつき」を「かたち」にし、……それを延々と繰り返しながら、思いも寄らぬところまでたどり着いてしまうことだとするならば、このような遊びは、（「思いつき」が到来する瞬間だけではなく）その全体が、能動的に起こせるものではなく、やはり中動態的に、人間を超えたものの力が、ある出来事に到来しながら、起きてしまうものなのです。

ちなみに矢野論文でも参照された森田亜紀は、「思いつき」を「かたち」にし、「かたち」から「思いつき」、そのループによって、制作が進むさまを「想（Idee）が制作（Execution）につれて湧いてくること」であり、それこそが「芸術の特徴」であると述べています。[*3]

これは大変におもしろい指摘です。芸術などは、すでに構想の段階で、美しい構想ができあがって

---

*3　森田亜紀『芸術の中動態――受容／制作の基層』萌書房、二〇一三年、一〇三頁。

おり、その構想の通りに制作するのだと思われがちですが、森田によれば、そうではないのです。構想の通りに制作が進むのは「工業」であって、芸術の場合は、制作をしながら、構想が湧いてくるのだと言うのです。だとしたら、「遊び」には「芸術」としての側面があり、「芸術」には「遊び」としての側面があり、というよりも、そもそも「遊び」と「芸術」とは同じものであり、と議論を進めたくなりますが、その点については、別の機会に論じることにしましょう[*4]。

私が、矢野論文から引き継ぎたいのは、そうした「遊び」「芸術」は、能動的に起こそうと思って、起こせるものではなく、やはり中動態的に起きてしまうというのだという点です。

第2節　人間を超えた「何ものかの力」

さて、「遊び」における「思いつき」が中動態的に「到来する（起こる）」という矢野論文の第一歩目に続く第二歩目として、「遊び」という活動全体が、中動態的に「到来する（起こる）」のだという点を指摘しました。

第三歩目として指摘しておきたいのは、先に示したような「遊び」（および「芸術」）が起きてしまうとき、そこには人間の力を超えた「何ものかの力」が働いているのではないかということです。

自分たちで「遊び」「芸術」と呼べる出来事を「起こす」。これは能動態の世界です。一方、「何ものかの力」が自分たちに働きかけ、その結果「遊び」「芸術」と呼べる出来事が、自分たちの身に「起きる」。これが中動態の世界です。

能動態において、主体は「(能動的に) 行為する主体」として出来事にかかわっています。それに対して、中動態において、主体は「何ものかの力」が、そこを舞台にして、その力を発揮する「場所」として、出来事にかかわっています。

矢野論文でも参照されたバンヴェニストが「中動態では、動詞は主辞がその過程の座であるような過程を示し」という時の「座」という言葉は、主体が (能動的な) 行為主体ではなく、(中動態的な) 場所としての主体であることを言おうとした言葉です。[*5]

少し話がそれました。ここで確認しておきたいのは、中動態的に人間の営みを捉えた時、「何ものかの力」を前提とせざるを得ないということです。実際に、中動態的な世界観から人間の営みを捉えようとした哲学者たちは、その議論のなかに「何ものかの力」を組み込んでいます。たとえば、木村敏は「生命一般の根拠の次元」[*6]を、ジル・ドゥルーズは「超越論的」な次元[*7]を、自らの議論のなかに

＊4　これは (自動詞的に) 到来した「アイデア」を、「かたち」にするという私たちの「行為」が、私たち自身に (再帰的に) 作用を及ぼすという出来事である。このような「アイデア」の自動詞的生成と、「行為」の再帰性を含んだ出来事については、私たちが「流れ」に生かされながら、しかし、その「流れ」をつくることの学習論、民主主義論として、別の機会に論じたい。

＊5　佐伯胖 (編著)『子どもの遊びを考える――「いいこと思いついた！」から見えてくること』北大路書房、二〇二三年、九六頁参照。なお、「場所としての主体」については、本書第4章も参照。

＊6　「生命一般の根拠の次元」については、後ほど文中において説明する (一八二頁参照)。

組み込んでいます。

その次元は、私たちの活動に到来する「何ものかの力」が、そこから生まれてくるような「源泉」とでも言える次元です。この原稿を執筆するにあたって、ゼミ生に、「何かがひらめいた時、そのひらめきって、どこから来ている感じがする？　脳のなかから来ている感じがする？」と聞いてみました。そのゼミ生は「脳のなか？　っていうよりも、なんか、天から降ってくる感じです」と答えてくれましたが、彼女が「天」という言葉で表現しようとした次元が、木村やドゥルーズが、自分の議論のなかに組み込んでいる次元です。

それは、自分たちを超えた「何ものかの力」「私たちを生かしている存在」が、私たちの目に見えない姿で、到来する以前の「到来し得る可能性」として、渦巻いているような世界です。

このまま話を進めると、話が抽象的になりすぎるので、ここから先は「みてての渦」というエピソードを紹介しながら、話を進めることにします。和光保育園（千葉県富津市）の副園長である鈴木秀弘さんが年長児担任の健太さんから「みてての渦」の様子を聞き、そこで起きていたことを書いてくれたエピソードです。ここからは、このエピソードに重ねながら、「自分たちを超えた何ものかの力」について、考えていこうと思います。以下、エピソードです。

年長のみーちゃんと、ゆいちゃんが健太さんに「てをつないでおよげるよ」と言ってきたそうです。健太さんは、何事にたいしても慎重な印象のみーちゃんが、友達と一緒に自信ありげにそう言うので、うれしくなって「おぉ！　見せて見せて」と言ったそうです。

するると、二人が見事に手をつないで浮いて見せてくれたので、健太さんはますますうれしくなって「おぉ、すごい！」と言ったそうです。すると、それを周りで見ていた子たちが、「わたしもやりたい」と参加してきたそうです。次から次と代わるがわる手をつないで泳いで見せてくれました。そのうちに、「こんどはけんたもいっしょに、四にんでやってみよう」と一段と盛りあがったそうです。

すると、その一連の様子や声が届いていたのでしょう。近くにいた保育士のあん子さんが「どれどれ、じゃあ見せてもらおうよ」と言って、ほかの子たちにも声をかけてくれて、場所をあけてくれたそうです。

はる組の四人はそのあいた場所をいっぱいに使って、手をつないで〝けのび〟（プールの壁をけって伸びて浮く）を見せてくれました。

＊7　ドゥルーズは遺稿となった「内在――ひとつの生……」において、超越論的場が「ひとつの純粋な内在平面によって定義されるだろう」と述べたうえで（ドゥルーズ、二〇一五年、一五九頁）、「純粋な内在とは、ひとつの生」であると続け（同、一六〇頁）、「ひとつの（une）生を構成する諸々の特異性や出来事は、それに対応する一般的（la）生の諸々の偶発事と共存する。（…中略…）ひとつの特異な生が、いかなる個体性もなしですませること、生を個体化する相伴物も一切必要としない場合さえある。たとえば、乳児たちはみな似たりよったりで、個体性をほとんどもたない。しかし彼らには、笑みひとつ、しぐさひとつ、しかめっ面ひとつといった特異性があり、主体的性格とは無縁の出来事がある。純粋な力であり、諸々の痛みや弱さを通じた至福でさえあるひとつの内在的生が、乳児たちを横切っている」と述べる（同、一六二頁）。ドゥルーズはここで、個体性以前の特異性や出来事の次元、すなわち「純粋な力」が人間を「横切っている」次元を、その議論のなかに組み込んでいる（ジル・ドゥルーズ「内在――ひとつの生……」『ドゥルーズ・コレクションⅠ　哲学』河出書房新社、二〇一五年）。

図5−1　イラストA

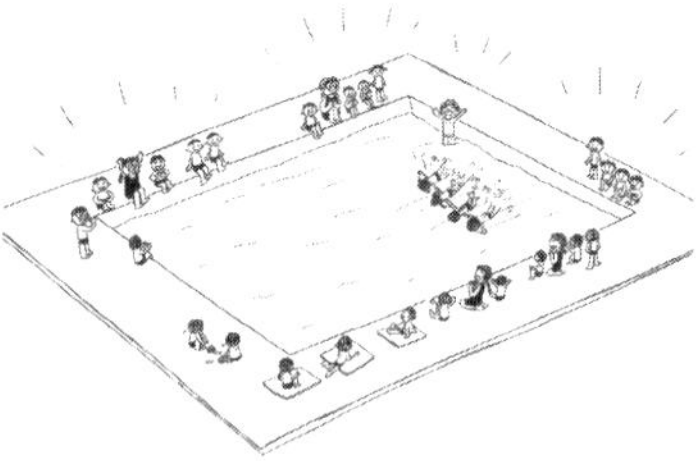

図5−2　イラストB

すると周りから「おぉぉぉ！　すごい」と歓声が上がりました。そして、そのはる組の四人の姿と歓声に触発されたのでしょう、「わたしもやりたい」と次々に声があがったそうです。

そこで、やりたい子たちが順に前に出てきて、年長さんの四人がやった〝けのび〟のような泳ぎ方を、それぞれのできるやり方で披露してくれたそうです。

そのやり方は実に色々です。年長さんのように潜ったり浮いたりができる子もいます。顔だけ水につける子もいます。ワニ泳ぎ（腹ばいになって顔を上げてワニのように泳ぐ）の子もいます。それぞれが、自分のやり方で参加していたそうです。なかには、今までは顔をつけるのを怖がっていたので、〝ワニ泳ぎを見せてくれるのだろうな～〟と大人が思っていたら、雰囲気に後押しされて、顔をつけて泳いで見せてくれる子もいたそうです。

順番での披露し合いは、何回も繰り返されました。その度にますます盛り上がって、園庭中に「いいぞ♪　いいぞ♪」とうれしそうな声が響きわたっていました。その声が私のいる二階にも届いてきていたのです。

以上が「みてての渦」の場面です。この場面は、イラストA（図５－１）の姿から、イラストB（図５－２）の姿ができあがっていく場面とも言えます。

ここには、さまざまな思いつきが記されています。手をつなごうという思いつき。四人でやってみようという思いつき。けのびをしてみるという思いつき。イラストAを見てみれば、そこには、もぐってみようという思いつき、水をかけ合おうという思いつきを見取ることもできます。

重要なのは、その思いつきのどれもが、もちろんみーちゃんやゆいちゃんという個々人から生まれ出てはいるのですが、その場の盛り上がりに後押しされる形で、すなわち自分たちを超えた「何ものかの力」がみーちゃんたちを「場所」にして、その力を発揮することによって生み出されているという点です。

いくつかの疑問が湧いてきます。「みーちゃんやゆいちゃんじゃなくても、その力は働いたのか？」「あきこちゃんやゆうたくんでも、よかったのか？」「だとしたら、みーちゃんやゆいちゃんの『個』としての尊厳はどうなってしまうのか？」

中動態の相で出来事を捉えるという見方は、非常に重要な見方ですが、このような疑問が生じる見方でもあります。次節では、木村敏の議論を見ていきましょう。木村の議論は、このような疑問にしっかりと答えてくれます。

第3節　出来事が「現在進行形」で起きている次元
――アクチュアリティの次元（第二の次元）

1　第一の次元――生命一般の根拠の次元

木村は、時間（自己）を三つの次元に分けています。まずは第一の次元です。第一の次元は、人間を超えた「何ものかの力」が、そこからやってくるような「源泉」の次元です。「何ものかの力」が、私たちの目には見えない姿で（影を潜めたポテンシャル・エネルギーとして）、渦巻いている世界です。これは「みてての渦」のみーちゃんで言えば、次のような次元です。

みーちゃんが、プールのなかで泳ぎを堪能している。その際、みーちゃんの体は水に触れ、みーちゃんの耳には友達の歓声が入ってきています。ひょっとしたら、蝉の声も耳に入っているかもしれません。そこでは、水、友達の歓声、蝉の声といった諸要素（モノ）が混然一体となって、未分のままに流動し、一つの出来事（コト）が織りなされています。

こうした出来事は、一瞬一瞬生まれては消えていきます。では、どこから生まれ、どこへ消えていくのでしょうか？　そうしたことを考えたとき、想定せざるを得なくなるのが、第一の次元のような、「源泉」となる場所です[*8]。木村は、このような次元から、私たちを含めた生命が生まれてくるという意味で「生命一般の根拠の次元」とも呼んでいます。この次元は、自分と他のものが、まだ分けられていないという意味で、自他未分の世界とも呼べますし、自分も他のものも、まだ生まれていないという意味で「父母未生已前《ぶもみしょういぜん》」の次元とも呼ばれます。[*9]

2　第二の次元①——現在進行形の次元、思いつきが到来する次元

とはいえ、この自他未分の世界を、私たち人間が、全面的に見たり聞いたりすることはできません。[*10]私たちにできるのは、この自他未分の世界に「半身を浸す」ことだけです。[*11]それも、自他未分の世界からやって来た出来事が、自他未分のままに私たちを触発し、私たちに「なんかいい」「なんかイヤだ」といった感覚が生じることで、自他未分の世界に半身を浸すことができるだけです。[*12]

自他未分の世界からやって来た出来事が、自他未分のままに、私たちを触発する。その時、私たち

＊8　木村は、第一の次元の状態を「ヴァーチュアルで非人称的な自他未分の状態」と呼んでいる。木村敏「一人称の精神病理学へ向けて」『関係としての自己』みすず書房、二〇〇五年、二五七頁。
＊9　同前書、二五七頁。
＊10　木村敏「タイミングと自己」『偶然性の精神病理』岩波書店、二〇〇〇年（一九九四年、初出）、一一七頁。
＊11　木村敏『精神医学から臨床哲学へ』ミネルヴァ書房、二〇一〇年、二八六頁。
＊12　木村、前掲書（＊2）、一五四頁。ここで言う、自他未分の世界とは、第一の次元という潜在的（ヴァーチュアルな）次元に「半身を浸」しながら現在進行形で、出来事が時間と空間のなかに（事物の状態のなかに）その姿を現わす世界。この世界はドゥルーズが内在平面と呼んだ世界に、ほぼそのまま重なる（ジル・ドゥルーズ「内在——ひとつの生……」『ドゥルーズ・コレクションⅠ　哲学』河出書房新社、二〇一五年）。

は、個々別々の仕方で、出来事によって触発された感覚を感受する。この触発の瞬間の次元が、第二の次元です。矢野論文のいう「思いつき」の到来は、こうした触発の一つとして第二の次元で起こります。

さて、第二の次元は、瞬間瞬間に立ち現れる世界です。自他未分の世界から、個々別々の感覚が、意識のなかに発生する。その瞬間の次元です。それゆえ木村は、第二の次元のことを「第一の次元がその不可知性を突破してわれわれの意識に出現してきた最初の閃きのようなもの」とも言います[*13]。

これは、第二の次元が常に動いている状態の次元だということです。動きがある、というよりは、動いているという状態。「動き」という名詞になってしまう前の、「動いている」という動詞の状態。より正確に言えば、「動く」という動詞のうち、「動いている」という現在進行形の状態。これが第二の次元です。

育児や保育の世界で、子どもは現在（いま）を生きているということが言われることがありますが、それは、子どもが「現在進行形」を生きているということです。子どもは（そして、本当は大人も）、まず、第二の次元を生きているのです。

この次元では、出来事が現在進行形で、現実に、その姿を現わしています。そうした出来事、言い換えれば「現在ただいまの時点で途絶えることなく進行している活動中の現実、対象的な認識によっては捉えることができず、それに関与している人が自分自身のアクティブな行動によって対処する以外ないような現実」のなかで、「何らかの力」が現実に（アクチュアルに）、動き、働いている（アクトしている）という意味で、アクチュアリティの次元とも言われます。[*14]

3　第二の次元②――自他未分と自他区分のパラドックス

第二の次元において、私たちは、自他未分の世界からやって来た出来事に、一緒になって巻き込まれます。しかし、その際に生じた感覚を完全に共有することはできません。私たちが、出来事を感受する仕方は（より正確には、出来事によって触発された感覚を感受する仕方は）、個々別々であり、一人ひとり違うからです（この時、生じている個々別々の感覚のことを、本章第5節では「センス」と呼んで、論じます）。

「みてての渦」で言えば、みーちゃん、ゆいちゃん、健太さんは、同じ出来事に飲み込まれ、包み込まれながら、個々別々の仕方で出来事を感受し、自他未分の世界に半身を浸しているのです。[*15] それが、第二の次元です。

私たちに生じる感覚が、個々別々のものだという点で、もはや純粋な自他未分ではなくなっています。第一の次元は「自他未分の世界」であったのですが、第二の次元では、個々別々の世界へと、そ

＊13　前掲書（＊10）、一一七頁。
＊14　木村敏『心の病理を考える』岩波書店、一九九四年、二九頁。
＊15　前掲書（＊8）、二五六頁。そこでは「メタノエシスの個別化」という表現で、第二の次元が語られている。

れぞれの存在が分かれ始めます。すなわち、自他区分が始まります。その点に、第一の次元と第二の次元の違いがあります。

自他未分に半身を浸しつつ、自他区分が生じるような次元。言い換えれば、自他未分と自他区分が同時に存在するような次元。第二の次元はそのようなパラドックスを含んだ次元です。それは、出来事がこの世界に到来する時、その出来事にはパラドックスが含まれているということでもあります。

それとかかわって、第二の次元では、相反する感覚を同時に味わうというパラドックスも起きています。重要な点は、そのようなパラドックスを含んでいるからこそ、この第二の次元が、人間にとって重要な次元であるということです。

みなさんも、辛さと楽しさ、喜びと恐れ、一体感と食い違いのような相反する複数の感覚を同時に味わったことがあるでしょう。そして、そのようなパラドキシカルな感覚が湧いてきた瞬間こそ、自分が生きているという現実感（充実感）を感じるものではないでしょうか？　だとしたら、矢野論文が「いいこと思いついた」と表現した「思いつき」も「いいこと」と「臭いこと」「汚いこと」「気持ち悪いこと」などがパラドキシカルに混然一体となった「いいこと」ではないでしょうか。

エリク・H・エリクソン（Erikson, E. H.）[*16]が、ルドルフ・オットー（Otto, R.）[*17]から拝借した「ヌミノース」という言葉で描き出そうとした乳児の感覚は、そのようなパラドキシカルな感覚です。

エリクソンは、人生の最初期に、自分は見放されないし（分離されないし）、見捨てられない（遺棄されない）という感覚を得ることが大事だと言います。[*18]そして、そのような感覚を与えてくれるのが「神聖なるもの（ヌミノース）」の存在だと言います。エリクソンは乳児にとっての「神聖なるもの」は母親ではないかと論じていますが、ヌミノースを最初に論じたオットーの世界観に即せば、「神聖なるもの」は人間の力を超えた「何ものかの力」です。[*19]

私は幼い日の、ある日の夕立を、いまだに鮮明に覚えています。体感時間にすれば数秒のうちに、黒い雲が立ち込め、冷気が拡がり、雷鳴がとどろいた、あの瞬間を、いまだに鮮明に覚えています。この時、私が感覚した「戦慄」「活力」「神秘」「賛美」「不気味」「魅力」などが混然一体となった感覚が、オットーのいうヌミノースの感覚です。

ヌミノースの感覚は、ある種のパラドックスを含んだ感覚です。「戦慄」と「賛美」というような、場合によっては相反する複数の感覚が、同時に感受されるという点に、そのパラドックスが示されて

---

*16　エリク・H・エリクソン（Erikson, E. H.; 1902–1994）：アメリカで活躍したドイツ生まれの児童精神分析家。自分は応答してもらえる存在なんだという基本的信頼の感覚を第Ⅰ期に培う。その感覚を土台にして、自分のことは自分で決めるという自律性（自己決定）の感覚を第Ⅱ期に開花させる。さらには自律性の感覚を土台にして、「自分たちの世界を、自分たちでつくる」という自主性（主導権 initiative）の感覚を第Ⅲ期で開花させる。こうしたエリクソンの人間論については、エリク・H・エリクソン、西平直・中島由恵（訳）『アイデンティティとライフサイクル』誠信書房、二〇一一年および、本書第3章参照。

*17　ルドルフ・オットー（Otto, R.; 1869–1937）：ドイツのプロテスタント神学者、宗教哲学者。

*18　エリク・H・エリクソン、近藤邦夫（訳）『玩具と理性——経験の儀式化の諸段階』みすず書房、一九八一年、九九‐一〇〇頁。

*19　オットー、久松英二（訳）『聖なるもの』岩波書店、二〇一〇年。

います。また、「神聖なるもの」の到来という同じ一つの出来事を、個々別々の（分化した）仕方で味わうという点も、ある種のパラドックスと言えるでしょう。

4　第二の次元③――動き出す前の時間の大事さ（乳児期の意味）

ヌミノースの思想は、一人ひとりのかけがえのなさを大事にする思想でもあります。すなわち、私たち一人ひとりは、（同じ一つの「神聖なるもの」に生かされているとしても）その生かされ方が一人ひとり違うのだ（個体によって違うのだ）という一人ひとりのかけがえのなさに思い至る思想です。この点をエリクソンは「ヌミノースによって、自他区分がもたらす分離性が乗り超えられながら、しかし、一人ひとりのかけがえのなさ（個としての際立ち：distinctiveness）は確かめられる」という言い方で表現しています。[*20]

ヌミノースによって「分離性が乗り超えられる」というのは「神聖なるもの」の到来を、「共に」味わうことによって、一体感を味わうということです。では、ヌミノースによって「かけがえのなさ」が確かめられるとはどういうことか。それは一人ひとりの中動性を大事にするということです。

繰り返し述べたように、「神聖なもの」は瞬間的に、同時的に到来します。だから、その到来を「共に」味わうことができます。しかし、その到来によって生じる感覚は、個々別々、一人ひとり違います。そこに、一人ひとりのかけがえのなさがあります。一人ひとりが中動態的に、どのように、その瞬間を感受しているのか？　その時、どのような中動性が働いているのか？　どのような中動性であっても、個々別々の、それぞれの中動性は「かけがえのないもの」として尊重され得る。エリクソンは、そのように言っているのです。

このようなヌミノース的なるものが到来する時期として、とりわけ乳児期が想定されているという点は、重要な点ですので、その点を意識しながら、さらに書き加えます。

私たちが、人生の最初期に、そして、その後の人生の土台に「私はかけがえのない大事な存在なんだ」という感覚を抱き続けることは大切です。しかし、そのような感覚は能動的に抱こうと思って抱けるものではないのです。むしろ、中動態的に、そのような感覚が到来し、自分のなかにその感覚が残るような経験が自分の身に「起きる」という仕方でしか味わえないものなのです。

その意味では、このような感覚は、エリクソンが考えたような、母が子に与え得る感覚（人が人に対して与え得る感覚）というよりも、やはり、オットーが考えたような、母と子が共に感受する感覚（人の力を超えた「神聖なるもの」の到来によって感受される感覚）なのでしょう。

もちろん、養育者が子どもに応答することによって育つ「基本的信頼」の感覚があります。しかし、

＊20 Erikson, E. H. (1977). *Toys and reasons.* W. W. Norton & Company, p. 90 から筆者訳出。なお、前掲書（＊18）では、以下のように訳されている。「ヌミノース的なものはわれわれに分離性の超克（seperateness transcended）と同時に個別性の認可（distinctiveness confirmed）をも保証（する）」（一〇〇頁。傍点は前掲書（＊18）によるもの）。

それに加えて「神聖なるもの」を、中動態的に感受することによって生まれる「ヌミノース的」な感覚があるのです。

この点を踏まえれば、エリクソンが第Ⅱ期、第Ⅲ期に据える、その子の「自己決定」や、その子たちの「主導権」を大事にすることの前提として、人生の第Ⅰ期に、一人ひとりの中動性を大事にすることが据えられるということになるのでしょう。

それは、その子が動き出す前の時間を、言い換えれば、自分の力を超えた「何ものかの力」の到来に（無意識のうちに）備えて、能動性を解除し、自分を「場所」にしておく時間を大事にするということでもあるでしょう。たとえば遊びにおける「ボーっとする時間」は、能動性を解除し、中動態的な「場所」となって、たたずんでいる時間として大事だと言えますが、人生という長いスパンで見れば、乳児期は、長い人生を動き出す前の、中動態的な「場所」としての自分を堪能する時間として（正確には、乳児は中動態的な「場所」として、開かれた状態で生まれてくるので、その状態を尊重する時間として）、見直され得るということになるのでしょう。

中動性という観点から人間を見直すことで、ボーっとする時間を、そして乳児期を、「場所」であることを堪能する大切な時間として捉え直すことができます。このような視点も、矢野論文が開いてくれた可能性の一つなのです。

第４節　公共的な確認の次元──リアリティの次元（第三の次元）

1　第三の次元①──自他区分の世界

第二の次元がもつパラドックスからヌミノースへ、さらには土台としての乳児期の大事さへと話が展開していきました。最後に第三の次元へと進みます。

さて、先に述べたように、第二の次元はアクチュアリティの次元、すなわち、現在進行形の次元です。出来事が現在進行形で到来しては、消えていく、そのような、一瞬一瞬の世界です。ですから、この第二の次元において、「これは水だ」とか「あの歓声は○○ちゃんの歓声だ」といった意識は働いていません。水も、みーちゃんも、誰かの歓声も、すべてが混然一体となった世界が、個々別々の仕方で感覚を触発しています。そこには一つの出来事（コト）があるのであって、その出来事は「水」「みーちゃん」「○○ちゃんの歓声」といった諸要素（モノ）には、いまだ分けられていません。

一つの出来事のなかで混じり合っていた諸要素を「これは水だ」とか「あの声は○○ちゃんの声だ」というように分けていくのは意識の働きです。この意識の働きによって、自他区分の世界が本格的に現れる。それが第三の次元です。

第二の次元と、第三の次元は、次のようにも考えられます。たとえばライブ会場で、「今日のライブはなんだかすごい！」と盛り上がっている。その盛り上がりの渦のなかに、一緒に飲み込まれている。その時、「今日は、音のバランスがいい」とか「ギターのディストーションが効いている」とかいうことは、いちいち考えていない。「なんかいい」という感覚が生じているのみ。それが第二の次元です。

そうして盛り上がっている時に、横から「今日は、音のバランスがいいね」「ギターのディストーションが効いてるね」などと友達に言われるとします。友達は「盛り上がり」という塊を、「音のバランス」「ギターのディストーション」という諸要素に分けて、分析しているのです。友達は盛り上がりに飲み込まれているというよりは、そこから半歩下がって、その盛り上がりを分析しているのです。この友達が過ごしている時間が、第三の次元の時間です。第二の次元に比べれば、いささか冷めた次元であり、そこで起きていることから距離を置いた次元でもあります。

第三の次元で行われているような、「これは水だ」「あれは◯◯ちゃんの歓声だ」というように要素ごとに、世界の構成物を分けること。それを、要素を対象化するといいます。自分とは分けられた対象として、世界の構成物を見るという意味です。これが、自分と他のものを分けるという自他区分の世界です。自他区分の世界のことを、コトの世界に対して、モノの世界と言います。コトのなかでは自他未分の性格を残していた各要素が、いまやはっきりと、モノとして分けられているからです。

2　第三の次元②——「いいこと」かどうかを公共的に確認する

第二の次元では、出来事が現在進行形で、現実に、その姿を現わしています。そうした出来事のなかで「何らかの力」が現実に（アクチュアルに）、動き、働いています（アクトしています）。その意味で、第二の次元が「アクチュアリティの次元」とも呼ばれていることは先に述べました。

第三の次元では、そうした力によって起きていた出来事が要素ごとに分けられていきます。のみならず、出来事の実在（リアリティ）が公共的に確認されていきます。[*21] それゆえ、第三の次元はリアリティの次元とも呼ばれます。これは「みての渦」で言えば、「手をつないで泳ごう！」というみーちゃんの「思いつき（アイデア）」が「いいこと」かどうかが公共的に確認されていくということです。

第二の次元（アクチュアリティの次元）においては、各人が、個々別々の「私的な現実」を生きているのですが、第三の次元（リアリティの次元）においては、「公共的な実在」が確認されるのです。矢野論文のいう「いいこと思いついた」の「いいこと」は私的な（アクチュアリティの次元での）「いいこと」として尊重されるべきですが、それとは別に、公共的な（リアリティの次元での）「いいこと」があるのです。

*21 木村の言う「公共」については、以下の二つの文献が参考になる。①木村敏「リアリティとアクチュアリティ」『分裂病の詩と真実』河合文化教育研究所、一九九八年、一四九－一五〇頁、②木村敏『からだ・こころ・生命』講談社、二〇一五年、二五頁。

重要なのは、この二つの「いいこと」のどちらが優れていて、どちらが劣っているわけではないということです。この二つの「いいこと」が二重になって、自分が「いいこと」を思いついたという実感が得られるのです[*22]。

あわせて、この公共的な確認においては、みーちゃんが確かにその出来事のなかに実在していたことが確認されてもいきます。

人間が、アクチュアリティの次元と、リアリティの次元とを二重に生きることによって、自分が生きているというアクチュアリティ（現実感）と、自分が生きてあるというリアリティ（実在感）を重ねることができる。そうして、この二つを二重に感じることで、自分の「生」に関する実感を得る――木村はそれを、自己の二重性と言ったり、生命の二重性と言ったりします[*23]。

さて、本章では「何ものかの力」に生かされながら、思いも寄らない場所にたどり着いてしまうこととして、中動態を論じてきました。

そこから湧き上がる疑問として「だとしたら、みーちゃんの個としての尊厳はどうなるのか」という疑問がありました。その疑問に対して、ヌミノースを論じた箇所では「みーちゃんの中動性を尊重すること」を提案しました。

そしていま、「自己の二重性」という観点から、次のように応えることもできます。一つは、みーちゃんが個々別々に、私的に感じているアクチュアリティを大事にすることです（これは、中動性を尊重することと同じです）。もう一つは、出来事のなかで、みーちゃんが感受していた感覚を、公共的に確認することによって（場合によっては公共的に尊重し、意味づけることによって）、みーちゃんのリアリティを大事にすることです。

その際、欠かしてはならないのは、みーちゃん自身が、自他区分を経た個人として、すなわち、他者との違いをもった個人として、公共的な確認に加わることです。そうして、たとえば、出来事のなかで、自分に到来した思いつきが「いいこと」だったのかどうかを、自分とは違う他者と、公共的に確認していくことです。この点は、中動態の学習論や民主主義論ともかかわりますので、センスとミーニングという概念を紹介しつつ、節を改めて論じることにします。

第5節　アクチュアリティとセンスの結びつき

1　センスとミーニング

矢野論文は、人間の力を超えた「何ものかの力」へと視点を開いてくれるものです。のみならず、

＊22　同前書、一九九八年、一四七頁。

＊23　木村の言う「自己の二重性（二義性）」「生命の二重性（二義性）」については、以下の三つの文献が参考になる。①前掲書（＊14）。特に「現実の二義性」「生命の二義性」を論じた、二八－三〇頁。②前掲書（＊2）。特に一〇九頁。③前掲書（＊11）。特にビオスとゾーエーを同時に生きることによる生の二重性を論じた二八〇頁。

木村敏の議論を架け橋にすることで、「何ものかの力」によって生まれた出来事を、一人ひとりがアクチュアルに実感（感受）することと、リアルに確認（知覚）することとの二重性の議論へと、議論が展開されていきます。

さらには、出来事が私たちを触発した時に、私たちに、アクチュアルに生じる感覚が、「その人にとっての世界の意味」であることに焦点を当てれば、それは「世界の意味を体感的に知っていくこと」という学習論になります。また、一人ひとりが「自分にとっての世界の意味」を持ち寄って、「メンバーにとっての世界の意味」をリアリティの次元で確認し、確定していく営みに焦点を当てれば、それは（素朴な）民主主義論にもなります。

これは矢野論文が開いた中動態的な世界への着目を延長することによって生まれる、中動態的な学習論であり、中動態的な民主主義論です。本節では、そうした議論を大まかにスケッチしておきます。

そのために、本節では、センスとミーニングという概念を導入します。みーちゃんとゆいちゃんに代わって、ここでは我が子たちに登場してもらいましょう。

我が家には、晃子（四歳）、響子（二歳）、悠太（〇歳）という三人の子どもたちがいます。先日、晃子と響子が見立て遊びをしていました。「Wii[*24]」のリモコンを受話器に見立てて、「もしもーし」と言いながら、遊んでいました。晃子の手にも、響子の手にも、それぞれリモコンが握られていて、二人はリモコンを手に電話をかけあっていました。おもしろいのは、この文脈が、〇歳の悠太には共有されていないことです。だから、悠太は「あー、あー」と言いながら、晃子と響子の遊びのなかに突っ込んでいって、Wiiのリモコンを、ベロベロに舐めまわします。

悠太にとって、リモコンは「リモコン」でもなければ、「受話器」でもありません。悠太とリモコンが出会った時に欲望が湧いてきて、舐めてしまう、そんな存在です。[*25]

さて、晃子と響子が共有している文脈のなかで、Wiiのリモコンには「受話器である」という意味がつけられています。このような「その文脈における、その人にとっての事物（世界）の意味」を、センスと呼びます。Wiiのリモコンがもつセンスは、人によって違います。そのリモコンに懐かしさを感じる人もいれば、懐かしさを感じない人もいます。その人のなかに湧き起こってくる意味。そして、言い換えれば、ある種の感覚。それがセンスです。

このセンスは、文脈によっても変わります。Wiiのリモコンが、ある文脈においては、懐かしさを湧き起こすものであるのに対して、別の文脈では（たとえば、掃除をしている時などには）、邪魔なものとして感じられたりもします。センスは、文脈依存的な意味なのです。

このようなセンスに対して、どのような文脈においても、変わらない意味があります。Wiiのリモコンであれば、どのような文脈においても「Wiiを操作するための道具」という意味は変わりません。このように文脈に左右されない意味をミーニングと呼びます。

*24　Wii（ウィー）は、任天堂が開発、二〇〇六年に発売された家庭用ゲーム機。二〇一三年に本体の生産が終了している。
*25　ここでの「欲望」概念はジル・ドゥルーズのそれを引き継いでいる。詳細は本書第4章を参照。

センスとミーニングという概念は、教育学においてはレフ・ヴィゴツキー（Vygotsky, L. S.）由来の概念として用いられています。両概念を、もっとも丁寧に整理し、定義したのは茂呂雄二です。以下、茂呂の文献からの引用です。

シンボルを使用する場の中で〝文脈化された〟面と、さまざまの場で利用可能な〝脱文脈的な〟面（…中略…）。有意味性の二つの面を明確に呼び分けるために、ワーチを参考に、センスとミーニングを区別することにしよう。[*26]

もう一箇所、引用します。

センスとは、対象およびシンボルから引き起こされる何かというよりも、その対象やシンボルに別のシンボルを利用し、表現活動によって応えることだといわなくてはならない。[*27]

茂呂による「センスとは、対象およびシンボルから引き起こされる何かというよりも、その対象やシンボルに別のシンボルを利用し、表現活動によって応えること」という洞察は、森田による「想（Idee）が制作（execution）につれて湧いてくること[*28]」という洞察を思い出させます。茂呂と森田は共に、表現活動（制作）において湧いてくる「アイデア（思いつき）」を論じようとしています。晃子が始めた「電話ごっこ」に響子が応じようとする際に、そばにあった別のリモコンを「受話器」にしようというアイデアを思いつく——その思いつきを論じようとしています。

しかし、本稿では、木村の議論を踏まえて「対象およびシンボルから引き起こされる何か」も、センスに加えたいと思います。それは、本章第3節で述べた「出来事によって触発された個々別々の感覚」です。

そうして、センスを「①対象およびシンボルから引き起こされる感覚であり、②その対象やシンボルに、別のシンボルを利用した表現活動によって応える際に到来するアイデア（思いつき）」だと定義しておきたいと思います。

このうち、「②表現活動によって応える」際に、別のシンボルがもつミーニングまでもが利用されるという点は、茂呂の卓見です。たとえば、「電話ごっこ」のなかで、「電話しながらメモを取る」という場面を表現しようとする時に、「メモを取るためのもの」という確固たるミーニングをもつ「メモ帳」を、小道具として利用したりします。それが「別のシンボルがもつミーニングまでもが利用される」ということです。

その点で、センスとミーニングは一体となって、一つの意味世界をつくりあげています。茂呂が次のように述べるゆえんです。

＊26　茂呂雄二『人はなぜ書くのか』東京大学出版会、一九八八年、八五頁。
＊27　同前書、八九頁。
＊28　前掲書（＊3）、一〇三頁。

ここで注意しておきたいのは、センスとミーニングの区別についてである。この区別は抽象によって可能になるものであり、二つの付置関係がどのように変動しようとも、常に両者が一体となって有意味性をつくるということである。[*29]

ここでは「一つの意味世界」をつくることを「有意味性をつくる」という言い方で表現していますが、その際に、センスとミーニングは「常に両者が一体となって有意味性をつく」っているのです。

2　センスが与える生の実感――真木悠介の時間論

われわれが世界から意味を引き出したり、世界に意味を与えたりする際に、センスとミーニングという二種類の「意味」があるという考え方は、教育学のみならず、社会学でも採用されている考え方です。ここでは、社会学から、しかも時間論とかかわらせて、センスとミーニングを論じた真木悠介の言葉を引用しておきます。

「世界からは物そのものが消えていく」という（筆者注：永藤靖の）指摘は重要である。それはいわば、生の手ざわり《レアリティ》の喪失であり、平野仁啓がべつのところで「現在の時間の喪失」と表現しているように、今ある生の内的な意味（sense）の減圧が、生の外的な意味（meaning）をその外部に求めて時間意識を拡散させるのだ。[*30]

ここで真木が「生の手ざわり《レアリティ》」と呼んでいるものは、木村であれば「アクチュアリティ」と呼ぶものです。真木はここで、Wiiのリモコンを舐めまわす悠太がそうであったように、「生の内的な意味（センス）」（悠太が感受している感覚）が、手ざわり、舌ざわりといった身体的な現実感（アクチュアリティ）と結びついていることを言わんとしています。さらには、その手ざわり、舌ざわりが、その瞬間、その瞬間に生まれていること、すなわち、センスとアクチュアリティが「現在の時間」と結びついていることも言わんとしています。それは、木村が「アクチュアリティの次元は現在進行形の次元である」と述べていたことと同様の世界観です。

先の引用で真木は「生命論」「時間論」「意味論」をひとつらなりに論じながら、自身の世界観を描いているわけですが、そこでは「生の手ざわり」「現在の時間」「センス」の三者が結びついているのです。

以上から、「生の内的な意味（センス）」と「手ざわり・舌ざわりの現実感（アクチュアリティ）」とが結びついていることはわかります。しかし、「生の外的な意味（ミーニング）」と「公共的に確認さ

---

*29　前掲書（＊26）、九三頁。

*30　真木悠介『時間の比較社会学』岩波書店、二〇〇三年、一四〇－一四一頁。

れた実在（リアリティ）」とは同じように結びつくのでしょうか。

第6節　「文脈の外」にあるものとしてのミーニング
――ミーニングがもつ二面性（両面性）

　まずは、茂呂の力を借りて、ミーニングが二面性（両面性）をもつということを確認しておきます。先の引用で、真木は、センスが「生の内的な意味」であるのに対して、ミーニングは「生の外的な意味」だと述べています。そのような考え方は、次の文章にも現れています。

〈現在〉の生がそれ自体のうちにコンサマトリーな〈意味（センス）〉を失っているゆえに、それはみずからの「意味（ミーニング）」をその外に求めて、未来や過去にさまよい出ようとする。[*31]

　どちらの引用でも、真木は、人が「現在の生」それ自体の内側に意味（センス）を感受できない時に、「現在の生」の外側に、意味（ミーニング）を探し求めてしまうのだと述べています。真木がここで描く人間の姿は、木村が描く離人症者の姿、すなわち、リアリティは知覚できるのに、アクチュアリティの実感がなくなってしまうという人間の姿に重なります。[*32]それは「生の内的な意味」という「センス」と、それを感受する瞬間の現実感（アクチュアリティ）とを欠いたまま、「ミーニング」のみを実在（リアリティ）として知覚してしまう人間の姿です。

議論の性格上、茂呂の議論においては、このような人間の姿は登場しません。茂呂の議論においてはセンスとミーニングは一体となって、各人にとっての意味世界（有意味性）をつくりあげています[*33]。木村一方で、真木の議論に登場するミーニングは、センスと一体になることのないミーニングです。木村が離人症者を「アクチュアリティを欠いたリアリティ」と呼ぶとすれば、真木のミーニングは「センスを欠いたミーニング」です。すなわち、自分の「生」に関する実感が、一重にしか感じられない。しかも、生の軸に来るべき「生の内的な意味（センス）」と、それを感受する際の「アクチュアリティ」とが欠けているので、どうしても病的にならざるを得ない、そうした人間の姿を描く際に用いられるのが、真木の「ミーニング」です。

のみならず、真木の言うミーニング（生の外的な意味）は、センス（生の内的な意味）を崩すものとして作用し得ます。

「手つなぎ泳ぎをやろう！」と言ったみーちゃんのアイデアを、そして、そのアイデアと結びついた「手つなぎ泳ぎ」のみーちゃんにとっての意味（センス）を、そのアイデアが生まれた文脈（時間）

---

*31　同前書、二五八頁。
*32　前掲書（＊14）、一二八頁。
*33　これを、木村の言うアクチュアリティとリアリティとを二重に感じることによって自分の「生」に関する実感を得る人間の姿と重ねたくもなるが、茂呂が考える行為の場面においてミーニングはアイデアとして登場するのに対し、木村が考えるのは、まさにリアリティが確認されていく場面である。木村は、ミーニングの議論をしていない。

の外部にいる人間が、まったくもって異なる意味づけでもって評価することも可能なのです。その時、その評価者は「生の外的な意味（ミーニング）」でもって、みーちゃんの思いつきを意味づけて、高く評価したり、低く評価したりするわけです。

茂呂の言うミーニングも、真木の言うミーニングも、文脈（時間）の外側にあるという点では同じです。しかし、茂呂の言うミーニングは、文脈に依存しない意味であるがゆえに、「さまざまな場面」で利用可能な意味として利用されます。利用のされ方によっては、センスと一体となることもできます。文脈の外側に由来するものでありながら、文脈の内側で利用することも可能なのです。対して、真木の言うミーニングは、文脈に依存しない意味であるがゆえに、生の内的な意味を、外側から侵害するものとなり得ます。

両者の議論のおかげで、私たちは、ミーニングがもつ、このような二面性（両面性）を認識することができます。ミーニングが「文脈の外側にある意味」であることは間違いありませんが、それゆえに「さまざまな場面で、センスと一体となり得る」という側面と、「外側から、センスを侵害しうる」という側面とをもつのです。

第7節　センスが寄り合わされてコンセンサスが生まれる

さて、茂呂の言うミーニングが「センスと一体となり得るミーニング」であり、真木の言うミーニングが「センスを欠いたミーニング（それゆえ、センスを侵害し得るミーニング）」であるとしたら、木村の言う「リアリティ」は、そのどちらとも異なります。

「センス」を通じて「アクチュアリティ」を実感できること、すなわち「センス」と「アクチュアリティ」とが結びついていることは、本章第5節で述べました。しかし「ミーニング」と「リアリティ」とは、同じようには結びつきません。「ミーニング」を通じて「リアリティ」を確認（知覚）できるわけではないのです。

木村の言うリアリティは、出来事のなかで到来した思いつきや、出来事のなかで感受された感覚（センス）を、みーちゃん自身も加わって、公共的に確認することから生まれるものです。もちろん、そこは公共の場ですから「それに参加する資格を備えたすべての人に対して開かれていて、一定の教育や訓練を受けさえすれば誰でもその一員になることができる」という点で、「ミーニング」的に「外的な意味」がその場に参加することは十分あり得ます。[34] しかし、重要なのは、みーちゃんが、その場に参加し得るという点です。そうして、みーちゃんのセンスも、外的な意味としてのミーニングも参加し得る公共の場で、公共的な意味が確認されます。

木村は、そうして公共的に確認され、公共的な意味が与えられた「実在」を「リアリティ」と呼びました（もしくは、そのような「実在」を通じて「リアリティ」の感覚が得られると考えました）。注意が

[34] 前掲書（＊21）、二〇一五年、二一五頁。

必要なのは、こうした公共的な確認のプロセスにおいて、ミーニングが生み出されているわけではないという点です。こうした公共的な確認のプロセスにおいて、生み出されているものがあるとしたら、それは「コンセンサス」と呼ぶべきものです。その点を、説明します。

たとえば、公共的な確認のプロセスにおいては、「手つなぎ泳ぎ」がもつ、みーちゃんにとっての「内的な意味（センス）」とは別に、「手つなぎ泳ぎ」がもつ公共的な意味が確認されていきます。そこでは、「手つなぎ泳ぎ」に対して、みーちゃんが感受していた意味とは別に、ゆいちゃんが感受していた意味（センス）や、健太さんが感受していた意味（センス）が持ち出され、寄り合わされ、公共的な意味が生み出されていきます。この公共的な意味は、文脈の外部から到来するものではなく、あくまで文脈の内部に由来するものとして、各人の「内的な意味（センス）」が寄り合わされたものとして生み出されます。

このように生み出された公共的な意味を、ミーニングと呼んでいいのでしょうか。ミーニングがあくまで「文脈の外にある意味」であるとしたら、公共的な意味は「文脈の中から生まれてくる意味」ですから、ミーニングと呼ぶのは都合が悪いように思います。そこで、本稿では、この公共的な意味のことを「コンセンサス」と呼びたいと思います（「コンセンサス（con-sensus）」は「センス（sense）」が「共に（con）」寄り合わされたものという意味ですから語源的にも妥当だと思います）。

公共的な確認を経て生み出されるコンセンサスは、「手つなぎ泳ぎ」というアイデアが、その場においてもっていた実在（リアリティ）としての意味を、ゆいちゃんに認識させてくれるものです。

自分のアイデアがもつ私的な意味（センス）が、そのアイデアがもつ公共的な意味（コンセンサス）と重ねられることで、自分の「生」の実感を二重にすることができるのです。

木村は、アクチュアリティとリアリティが二重に実感されることによって、自分の「生」が実感されると述べたわけですが、それに対応するのは、このようなセンスとコンセンサスとの重なりです。

ミーニングは、その有効性（有意味性）が文脈を超えたものである点に特徴がありました。それゆえ、茂呂の言うように文脈を超えて活用し得るという性格をもつのですが、真木の言うように文脈内で生じた意味を侵害してしまう一面ももちます。

コンセンサスは、その確認過程が公共的であるという点に特徴があります。木村の言うリアリティが、公共的な確認を経た実在性であるがゆえに、本人の「生」の実感（アクチュアリティ）を支え得るように、コンセンサスも、公共的な確認を経るがゆえに、本人の「生」の内的な意味（センス）を支えるとともに、「外的な意味づけ」によって、思いつきのよしあしが決定されてしまうことを避けるわけです。

みーちゃんが、私的に、自分なりに思いついた「いいこと」が、①まずは、自分の内的な意味（センス）によって意味づけられる、②そして、自分を含めた公共的な確認によって意味づけられる（コンセンサス）、③その時、外的な意味（ミーニング）によって意味づけられることは避けられなければならない――と書きたいところですが、私は、人が成長するためには、③の外的な意味づけに直面することも大事だと思っています。そのようなことも論じたくて、コンセンサスとミーニングの区別を試みた節もあります。

しかし、③の外的な意味づけがどのように大事なのかを論じ始めると、大幅に紙幅を超えてしまいます。ですので、その点は、機会を改めて、論じることにします。また、②のコンセンサスづくりにおいては、本章第3節で述べた「中動性を大事にすること」が「センスを大事にすること」として行われるわけですが、しかし、みーちゃんのセンスだけが特権的に大事にされるわけではありません。みーちゃんのセンスも、ゆいちゃんや健太さんのセンスも、対等に大事にされることになります。みーちゃんとゆいちゃんのセンスとが寄り合ってコンセンサスが生まれる場合だけでなく、センス同士がすれ違い、食い違い、なかなかコンセンサスが生まれない場合も大いにあり得ます。そうしたことも、機会を改めた際には、論じてみたいと思います。

第8節　矢野論文が開いた可能性

矢野論文が開いた可能性の豊かさを示そうと思って書き始めました。書き終えてみると、思いも寄らぬ場所までたどり着いてしまいました。お付き合いいただいた読者のみなさんには大変な思いをさせてしまったように思います。

しかし、おそらくこれが研究や学問というものの一つの姿なのだと思います。「何ものかの力」に飲み込まれ、想定を超えた場所に到達すること。私自身は、そうした中動態的なあり方が「遊び」のみならず「研究」や「学問」にも当てはまると思っています。とはいえ、読者のみなさんには、本章の軌跡を示しておいたほうが親切だと思いますので、最後に「あらすじ」を示しておきます。

1.「思いつき」の場面を含めた、遊び全体が、中動態的に「自分たちにその出来事が起きた」としか表現できないものとして到来すること。
2.そうした出来事を説明するには、人間を超えた「何ものかの力」を想定せざるを得ないこと。
3.「人間を超えた何ものかの力」が働く「アクチュアリティの次元」があること。その次元は、「いいこと」も「よくないこと」もすべてが混然一体となった、ある種のパラドックスを含んだ次元であること。そして、アクチュアリティの次元で到来する「いいこと思いついた」は公共的に確認される「いいこと」とは違う、「私的」な「いいこと」であること。
4.私的な「いいこと」が、公共的に「いいこと」であるかどうかが確認されていく「リアリティの次元」が、「アクチュアリティの次元」とは別に存在すること。
5.「アクチュアリティの次元」においては「生の内的な意味」としての「センス」が感受されていること。すなわち、「アクチュアリティ」と「センス」には結びつきがあること。
6.「生の内的な意味」としての「センス」とは別に、「生の外的な意味」としての「ミーニング」が存在すること。「ミーニング」はあくまで「文脈の外」に存在していること。
7.「リアリティの次元」と結びつくものとして「ミーニング」とは別に「コンセンサス」とい

う概念を提示し得ること。それは「リアリティの次元」で生まれる「寄り合わされた意味」とでも言えるものであること。「コンセンサス」は「文脈の内」から生まれてくるものであること。

以上が本章のあらすじです。矢野論文が開いた可能性の豊かさが、このあらすじからも伝わってきます。読者のみなさんにその豊かさが伝わることを願っています。

第6章 感覚が湧き出ちゃうし、収まっちゃうときの主体性
——保育者と語る中動態と主体性

今後、刊行される予定の『子どもをあらわすということ（仮）』（北大路書房、二〇二四年刊行予定）という書籍に寄稿した文章です。

ドゥルーズは『フーコー』という本の中で「新しい主体性」について論じています。オルソンは、その思想を引き継ぎながら「関係的な場としての主体性」という概念を提案しています。

それらの思想動向を踏まえながら、中動態の世界観から見た「主体性」について論じた文章です。「新しい主体性」の考え方は、乳幼児教育にとって非常に重要な考え方です。この文章の中では「感覚が湧き出ちゃうし、収まっちゃうときの主体性」とか、「生《なま》の主体性」とか呼んでいます。どんな呼び方がふさわしいのか。引き続き、読者のみなさんと考えていきたいと思っています。

第1節　中動態と主体性

いま、我が子たちの登園を終えて、この原稿を書き始めています。今は、二〇二二年六月二九日の朝。驚くくらいの早さで梅雨が明けてしまいました。朝から真夏のように暑い日です。扇風機を回し

ながら、この原稿を書き始めています。

今月もいくつかの園で園内研修をしました。そのうちの三つは「主体性って何だ？」というタイトルでの研修でした。このタイトルでの研修が重なったことは偶然ではないと思います。主体性という言葉は「子どもの主体性」とか「主体的な学び」というように保育の世界でよく使われる言葉ですが、「主体性って何ですか？」と聞かれると、スッキリと答えることが難しい。だから、多くの方が「主体性って何だ？」ということを改めて学びたくなるのでしょう。

その背景には、「中動態」という言葉で表現される世界観や人間観が注目されてきたという事情もあるように思います。この原稿も「中動態と乳児」というテーマで書いてほしいという依頼を受けて書いています。やはり、「中動態」なのです。

中動態について、ごく簡単に説明しておきます。[*1] 日本語には「（場を）盛り上げる」という動詞と、「（場が）盛り上がる」という動詞があります。このうち、「盛り上げる」が能動態に、「盛り上がる」が中動態にあたる動詞です。「盛り上げる」という能動態は「自分（たち）がその出来事を起こした」という仕方で、出来事を記す書き方です。そこには、人間の意志や責任が、その出来事に働いているという世界観（人間観）があります。一方、「盛り上がる」という中動態は「自分（たち）にその出来事が起きた」という仕方で、出来事を記す書き方です。そこには、人間の意志や責任を超えた力が、その出来事に働いているという世界観（人間観）があります。

中動態の世界観が注目を集める理由は、とても、よくわかります。なぜなら、遊びも保育も「盛り上げる」より「盛り上がる」のほうが、充実したものになることが多いから。それは研究だって、飲み会だって、演奏だって同じで、意志的に「盛り上げた」ものよりも、意志を超えた力によって「盛り上がった」もののほうが充実したものになることが多いのです。

困りました。

なぜなら、主体性は「自分の中にある様々な感覚をまとめて、そこから、〝するかしないか〟を意志的に選び、行動に移すこと」だと、これまで考えられてきたからです。[*2] ですので、主体性のこれまでの考え方では「気がついたら、いつの間にか、自分の意志の働きを超えて盛り上がっちゃったこと」を主体性の働きとして捉えることができないのです。

＊1　詳しくは、本書第5章を参照ください。また、國分功一郎・熊谷晋一郎『〈責任〉の生成――中動態と当事者研究』新曜社、二〇二〇年、九九頁や、木村敏「自己の『実像』と『虚像』」『あいだと生命――臨床哲学論文集』創元社、二〇一四年所収（初出は二〇一〇年）、一五〇頁も参照ください。

＊2　「まとめ」るという主体の働きについては、小林敏明『〈主体〉のゆくえ――日本近代思想史への一視角』講談社、二〇一〇年の、二八－三二頁において検討されるイマニュエル・カントの「subjekt」概念（超越論的主観性と呼ばれるもの）を参照ください。本稿では、「まとめ」るという働き以外に、「選び、行動に移す」ことも主体性の働きに加えました。これは、廣松渉ほか（編）『岩波　哲学・思想事典』岩波書店、一九九八年の七四四頁における「『主体性』とは、認識や行為の主体であり、またそれらに責任をとる態度のあること」という叙述を踏まえています。さらには「責任」とセットにされている「意志」の働きが「選ぶ」ことだとされてきた点も加味しています（國分功一郎『中動態の世界――意志と責任の考古学』医学書院、二〇一七年、二五頁など）。以上から「様々な感覚をまとめて、自分の意志を選び、行動に移すこと」という定義ができあがります。

しかし、保育者の方々と語り合っていると、そんな困りごとは吹き飛んでしまいます。というのも、保育者の方々は「意志の働きを超えて盛り上がっちゃったこと」も主体性の一種だと直感的にわかっているからです。たとえば、横浜の園での研修で出てきた「事例1」のエピソード[*3]。

事例1：泥んこ滑り台に行きついた二人

ある日の集まりの時、「ただいまー!」と満足気に帰ってきた
Iくんと Aくん。手には泥んこになった服を持っていた。
園庭にいた保育者に聞いてみると、「2人で嬉しそうに泥んこ滑り台
始めてたよ」と教えてくれました。
暑さの中で心地よさを求めた結果泥んこ滑り台に行きついた
2人の強い主体性を感じた。

特に最後の一文。「暑さの中で心地よさを求めた結果、泥んこ滑り台に行きついた2人の姿に主体性を感じた」という文章。

いいですね。とてもいい。

やはり、保育者はわかっています。最初から「泥んこ滑り台」を意志的に（能動的に）目指したのではなく、気がついたら、いつの間にか（中動態的に）「泥んこ滑り台」に行きついちゃったことも主体性であるということを。

心強いことに、このような中動態的な主体性のあり方を「新しい主体性」として考えようとした哲

＊3「実践者（保育者）の手書きのドキュメンテーション」を「事例」と呼ぶことについて、私の思いを記しておきます。保育者と研究者が協力して研究するとき、「保育者が実践し、研究者が分析する」という分業体制が生まれてしまいがちです。私は「実践者（保育者）と研究者が一緒になって記述する」ということができないものか、という思いから、様々な試みを行ってきました（全国私立保育連盟から委託された研究の成果報告書を連盟のホームページからご覧いただけますので、興味のある方は、ぜひ、ご覧ください）。
本章では、「実践者の手書きのドキュメンテーション（本章中の事例1、3）」と「実践者と研究者が協力して書いた文章（本章中の事例2）」を同等に扱っています。本来であれば、前者を「ドキュメンテーション」、後者を「事例」と呼び分けたりするのが作法なのだと思いますが、本章では、その作法を意図的に破っています。そうして、「実践者が自ら書く研究」「実践者と研究者が一緒に書く研究」の可能性を探っています。本章は、その試行錯誤の成果でもあります。幸いなことに、周囲の仲間たちは、私のこの試みを好意的に受け止めてくれていますので、それに甘えて、本章では、すべてひっくるめて「事例」と呼んでいます。まだまだ手探りの状態ですが、「実践者が自ら書くこと」と「読者にとって読み易いものになること」を研究として両立するために、読者みなさまの忌憚ないご意見をいただきたく、お願い申し上げる次第です。

学者がいます。ジル・ドゥルーズという哲学者です。ドゥルーズは『フーコー』という本の中で「新しい主体性の生産」という言葉を使い、それがどのようなものであるかを示してくれました。[*4]

本章では、「子どもたちの主体性を感じた場面」として保育者が挙げてくれた事例を手がかりに、主体性について考えます。その際、ドゥルーズが示した主体性の考え方をヒントにします。また、エリク・H・エリクソン、津守真といった方々の思想も手がかりにします。

第2節　①奥行き、②センス・オブ・ワンダー、③センス、④試行錯誤のグルグルスパイラル

暑さの中で、心地よさを求めた結果、気がついたら、いつの間にか（中動態的に）「泥んこ滑り台」に行きついちゃったとき、そこでは、何が起きているのでしょうか。

そこで起きているのは「①奥行き、②センス・オブ・ワンダー、③センス、④試行錯誤のグルグルスパイラル」とでも言うべきものです。次の事例2は、その様子を、よく伝えてくれています。これも、横浜での園内研修で出てきた事例です。

事例2：水と子どもたち

夏のように暑い五月のある日。バケツを挟むようにして水で遊んでいたAくんとBちゃん（どち

らも一歳児）。二人は水に手をやり「きもちぃー」とうれしそうにしている。そのうち、Ａくんがスコップを水に当てる。しばらくキラキラさせていると、スコップがバケツの中に落ちた。それを拾おうとしたとき、蛇口からの水で、Ａくんの帽子が濡れた。それを弾みにＡくんは帽子を脱いで、頭から水をかぶった。Ａくんは気持ちよさそうに頭を上げる（写真６－１）。

しばらくすると、テラス前のトロ船に水が張られた。すると、ここにもＡくんがやって来た。Ａくんは迷うことなくトロ船に入った。Ａくんはバシャバシャと楽しそうにしている。するとＡくんに引っ張られるように、他の一歳児たちもトロ船に入った（写真６－２）。挙句の果てに、五歳児たちまでトロ船に入った（写真６－３）。子どもたちの姿に主体性を感じた。

写真６－１　水と子どもたち１

写真６－２　水と子どもたち２

写真６－３　水と子どもたち３

＊4　ジル・ドゥルーズ、宇野邦一（訳）『フーコー』河出書房新社、二〇〇七年、二一七頁。

以上が事例です。この事例もいいですね。今日が暑い日だからか、読んでいるだけで爽快に感じます。私も、水の中に入りたくなってきます。おそらく、この日も、相当に暑い日だったのでしょう。

1　奥行き

さて、こんな他愛もない、どこにでもある日常の中に、世界についての重要な真理が隠されているように思います。[*5] それは、私たちを取り巻く出来事は、やはり、そのほとんどが、私たちが（能動的に）「起こした」と言うよりも、なかば偶然に（中動態的に）「起きてしまった」ものであるということ。Aくんのスコップは、私たちが「落とした」のではなく、私たちの前で「落ちた」わけだし、Aくんの帽子は、誰かが「濡らした」のではなく、ちょっとした弾みで「濡れた」のです。

そして、そうした偶然の力によって、私たちは、水の心地よさと出会うことができるということ。Aくんのスコップが落ちなかったら、さらにはAくんの帽子が濡れなかったら、手を濡らすだけで終わってしまっていたかもしれない水との出会い（それでも十分ですが）。偶然の力を借りることで出会うことができた、さらなる水の心地よさ。言い換えれば、水が秘めていた、その「奥行き」。

人間の歴史を見れば、人間は自然のもつ奥行きに生かされてきたことがわかります。[*6] なかでも水のもつ奥行きは多くの恵みを人間に与えてくれました。喉をうるおす飲料水として、稲を育ててくれる農業用水として、多くの恵みを人間に与えてくれました。奈良や京都にお寺や神社を立てることができたのも淀川の水運によって木材や石を運ぶことができたからです。牛や馬でも運ぶことができない木材や石は、輸送手段としての水の力を借りて運びました。そうして人間は、水のもつ奥行きに生かされてきました。

水がもつ、こうした奥行きは、子どもにも大きな恵みをもたらしてくれます。スコップを当てて、そこにしぶきが跳ねれば、キラキラ光るプリズムになり、頭ごとかぶれば、ジャバジャバ爽快なシャワーになり、体ごと浸れば、ザバンザバンとプールになる。しかも、それらの側面がめくるめく登場するだけでなく、同時に現われもする。そうして立ち現れる多面体（多様体）としての世界を、奥行きという言葉で言い表そうとしたのがドゥルーズと矢野智司です。ここでは、矢野の文章を引用します。[*7]

> 遊びのなかでの土の塊は、いまや土ではなく、団子である。しかし、やはり、それは団子ではなく土でもあるのだ。それまでのプレーンな「現実」だったものが、垂直の次元を得ることによって、むくむくと立体化していく。それは奥行きをもったものとして、立ち現われるのだ。奥行きをもった世界は、奥行きをもった心を生み出す。

＊5　ここからの叙述は、久保健太「世界の『奥行き』に触れる」『真宗』二月号、二〇二二年、四五頁（本書第Ⅱ部のまくら1）をもとにしています。

＊6　ここからの叙述は、久保健太「自然の奥行きを感じるからだ」『子どもの文化』九月号、二〇一四年をもとにしています。

（…中略…）

固定したコンテクストに閉ざされることなく、また複数のコンテクストに直面しても、混乱することもなく、子どもは遊びをとおして、複数のコンテクストを自由に軽やかに横断することによって、世界の奥行きを垣間みることになる。土ではなく団子、団子ではなく土、土でもあり団子でもある、この世界の奥行きからさまざまな意味が生まれてくるのだ。

2　センス――その人にとっての世界の意味、感覚的な意味

水が、その奥行きを繰り広げるとき、水はキラキラとプリズムになり、ジャバジャバとシャワーになり、ザブンザブンとプールになります。それは「その人にとっての、その場所、その瞬間での水の意味」とでも言うべきものです。

教育哲学では「その人にとっての、その場所、その瞬間での、事物の意味」を「センス（感覚的な意味）」と呼びます。この言葉づかいも『意味の論理学』という本におけるドゥルーズの言葉づかいを引き継いだものです。[*8] 世界の奥行きが繰り広げられるとき、そこでは様々なセンスが生まれます。生まれます、というより、生まれちゃいます。事例2のAくんがスコップの角度を変えるたびに、しぶきは姿を変え、Aくんの中には「すごい！　プリズムみたい！」とか「すごい！　シャワーみたい！」とかいうようなセンスが生まれちゃいます。

3　センス・オブ・ワンダー――奥行きに感応しちゃう驚き心

しかし、世界の奥行きと人間が出会えば、自動的にセンスが生まれちゃうわけではありません。そこには世界の奥行きに感じて応じる「センス・オブ・ワンダー（驚き心）」が必要です。[*9] 水が繰り広げる奥行きに「すごい！」と感じ、応じてしまうからこそ、そこから「すごい！　プリズムみたい！」とか「すごい！　シャワーみたい！」とか「すごい！　プールみたい！」といったような「その人にとっての、その場所、その瞬間での水の意味（センス）」が生まれてきます。

＊7　矢野智司『意味が躍動する生とは何か――遊ぶ子どもの人間学』世織書房、二〇〇六年、四七－四八頁（傍点は筆者久保による）。矢野智司『贈与と交換の教育学――漱石、賢治と純粋贈与のレッスン』東京大学出版会、二〇〇八年、一二五頁も参考になります。なお、ドゥルーズも『意味の論理学』の中で「奥行（profondeur）」という言葉を用いますが、それは「自分には見えていないが存在すると信じうるもの」という意味で用いられています（ジル・ドゥルーズ、小泉義之（訳）『意味の論理学（下）』河出書房新社、二〇〇七年、一三二頁（Deleuze, G. (1969). *Logique du Sens*. Les Éditions de Minuit, p. 355）、國分功一郎「類似的他者」檜垣立哉・合田正人（編）『ドゥルーズの21世紀』河出書房新社、二〇一九年、一四六頁）。

＊8　センスについては本書第4章、第5章、及び「まくら1」も参照ください。

＊9　大田堯「私の学力論（上）The Sense of Wonder（感応力）を大事に」『わが子は中学生』七月号、一九九二年、一四－一五頁。大田堯「子育てから人間の心の危機を考える」柴田義松（編）『現代の教育危機と総合人間学』学文社、二〇〇六年、八三頁。大田堯（対談：柴田光太郎）「自ら変わる子どもをとりまく大人の責任」『あけぼの』三月号、二〇〇八年、四頁。

生まれちゃったセンスに導かれるようにして、「こうしたら、どうなるんだろう？　もっとキラキラするのかな？」という具合に、スコップの角度を変えてみる。そうすると、そこに跳ねる水が、少し姿を変える。さっきとはちょっと違うキラキラが、目の前に繰り広げられる。もう一度、そのキラキラを見たくなって、ちょっとずつ角度を変える。そうして何度も何度も、スコップの角度を変えてみる。その都度、世界は新たな奥行きを繰り広げる。

世界が奥行きを繰り広げるものだから、センス・オブ・ワンダーが感応しちゃって、そこから新たなセンスが生まれちゃって、そのセンスに導かれるように試行錯誤を重ねる。そうすると、さらなる奥行きが繰り広げられて……という具合に「①奥行き、②センス・オブ・ワンダー、③センス、④試行錯誤のグルグルスパイラル」が繰り返されていきます。そのうち、気がついたら、いつの間にか、帽子も脱いで、体ごと水に浸かってしまっている。これが、気がついたら、いつの間にか（中動態的に）「泥んこ滑り台」に行きついちゃった場面（事例1）で起きていたことであり、トロ船に入っちゃった子どもたち（事例2）で起きていたことです。

第3節　湧き出ちゃうし、収まっちゃう主体性

とはいえ、「①奥行き、②センス・オブ・ワンダー、③センス、④試行錯誤のグルグルスパイラル」があるとして、そうして、気がついたら、いつの間にか（中動態的に）「泥んこ滑り台」に行きついちゃ

うことが、どうして主体性と言えるのでしょうか。

1　「此性《このせい》」の世界――この世界とこの私との、この一回限りの出会いの世界

主体性はこれまで「自分の中にある様々な感覚（センス、感覚的な意味）をまとめて、そこから、〝するかしないか〟を意志的に選び、行動に移すこと」だと考えられてきました。もちろん、それが主体性であることに間違いはありません。しかし、「様々な感覚をまとめること」だけでなく、「様々な感覚が生じてしまうこと」も主体性と呼べないものでしょうか。ドゥルーズはそのような考え方を切り拓いてくれました。このような考え方に立てば、自分で意志的に選んだわけではないけれど、「泥んこ滑り台」に行きついちゃったことや、「トロ船」に入っちゃったことをも、主体性と呼べそうです。

このような考え方は、トロ船に入っちゃったAくんの主体性を説明してくれるだけでなく、トロ船には入らなかった子どもたちの主体性も説明してくれます。というのも、その子たちは「トロ船」に入っちゃうことはありませんでしたが（「行動に移す」ということはありませんでしたが）、その子たちにも、様々な感覚が生じていたはずだからです。この「様々な感覚が生じてしまうこと」自体を主体性と呼ぶこと。ドゥルーズが切り拓いてくれたのは、そのような主体性の考え方です。

私たちは「キラキラ」を「プリズム」に、「ジャバジャバ」を「シャワー」にまとめたくなりますが、ドゥルーズは『千のプラトー』という本の中で、「キラキラ」が「プリズム」にならなくていい世界（次

元）、「ジャバジャバ」が「シャワー」にならなくていい世界、「ザブンザブン」が「プール」にならなくていい世界のことを「この水とこの私との、この一回限りの出会いの世界」という意味で「此《この》性《せい》」の世界（次元）として語っています[*10]。

たとえば、写真6－4の風景を前にしたとき、私たちは「山だ」「池だ」と考えてしまいます。しかし、「池」という名前を知らない赤ちゃん（乳児）は、写真6－4の世界に身を置いたとき「池だ」とは考えません。「ムワワムワ（なんか臭いな）」とか、「ダラダラダラン（なんか暑いな）」とか、その世界そのものと、そのままに（名前を介さずに）触れ合っています。

写真6－4　無題

これは、ドゥルーズが「此性《このせい》」の世界と呼んだ、この一回限りの世界です。より正確には「私」と「山」と「池」とが分かれる前の「ムワワムワ」「ダラダラダラン」の世界です。それは、Aくんと「この水」との「キラキラ、ジャバジャバ、ザブンザブン」の世界です。

「此性《このせい》」の世界とは「山が山という名前（言葉）にまとまる前の世界」でもあります。ドゥルーズは「此性《このせい》」の世界を大事にしました。のみならず、「此性《このせい》」の世界において「主体性」を取り戻そうとしました。

2　感覚が湧き出ちゃうし、収まっちゃうときの主体性

「此性《このせい》」の世界において「主体性」を取り戻すこと。それは「ムワワムワ」とか「ダラダラダラン」の世界を生きること自体を、主体性と呼ぶということです。

ドゥルーズは、言葉というまとまりになる前の「ムワワムワ（なんか臭いな）」とか「ダラダラダラン（なんか暑いな）」という状態を「特異性」と呼びました。[*11] その中でも、正しいとされている言葉づかいに収まらない特異性、すなわち「まだ拘束されないで」いるような特異性を「野性の特異性」と呼び、大事にしました。[*12]

*10 ジル・ドゥルーズ、宇野邦一ほか（訳）『千のプラトー（中）──資本主義と分裂症』河出書房新社、二〇一〇年、二〇七－二一七頁。なお「此性」を「これせい」と読むものも多くありますが、「この一回限りの出会いの世界」という意味を込めて、本書では「このせい」と読むことにします。

*11 ドゥルーズが「特異性」と呼ぶのは「項」にまとまる前の（現働化〔アクチュアリゼ〕する前の）「比」の世界です。詳しくは以下の文献を参照ください。①ジル・ドゥルーズ、財津理（訳）『差異と反復（下）』河出書房新社、二〇〇七年、一一一－一一二頁、②ジル・ドゥルーズ、小泉義之（訳）『意味の論理学（上）』河出書房新社、二〇〇七年、一八三－一九七頁、③國分功一郎『ドゥルーズの哲学原理』岩波書店、二〇一三年、六四－六六頁、④鹿野祐嗣『ドゥルーズ『意味の論理学』の注釈と研究──出来事、運命愛、そして永久革命』岩波書店、二〇二〇年、五三頁。

*12 「正しいとされている言葉づかい」とは、ドゥルーズやミシェル・フーコーの用語では「知」や「権力」の要請に隷属した言葉づかいのことです（ドゥルーズ、前掲書（＊4）、二二二頁及び二三〇頁）。

この「野性の特異性」の次元で「主体性」を取り戻すこと。それがドゥルーズが目指したことです。私は、この次元で「主体性」を論じることがとても大事だと思っています。というのは、この次元で「主体性」を論じることによって、赤ちゃんの「主体性」を論じることができるからです。

赤ちゃんの中にも様々な感覚が流れています。しかし、赤ちゃんは、そのような感覚をまとめ、選び、行動に移すことは十分にはしていません。これまでは、感覚をまとめ、選び、行動に移すことを「主体性」と考えていたので、赤ちゃんが「主体性」を生きているということを説明しづらかったのです。しかし、様々な感覚が自分の中を流れていること、そうして、「野性の特異性」を生きていること、それを「主体性」と呼ぶことができるのならば、赤ちゃんは「野性の主体性」とでもいうべきものを生きています[*13]。

この「野性」はフランス語ではsauvage（ソバージュ）という言葉で「生《なま》の」とか「原始の」といったニュアンスをも含む言葉ですから、赤ちゃんは「生《なま》の主体性」を生きていると言うこともできます。それは、私たちのように言葉を介して世界に出会う主体性とは別の主体性であり、簡単に言えば、世界そのものと、（言葉を介さずに）そのまま出会うことで、湧き出ちゃう感覚に身を任せながら、生きている実感に充たされている状態の主体性です。

先ほどの言葉で言えば、めくるめく現れる世界の奥行きに吸い込まれ、「すごい！　プリズムみたい！」とか「すごい！　シャワーみたい！」とかいうような感覚が湧き出ちゃう状態に身を任せ、そうして、生きている実感に充たされている状態の主体性です[*14]。より正確には、「プリズム」「シャワー」にまとまる前の「キラキラ」「ジャバジャバ」「ザブンザブン」「ムワワムワ」「ダラダラダラン」の世界を生きているときの主体性です。

ドゥルーズは「内在――ひとつの生……」という文章の中で「純粋な力であり、諸々の痛みや弱さを通じた至福でさえあるひとつの内在的生が乳児たちを横切っている」と書いています。[*15] 痛みや弱さを通じた至福。それは、エリク・H・エリクソンが「ヌミノース」という言葉で描き出そうとした体験です。世界の奥行きに吸い込まれ、飲み込まれ、包み込まれたときに味わうような、「不気味さ」と「不思議さ」、「戦慄」と「賛美」といった相反する感覚が、わちゃわちゃしたまま一体になったような体験です。そのような体験を生きるとき、人間は、この世界に生きているという実感（アクチュアリティ）に充たされます。[*16]

---

*13 ドゥルーズは「野性の主体性」という言葉は使わず、「野性の特異性」という言葉を使います。それはおそらく「様々な感覚（欲望）」が生じる特異性の次元は、主体が成立する前の次元、むしろ、主体がそこから成立してくるような次元だからです。ですから「野性の特異性」は「野性の主体性」というよりも、「野性の主体性の素（もと）」とでも呼ぶべきものなのですが、ここでは「野性の主体性」と呼ぶことにします。

*14 人間が、世界の奥行きに吸い込まれる。このような世界観については山本一成さん（教育学者）から多くを教わりました。特に記して感謝の意を示します。

*15 ジル・ドゥルーズ、宇野邦一（監修）「内在――ひとつの生……」『ドゥルーズ・コレクションⅠ　哲学』河出書房新社、二〇一五年、一六二頁。

*16 ここでの「実感」という言葉は、木村敏の「アクチュアリティ」という言葉を踏まえています。アクチュアリティについては本書第5章を参照ください。

生きている実感に充たされていること。なんて素敵な状態なのでしょう。そして、それを「主体性」と呼べることはなんて素敵なことなのでしょう。ドゥルーズやフーコーが切り拓いてくれた「野性の特異性」の考え方を教育学に導入することで、赤ちゃんが生きている主体性を「生《なま》の主体性」として理解することができるのです。

ドゥルーズが『フーコー』を書いたのは一九八四年のことです。それから二五年経った二〇〇九年にリゼロット・マリエット・オルソン（Olsson, L. M.）は「関係的な場としての主体性 subjectivity as a relational field」という概念で「主体性」を語りました[*17]。これは「此性《このせい》」の次元、「野性の特異性」の次元での「主体性」を語ろうとした概念で、ドゥルーズの思想を引き継いだ概念です。

このような概念が乳幼児教育の分野から出てきたことは偶然ではありません。私たちが赤ちゃんと一緒に生きているからこそ、そして、「泥んこ滑り台」に行きついちゃった子どもたち、トロ船に入っちゃった子どもたちと生きているからこそ、さらには、そこに子どもたちの「主体性」を感じてしまうからこそ、登場した概念です。

こうした概念があることを、つい、保育者の方々に伝えたくなって、今月の研修でも「関係的な場としての主体性」の話をしました。「なんか難しい！」「もうちょっと、しっくりくる言葉にしたい！」というのが大半の反応でした。そこで、みんなで名前を考えました。

「盛り上がるときの主体性ってどうだろう？」「いや、盛り上がるだけじゃなくて、収まるも入れたいな」「収まるってどういうこと？」「うーん、感覚ってさあ、盛り上がるだけじゃなくて、収まるじゃん」「ああ、便意もそうだよね」「だから、盛り上がるし、収まるってこと」「じゃあ、盛り上がり、収まるときの主体性は？」「関係的な場としての主体性よりはいいけど、盛り上がるも、収まるも、赤ちゃんにしては動きが大きすぎるよね」「たしかに」「湧き出るはどう？　湧き出るときの主体性」「あ、それいいね」「湧き出ちゃうのほうが、もっといいかも」「じゃあ、湧き出ちゃうし、収まっちゃうときの主体性だね」

というわけで、いまのところ「関係的な場としての主体性」は「感覚が湧き出ちゃうし、収まっちゃうときの主体性」に落ち着きました[*18]。そのこころは、「すごい！」という驚きも、「なんかいい」とか

---

*17 Olsson, L. M. (2009). *Movement and experimentation in young children's learning: Deleuze and Guattari in early childhood education*. Routledge.
特にp. 195を参照ください。

*18 ここで「感覚が湧き出ちゃうし、収まっちゃうときの主体性」という表記に落ち着いた「関係的な場としての主体性」も、読み進めると「感覚が湧き出ちゃう場としての主体性」という表記へと揺れたりします。「関係的な場としての主体性」「感覚が湧き出ちゃうし、収まっちゃうときの主体性」「感覚が湧き出ちゃう場としての主体性」。保育者の皆さんと話していると、この三つが揺れながら語られることで、かえって腑に落ちるようなので、あえて「揺れ」を残しました。
研究の世界では、こうした「揺れ」は御法度であることは自覚していますが、「実践者が自ら書く研究」「実践者と研究者が一緒に書く研究」の可能性を探るうえでは（＊3も参照ください）、こうした「揺れ」を正当に扱うことも必要になると考えますので、「揺れ」に対して（混乱するどころか）納得の材料にしてしまう人間の偉大さに甘えて、「揺れ」を残します。

「なんかやだ」という快・不快も、「すごい！　プリズムみたい！」という「センス（感覚的な意味）」も、やる気も、便意・尿意も、ムカッとしたときの手も、あくびも、湧き出ちゃうし、収まっちゃう。そうした、湧き出ちゃうし、収まっちゃう状態を生きていることが、そのまま主体性を生きている状態だということです。

ただし、この場合の「主体」は「個体」を超えた「関係的な場」であることにご注意ください。山、池、私が一緒になったときに「ムワワムワ」とか、「ダラダラダラン」とかいった「言葉にまとまる前の感覚」が生まれちゃう。こうした「感覚が生まれる場所としての主体性」が「感覚が湧き出ちゃうし、収まっちゃうときの主体性」です。それは言葉によって「山」と「池」と「私」とが切り分けられる前の「あらゆる雑多な存在が、わちゃわちゃしたまま、その場に存在しているような関係的な場」である状態を生きているときの「主体性」です。

それは、山や池と切り分けられた「個体」の状態ではありません。[19] むしろ、私という存在が山、池、木などからなる世界の「派生物」である状態です。[20] 事例2（二一六頁）のAくんは、水や暑さからなる世界の派生物であり、写真6-4（二二四頁）の寺を訪れた私たちは、山、池、木などからなる世界の派生物なのです。そこでは「ムワワムワ」「ダラダラダラン」といった感覚がまず生じ、そのような感覚が「私」という存在へとまとまっていきます。私が最初にいるのではなく、世界があり、そこから感覚が生じ、その感覚が、私という存在へとまとまっていく。まさに私たちは派生物として、この世界に生かされて、生きている。それが「関係的な場としての主体性」を生きている状態です。

だとすれば、主体性を大事にするということは、その人を取り巻き、生かしている世界を大事にするということでもあります。

第４節　するか、しないかを選ぶときの主体性

と、ここまで話したところで、研修はいったん休憩に入りました。みんなでコーヒーを飲みながら一息ついている最中に、保育者の方から「感覚が湧き出ちゃうし、収まっちゃうときの主体性が『新しい主体性』だということはよくわかりました。だとしたら、これまで私たちが大事にしてきた主体性をどう考えたらいいですか?」という質問が出ました。同僚の方が「これまで大事にしてきた主体性って?」と尋ねると、「久保さんが冒頭におっしゃってた、生まれてしまった感覚をまとめ、そこから〝するか、しないか〟を意志的に選び、行動に移すときの主体性です」と説明してくれました。

ちなみに、「これまで大事にしてきた主体性」は、保育者のみなさんとの「ネーミング会議」で「するか、しないかを選ぶときの主体性」と名づけられました。そのネーミング会議のときに「Ⓐ感覚が湧き出ちゃうし、収まっちゃうときの主体性」と「Ⓑするか、しないかを選ぶときの主体性」とを、

*19　ドゥルーズは「主体（主体性）」を「個体」と結びつけないようにすることを訴えています。ドゥルーズ、前掲書（＊４）、一九七頁。

*20　ドゥルーズ、前掲書（＊４）、一八五頁。

どう呼び分けるとわかりやすいか、という話になりました。その様子がおもしろかったので、少し脱線しますが、書いておきます。ある人は、「Ⓐ感じる主体性」と「Ⓑ考える主体性」と呼ぶのはどうだろう、とおっしゃいました。別の人は「Ⓐココロが動いたときの主体性」と「Ⓑアタマを動かすときの主体性」と呼ぶのはどうだろう、と提案してくれました。やはり、保育者のみなさんの肌感覚に沿ったネーミングは絶妙です。読者のみなさんの理解にも必ず役立つように思うので、ここに書いておきます。

さて、休憩中に出た質問に戻ります。その質問を糸口にして、研修の後半は、「感覚が湧き出ちゃうし、収まっちゃうときの主体性（感じる主体性）」が新しい考え方として出てきたことはわかったけど、これまでの「するか、しないかを選ぶときの主体性（考える主体性）」（以下、「するか、しないかの主体性」）を、どう考えたらいいの？　という点について考えました。

1　「自己との関係」と「自己活動」——「離脱」を保障する

オルソンは「関係的な場としての主体性」という言葉によって「感覚が湧き出ちゃう場としての主体性」を考えようとしたわけですが、だからといって「するか、しないかの主体性」が無くなったわけではありません。

どちらかといえば、これまで「するか、しないかの主体性」しか無かったところに、「感覚が湧き出ちゃう場としての主体性」を付け加えることで、「子どもの主体性」や「主体的な学び」を、より深く、より正確につかもうとしているわけです。

ですので、「するか、しないかの主体性」は、引き続き、重要です。それどころか「湧き出ちゃう」という状態が、今後、重視されるようになればなるほど（そのような状態は喜ばしいことですが）、「するか、しないかの主体性」もますます重要になるでしょう。

というのも、「湧き出ちゃった」状態（中動態に身を置いている状態）は、生きている実感に充たされている状態ではありますが、様々な感覚でゴチャゴチャしているにもかかわらず、なかなか決着がつけられない、しんどい状態でもあるからです。[*21]

もっとも保育者の方々と話していると、みなさん「するか、しないかの主体性」が重要であることも強く感じています。だからこそ、「するか、しないか」は、できるだけ本人の意志が尊重されるかたちで選べるようにしてあげたいとおっしゃいます。

ヒントになるのは、ドゥルーズが「新しい主体性」のかたちとして示した「自己との関係」という考え方です。ドゥルーズは「自己との関係」を語る際に「派生物」と「離脱」という言葉を使います。[*22]ドゥルーズは、私たちが、世界の「派生物」として、この世界に生かされて、生きているのだと言

＊21　國分・熊谷、前掲書（＊1）、一四六頁。
＊22　ドゥルーズ、前掲書（＊4）、一八五頁。

います。事例2においては、「キラキラ」「ジャバジャバ」「ザブンザブン」という感覚が生じ、そのような感覚がAくんという存在へとまとまっていったわけですが、まさにAくんは、この世界の「派生物」として、この世界に生かされて、生きているのです（前の節でも、その点は語りました）。それは、私たちが「他との関係」から逃れられないということでもあります。私たちと世界とを切断することはできないということです。

だからこそ、離脱だけは、何とか大事にしてやりたい。切断できないからこそ、離脱は保障してやりたい。ドゥルーズは、そのように考えます。

とはいえ「離脱」とは、どのような状態なのでしょうか。そのヒントになるのが、倉橋惣三から津守真へと引き継がれた「自己活動」の思想です。津守は『自我のめばえ』において、「自己活動」についての次のように述べています。[*23]

第一に、子どもにゆっくりとした時間を与えることが必要である。自分のやりたいことを見つけるための時間、自分の活動にとどまり、自分が満足して終わるまでの時間である。子どもは自分の活動を充実させる時間をもつことによって、自分自身を形成する。

第二には、自由に活動できる落ち着いた空間をもつことである。幼児が自由に歩きまわり、自分のやり方で物を並べ、動かすことのできる空間を確保することである。家の中、片隅、家の周囲の小さな空間、陽のあたる戸外などで、幼児はゆっくりと自分の活動をする。

第三には、子どもが自分の手足や身体で操作して遊ぶことのできる素材を用意することである。

土や水、木の葉などの自然物、紙や鉛筆、積み木や人形などの素朴な玩具、子どもの力で変形し、想像し、多様に使える材料である。

第四には、互いに応答し合う大人や友達の存在である。命令したり指示するのではない。人間らしい自然な応答をする人間的な環境が、何よりもたいせつである。

ここで津守が言わんとしていることは、ドゥルーズが「離脱」という言葉で語ろうとしたことに重なります。特に「ゆっくりとした時間」を与えてやることと、「自由に活動できる落ち着いた空間」をもつこと。この二つは、ドゥルーズが離脱と呼んだ状態を、具体的な保育の場で実現するための大きなヒントになるでしょう。

2　抑制・調整を働かせた発揮

もう一つのヒントは、人間が何かを発揮するときには、常にいくらかの抑制や調整が働いているのだというエリクソンの思想です。

*23 津守真『自我のめばえ——二～三歳児を育てる』岩波書店、一九八四年、七六頁。これは國分功一郎が「変状の自閉的、内向的過程」と呼んだものを保育の言葉づかいに言い換えたものだともいえます（國分功一郎『中動態の世界——意志と責任の考古学』医学書院、二〇一七年、二五七頁）。

キャベツ見えた！

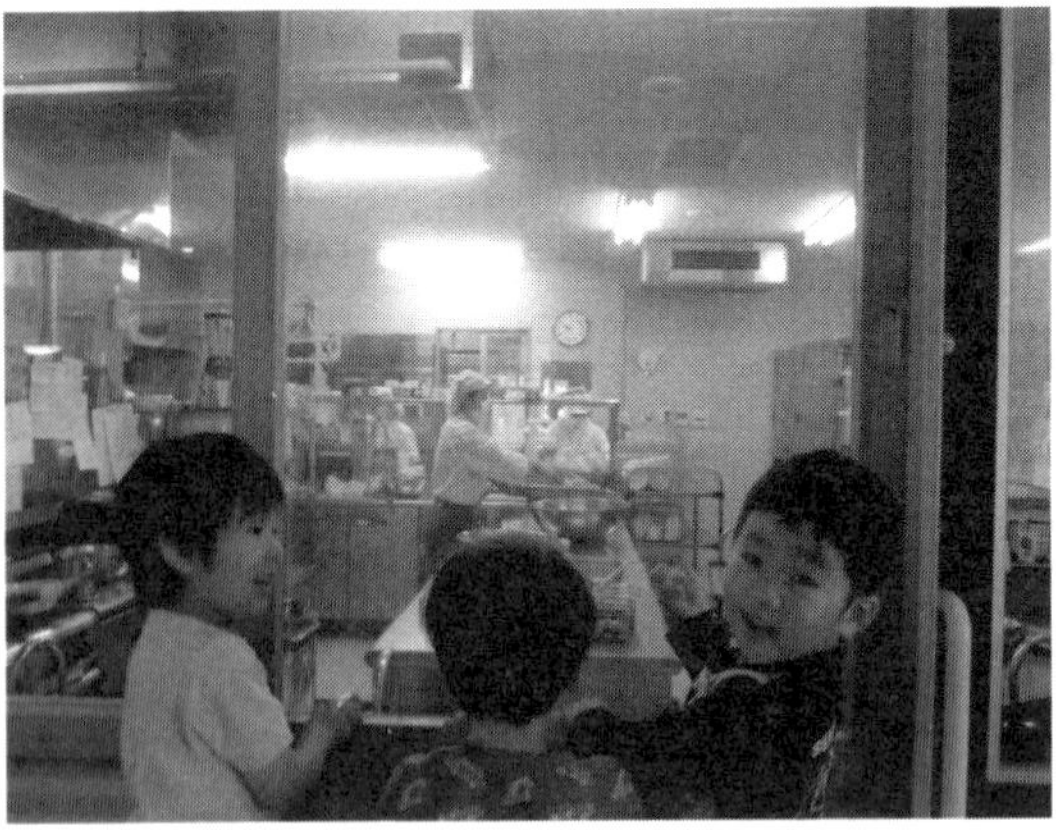

連日 大切にお世話している かたつむり。

引っ込み事案で 担任のそばから離れられない 3人組だけど

かたつむりのことになると 目を輝かせて 「○○しよう！」が 出てきます。

「今日はキャベツ あるかなー？」と言いながら 給食室を のぞいてみると

キャベツ 山盛りを 発見！！！！

より一層 目を輝かせて 「あった！」

その勢いで 給食室の扉をあけて 「かたつむりさんのキャベツくーだーさい！」

と 子どもたちだけで 言えました ✿

事例3はキャベツを発見して、「かたつむりさんの食べ物だ!!」というセンス（感覚的な意味）が湧き出ちゃった場面ですが、そのセンスを「かたつむりさんのキャベツくーだーさい！」という言葉へと抑制して発揮しています。この、抑制・調整を経た発揮こそ、「するか、しないかの主体性」を生きている姿です。その点で、保育者が、この事例3を「子どもの主体性を感じた場面」として、研修で報告してくれた気持ちは、よくわかります。

人間は、事例3の子どもたちのように、湧き出ちゃう感覚を抑制し、調整しながら発揮しています。そして、感覚の抑制・調整の仕方は、年齢が上がるにしたがって、複雑になっていきます。

周囲の人が無理に欲望を抑えつけるのではなく、本人が、自分で、抑え方を調整できるようになること。それを大事にしたいと思っている育児者・保育者は多いと思います。エリクソンは「基本的信頼」「自律性」「自主性」という言葉を使いながら、周囲とのかかわりの中で、本人が、自分で、欲望の抑え方を調整できるようになる姿を描こうとしました[*24]。

たとえば第Ⅰ期には「自分の感覚を発揮しても、ちゃんと応答してもらえる」という基本的信頼の感覚を開花させます。そして、第Ⅱ期には（基本的信頼と筋肉の発達とを土台にして）自分の感覚を、自分の身体を使って、発揮します。事例2のAくんが、まさに第Ⅱ期を生きています。その一方で、この時期には周囲の視線が気になり始めたり、周囲から期待されていることに気づき始めたりします。

---

*24　詳細は、本書第3章を参照ください。

つまり「周囲の視線」や「周囲の期待」が「するかしないか」の判断に影響し始めます。「お父さんの視線が気になるから、やめておこう」という抑制が働いたりもします。こうした周囲の期待・視線も気にしながら、自分の意志を働かせて「するかしないか」を決めることを、エリクソンは「自律性・自己決定（オートノミー）」と呼びました。

さらに第Ⅲ期には、抑制・調整・発揮の仕方がますます複雑になります。「周囲の期待・視線」に加えて、「約束」「役割」「見通し」「順番」が大事になってくる時期ですから、あの子との「約束」があるからやろう（やめておこう）とか、私の「役割」だからやろう（やめておこう）といった種類の抑制・調整・発揮が始まります。集団の力を借りて、自分たちの世界をつくっていくがゆえに「約束」「役割」などをつくって、自分の目的を実現することを、エリクソンは「自主性・主導権（イニシアティブ）」と呼びました。

この文章ではエリクソンの思想に深入りできませんが、エリクソンは周囲の人が無理に抑えつけるのではなく、本人が自分で抑制・調整・発揮ができるようになる筋道を、人間の中に見出し、思想としてまとめました。その思想のポイントは、人間の中には、常に複数の感覚がせめぎ合っていると考える点にあります。津守は、エリクソンの思想のポイントを次のようにまとめています。*25

人間の精神は、本来、欲望の奴隷になることを望んでいない。また、あることをなすべきであるという集団の道徳的規範を絶対視するあまり、主体の自由を売り渡してしまうことをも望んでいない。人はその両者を野放しに膨張させることのないように、両者の傾向が自らの内にあることを意識して、両者をコントロールすることができるような統合機能を必要としている。この両者を否定するのでなく、過剰に膨張させるのでもなく、エリクソンの語を用いるならば、「その両者の経験を組織化させて内心の調整者とする」ところに、自我のはたらきがある。

エリクソンと津守が言うように、人間の中には、集団の道徳的規範が常に働いています。このような道徳的規範と自分とを切断して生きることはできません。だからこそ、離脱（津守の言う「ゆっくりとした時間」と「自由に活動できる落ち着いた空間」）を保障してやることが必要なのです。

先ほど「するか、しないかを選ぶときの主体性」を「考える主体性」と呼ぶのはどうだろうという意見があったことを紹介しました。この呼び方に従うなら、エリクソンと津守が言っていることは、その子（たち）が「離脱」して考えるための時間と空間をゆっくりとってやることが大事だということです。

＊25　津守、前掲書（＊23）、一八四頁。

第5節　「湧き出ちゃう」と「する（しない）」とが絡まり合うような主体性を生きる

私たちが集団の道徳的規範から「切断」され得ないからこそ、せめて「自己活動」（離脱）を保障しようと考える。このようなエリクソン、津守の考え方に加えて、「人間は、人間がつくった道徳的規範を超えた、世界の奥行きに生かされているんだ！」というドゥルーズの考え方からも、多くを学びたいと思います。

私たちがつくりあげた「集団の道徳的規範」は、周囲との協力を生み出すという点で私たちの可能性を拡げてくれるものですが、私たちは、自分たちの可能性を「集団の道徳的規範」の範囲にとどめる必要はありません。自分たちの可能性を、世界の奥行きへと開くことで、世界の胸を借りながら生きることができるはずです[*26]。

それは、道徳的規範がいらなくなるということではありません。私たちは、道徳的規範から逃れられないからこそ、世界がもつ奥行きの胸を借りて、「集団の道徳的規範」とは別の「野性の倫理」とでもいうべきものの声も聴きながら生きていこうよ、ということです。

最後に三つだけ。

子どもたちと世界の奥行きとの出会いを大事にすることで「湧き出ちゃう主体性」をたっぷりと生きる。加えて、「ゆっくりとした時間」と「自由に活動できる落ち着いた空間」を大事にすることで「するか、しないかの主体性」をもたっぷりと生きる。そこでは「湧き出ちゃった感覚」が「する（しない）」へと発揮されます。それは「湧き出ちゃうとき」が、そのまま「する（しない）とき」になるような時間を生きること、すなわち「湧き出ちゃう」と「する（しない）」とが同時に生まれるような主体性を生きることです。事例に出てきた子どもたちが生きていたのは、このような主体性です（それを本章第2節では「①奥行き、②センス・オブ・ワンダー、③センス、④試行錯誤のグルグルスパイラル」と名づけたわけです）。

それは、中動態と能動態とが絡まり合うような主体性でもあります。

ここでも、保育者のみなさんと語り合ったことが参考になると思うので、書き足しておきます。研修の途中で「奥行き」について話しました。「人間は世界の奥行きに生かされているんだ」という話をしました。そこで引っかかっていた保育者の方が「『生きていること』じゃなくて『生かされていること』がどうして主体性なんですか?」という質問をしてくれました。私は、「『生かされていること』と『生きていること』を同時に感じるような体験が人間にはあって、それが（もっとも深く）主体性を生きている体験です」と答えました。

「生かされていること」と「生きていること」は別々にあるのではなく、本来は、両方を同時に生

---

*26 「世界の胸を借りる」という言い方は水津幸恵さん（教育学者）からいただいた私的なコメントからアイデアを得ました。記して感謝申し上げます。

きることができるのです。それが中動態と能動態が絡まり合うような主体性です。そうした体験を溜めていくためにも、乳児期に「生かされている」時間をたっぷりと味わうことが大事なんだと。そうした気づきを口にしてくれた保育者の方もいました。

また、そのような語り合いの最中には「久保さんが『生きている実感に充たされていること』と呼んだものは、『生かされている実感に充たされていること』でもあったんですね」という気づきも生まれました。

保育者のみなさんとの語り合いで辿り着いたのは「中動態だけで生きるよりも、能動態だけで生きるよりも、両者を連動させて生きようよ」とか、「生きることなく生かされるよりも、生かされることなく生きるよりも、生かされながら生きようよ」ということでした。

それは「開いて生きていこうよ」ということでもなく、「開くと楽なこともあるよ。けど、開きすぎて、わちゃわちゃしちゃって、しんどいときは、離脱して、閉じることも大事だよ」ということです。

あと二つ。

「次回の研修からは、ムワワムワとか、ダラダラダランみたいな言葉で書かれた事例が飛び交いそうですね」とおっしゃった保育者の方がいました。

いいですね。楽しみです。

子どもとともに「この一回限りの世界（此性《このせい》の世界）」を生きる。そのときに生じていた感覚を「特異性」の次元のまま「あらわす」。そのとき、やむを得ず、何らかの言葉を使うことにはなるのですが、自由な言葉づかいで「この性」の世界をあらわす。と同時に「子どもたちの中に『自律性』が育ってきたから、『自主性』が育つような環境も考えましょう」といった省察（リフレクション）も飛び交う。

それはティール組織論でいう「オレンジ段階[*27]」の組織に向けた、重要なカンファレンスのあり方ですが、その点は、またの機会で述べることにしましょう。ともあれ「ムワワムワ」「ダラダラダラン」といった言葉と、「自律性」「自主性」といった言葉とが、対等に飛び交う次の研修が、いまから楽しみです。

これが本当の最後。

研修の終わりに「子どもの主体性を大事にすることって、あらためて、どういうこと?」というテーマで語り合いました。そこで出てきた保育者の方々のコメントを紹介して終わりにします。

主体性を大事にすることとは、

「その子たちが世界の奥行きに触れるような体験を大事にすること」

「そのとき湧き出ちゃった、その子たちなりのセンスを大事にすること」

「そうして、生きている実感に充たされていることを大事にすること」

「それだけでなく、生かされている実感にも充たされること」

---

*27 フレデリック・ラルー、鈴木立哉（訳）『ティール組織――マネジメントの常識を覆す次世代型組織の出現』英治出版、二〇一八年、四二－五二頁。

「その子たちが、自分たちで選ぶことを大事にすること」

「そのためにゆったりとした時間をとることを大事にすること」

などなどなど。うーん、いいですね。何もつけ加えることはありません。

第7章

「ちがう」「かかわる」「かわる」に込められた教育思想——教育学を生命の科学につなぐ

大田堯先生には多大な影響を受けました。また、教育学者としての恩人でもあります。『大田堯自撰集成（全四巻＋補巻一）』（藤原書店、二〇一三年〜二〇一四年、二〇一七年）の編集委員に加えていただきました。その後、編集委員のみなさんが『大田堯の生涯と教育の探求』（上野浩道・田嶋一（編）、東京大学出版会、二〇二二年）を刊行する際にも、その執筆メンバーに加えていただきました。

その際に書いたのが、この文章です。

第4章・第5章と同様、「難解だ」というコメントをいただくことも多い文章です。「学術論文とはそういうものだ」と開き直らずに、柔らかい文体で、自分にしか書けない思想を書く。大田先生からいただいた、その宿題は、今後の課題です。

この文章に込めた思想を、本文とは別の書き方で書いておきます。これまでの教育は、教育者が世界（環境、事物）に与えた意味（ミーニング）を、学習者に内面化させようとするもので、ミーニングのみを知識として認めようとしがちだった。それに対して、これからの教育は、学習者たちが世界（環境、事物）から自分たちなりの意味（センス）を感受することも重視し、そうして感受した意味をも知識として認めるものにしていきたい。大田の思想は、そのようなセンス尊重の学び方こそ、人（ヒト）に固有の学び方であることを時代に先駆けて訴えたものだったのではないか。そして、各人のセンスが多様に生まれてしまうから、人間は選択肢の多さに迷い、その葛藤（混とん）は深くなる。しかし、その葛藤（混とん）こそ、人間にとって大事な葛藤（混とん）なのだ。

桐朋幼稚園・桐朋小学校（調布市）のみなさんとの研究会で、第2節の「2　多肢選択」の「二本の棒」のエピソードを読んだ際に、同校の教員の方からそのような感想が出ました。本当に、その通りだと思います。

生命・人間・学び

他の生命と人間とは、何が重なるのか。そして、何が違うのか。そうした重なりや違いから、学びというものを描き直すことはできないものか。大田はそのような視点から、学びとは何かを問い続けた。大田は様々な時代状況に対応して自らの思想を発信し続けた。それが可能だったのは大田の思想が局所的な視野からではなく、大局的な視野から生命、人間、学びを語るものだったからである。その際、「自己更新」「自己創出」「不安定」「選択」「根源的内発性（自発性）」といった言葉が重要な役割を担っていた。そして、これらの言葉こそ、生命の科学と教育学とをつなぐ架け橋になる言葉だった。

本章を始めるにあたって、大田が生命、人間、学びをどのように考えていたのか、その基本的な考え方を（右の言葉を用いながら）スケッチしておく。大田は、生命が「流れ」の中にあり、つねに変わり続けているのだと考えた。それは、学び続けているということでもあるが、不安定の中に身を置いているということでもある。

さらに人間の場合、この不安定が二重になる。というのも、人間は変わり続ける可能性の振幅が、他の生命体とは比べようがないほど広いからだ。たとえば、子どもたちとの散歩や遠足を予定していた日に雨が降る。予定を変更して、雨だからこそできる特別な活動を考えることもできるし、別の日に散歩をスライドすることもできる。その決定を、自分一人でするのではなく、子どもたちと相談しながらすることだってできる。他の生命体が、ある状況に対して、一定の選択肢しかもたないのに比べて、人間の場合、その状況から、多様な選択肢を見出す。そこには窮地を脱することにつながる選択肢もあれば、さらなる転落を招く選択肢もある。どの選択肢が、どのような未来を拓くのかは、誰にもわからない。人間の不安定は、様々な可能性を秘めた不安定である。人間は、他の生命体が味わうことのない、そのような不安定をも味わっている。

他の生命体と同じように、「流れ」の中にあるという不安定を味わいつつ、そこに、多様な選択肢をもつがゆえの不安定が重なる。これが人間に固有の不安定である。いわば人間は二重の不安定を生きている。そのような不安定の中で、人間は、ときに選択を誤る。しかし、そうしてまちがい、とまどい、ゆきどまりながら、自分の生き方を選び、自らを変えてゆく。そこに人間に固有の学びがある。

上のような生命観、人間観、学習観を論じる際、大田は「自己創出力」「根源的内発性」という言葉を用いる。特に「多様性を認める社会へ」[*1]においては、この二つの言葉を対比的に用いている。「自己創出力」とは、生命一般が「流れ」の中にあり、常に変わり続けていること。「根源的内発性」とは、人間が、（二重の不安定に身を置きながら）おのれの内側から湧いてくる選択意志によって、自らの生き方を選ぶこと。

ここで登場する「自己創出力」という言葉は、生命誌研究者である中村桂子の『自己創出する生命』[*2]から大田が学んだ言葉であり、「生命は、流れの中にある」という中村の生命観は、大田が生命科学から学んだ思想の最たるものである。とはいえ、そのような思想は、大田の中に古くから存在していた。たとえば、『近代教育とリアリズム』においても、大田は以下のように述べている。

> 人間の行為が超経験的な固定から先天的に限定せられてあるのではなくて、常に進歩的、目的的な変異（ヴァリエィション）によっていとなまれてゆく。斯様《かよう》な人間経験の自己構成の力は、ダーウィニズムから与えられたデューイの確信であったし、ジェイムスに依って哲学的に保証せられたものであった。
>
> この自己更新の過程は常に行為として表出せられてゆく。行為は全人的な自己発展であって、我々の生のいとなまれる限りたゆみなく継続せられる。デューイは斯様な活動的な経験の発展過程を「成長」と呼んでいる。この成長を促進、阻止或《あるい》は刺激する条件は環境である。[*3]

ここで大田が言おうとしているのは、人間は、その都度、自分で目的を設定し、そうして、自分の手で、自分の世界を創り出していく、更新していくということ。そして、そのような自己更新や自己発展は、我々の生が続く限り、絶え間なく続くということ。さらには、それが成長であるということ。

言葉は難しいが語られている思想は、実にシンプルだ。大田は、この思想をデューイから学んだが、デューイは、この思想を生命科学（ダーウィニズム）から学んだ。だから、すでに一九四〇年代に、生命科学の思想は、デューイ経由で大田に注ぎ込まれていた。その思想が、九〇年代に中村によって「自己創出」という表現を与えられ、大田の学習論を象徴する言葉となった。一九四〇年代以来の「自己更新」の系譜を継ぐ「自己創出」という言葉には、大田が、自らの思想の土台に、生命科学から学んだ生命観を据えてきた歴史が刻まれているのである。

さて、「自己創出力」という言葉が以上のような背景をもつのに対して、「根源的内発性」という言葉は、自己創出力という言葉を、大田が「自分流に」言い換えて、編み出した言葉である。[*4]「自分流」という言葉からも伝わるように、大田は生命科学から学んだ思想を鵜呑みにはしない。生命科学から学ばれた生命観や人間観は、大田の思想を揺るがしながら、大田の思想を更新しつつ、組み込まれていく。大田においては、生命の科学と教育学とが、そうしてつながっていく。

本章では、その様子を検討するために、一九九七年の著書『子どもの権利条約を読み解く』[*5]、

＊1　大田堯「多様性を認める社会へ――基本的人権に思う」『世界』二月号、二〇〇六年（『ちがう・かかわる・かわる――基本的人権と教育（大田堯自撰集成　第二巻）』藤原書店、二〇一四年に再録）。
＊2　中村桂子『自己創出する生命――普遍と個の物語』哲学書房、一九九三年（なお、文庫版が筑摩書房より二〇〇六年に刊行）。
＊3　大田堯『近代教育とリアリズム』福村書店、一九四九年、一三五頁。
＊4　大田堯・中村桂子『百歳の遺言――いのちから「教育」を考える』藤原書店、二〇一八年、一〇五頁。
＊5　大田堯『子どもの権利条約を読み解く――かかわり合いの知恵を』岩波書店、一九九七年。

二〇〇六年の論文「多様性を認める社会へ」[*6]、二〇一三年の「総序」[*7]という三つの文献に注目する。これらの文献には「多様性（ちがうこと）」「自己創出力（変わる力）」「関係性（かかわること）」とか、「不安定」「選択」「根源的内発性」といった大田にとっての重要語が登場するからだ。また、上の三つの文献の思想的な源泉として一九七〇年の論文「選びながら発達することの権利について」[*8]も大いに参照する。そうして、本章では生命の科学と教育学とがつながっていくようすを明らかにする。

第1節　「ちがう」「かかわる」「かわる」で語られる教育の基本原理

1　「ちがう」「かかわる」「かわる」の境地（二〇一三年）

先に挙げた三つの文献のうち、一番新しい文献である二〇一三年の「総序」から紹介する。二〇一三年の「総序」に書かれる生命観・人間観をモノサシにすれば、一九九七年の著書『子どもの権利条約を読み解く』と、二〇〇六年の論文「多様性を認める社会へ」とが読みやすくなるからだ。

さて、「総序」は二〇一三年一一月に発刊された『大田堯自撰集成　第一巻』に書き下ろされた文章である。その「総序」において、大田は「ちがう」「かかわる」「かわる」の三語に「生命の特徴」を凝縮させた。のみならず、その三語をもって教育の基本原理を語るという境地に達する。

私は、生物学、生命科学などについてほんの素人への解説書を読みかじっただけで、恥ずかしいことです。けれども、専門領域を超えて、私の理解する限りで、生命の特徴について、言及させていただきました。その第一は、およそすべての生物は、共通に遺伝情報物質としてDNAをもつけれども、その生命個体は一つ一つすべて「ちがったもの」であるということです。第二は、生命個体はすべて、その環境となっている他者、宇宙全体に対応して存在する。つまり環境としての外的世界とのかかわり合いの中にある、ということです。[*9]

蛇足を承知で整理しておく。一つひとつの個体が「ちがう」こと。これが生命の第一の特徴。それらの個体は「かかわり」をなくしては生きられないこと。これが第二の特徴。

さらに、この「ちがう」と「かかわる」は、それぞれ「内向きの力」と「外向きの傾き」なのだと、大田は言う。

第一の特徴は、他者とちがっている以上、自分向きに傾いて生きる「自己流儀」、内向きの力と

---

*6　大田、前掲書（＊1）、二〇〇六年。
*7　大田堯「総序――未来に託して」『生きることは学ぶこと――教育はアート（大田堯自撰集成　第一巻）』藤原書店、二〇一三年。
*8　大田堯「選びながら発達することの権利について」『教育』一月号、一九七〇年（『ひとなる――教育を通しての人間研究（大田堯自撰集成　第四巻）』藤原書店、二〇一四年に再録）。
*9　大田、前掲書（＊7）、二〇一三年、三一四頁。

でもいってよいでしょうか。それに対して、第二の特徴は、自分の外に依存する、外向きの傾きといってよいでしょうか。[*10]

大田の理論がおもしろいのは、この二つの特徴が「矛盾」するものだと論じる点である。これはたとえば、自分自身の生命を守りながら生きるという「内向き（自分向き）」と、空気・太陽・他の生き物といった外のものに依存しながら生きるという「外向き」とがせめぎ合うといったことである。そして、そのような矛盾（せめぎ合い）があるからこそ、その矛盾に何とか折り合いをつけようとして、生命が自ら「かわる」という第三の特徴が現れる。

人間に限らず、あらゆる生命体は、内向き、外向きという矛盾を持ちつづけて生きていること、つまり代謝によってその矛盾に何とか「折り合い」をつける。その始末をつけることで、生命は「変わりつづけている」という、極めて重要な第三の生命の特徴である「根源的自発性」が浮かび上がってくる。[*11]

ここに、「ちがう」もの同士が、「かかわり」合うことで、自ら「かわる」という教育の基本原理が示される。このとき大田は九五歳。集大成と呼ぶにふさわしい、そんな毅然とした簡潔さが、この原理にはある。

その一方で、気になる点が一つある。それは、それまで大田が大事に語り続けてきた人間の固有性はどこにいってしまったのか、ということ。大田の思想をさかのぼってみると、大田は常に、①生命と人間とが同じ特徴を共有していることと、②人間が他の生命にはない固有性をもっていることとの、両方を語ってきた。

しかし、二〇一三年の「総序」では、人間の固有性が語られていない。「ちがう」「かかわる」「かわる」という教育の基本原理は、生命一般の特徴として語られてしまっている。それでは、大田は人間の固有性をどのように語ってきたのか。その点を明らかにするために、一九九七年の著書『子どもの権利条約を読み解く』を見ていこう。

2　「ちがう」「かかわる」「かわる」の登場（一九九七年）

大田が、「ちがう」「かかわる」「かわる」という三つの特徴から生命を語り始めるのは、一九九七年の著書『子どもの権利条約を読み解く』からである。注目すべきは、一九九七年の著書では、生命一般の特徴と、人間の固有性とが、分けて語られているという点である。

　ヒトは他の生物並みの自然の摂理に基づく流れ、自己創出力、再生力、治癒力に加えて、意識的

*10　大田、同前書、四頁。
*11　大田、同前書、四－五頁。

に〝その気〟になって自分を創り出す能力を蓄えている（…中略…）。つまり選びながら自らを変える（…中略…）。直立歩行、後の二本足に頭をのせて直立して歩くという哺乳動物の中でほとんど例をみないこの行動様式は、私たちの〝その気〟に支えられて成立しており、それは意識的に選ばれた姿勢です。〝その気〟を失えばあえなく倒れるほかはない不安定な姿勢です。（…中略…）人は選ぶことによって逆転を可能にする生物です。むろん良い方への逆転もあり得ると同じように、転落の可能性も常にあるのです。誰もが秘めた〝その気〟の中にある可能性と付き合う、それが、人の生命とのかかわり合いの知恵への手がかりと言えましょう。[*12]

大田は最初の一文で、常に「流れ」の中にあるという生命一般の特徴を述べている。そして、その特徴を「自己創出力」という言葉で語っている。さらに大田は、同じ最初の一文で、人間の場合、「その気」になって「選ぶ」という固有性が加わるのだとも語っている（ここでは、根源的内発性という言葉は、まだ登場していない）。

先に見たように、二〇一三年の「総序」では、他の生物と人間とをひっくるめた生命一般について、「人間に限らず、あらゆる生命体は、……」と語っていた。その大田が、一九九七年には生命一般の特徴と人間の固有性とを分けて語っていたのである。

しかも、ただ単に人間の固有性を生命一般の特徴と分けて語っているだけではない。「不安定」「選ぶ」「可能性」という言葉を用いて、人間の固有性を語っている。この点に、大田の教育学が、生命科学と結びつき得る秘密がある。

言うまでもないことだが、生命科学を学べば、誰でも大田のようにその思想を組み込めるわけではない。大田の教育学が生命科学と結びつくことができたのは、その教育学が「不安定」をキーワードに生命と人間とを包括的に（ひっくるめて）つかむことができる教育学だったからである。「不安定」に身を置いて生きている生命、そして人間。という具合に、不安定という点での他の生命体と人間とのつながり（共通点）をつかんでおきながら、その一方で、人間の不安定は、他の生命体の不安定とは違い「可能性を秘めた不安定」だとも言ってみせる。それは、逆転の可能性だけでなく、転落の可能性をも秘めた不安定である。だからこそ、人間にとっては、採るべき道を、その気になって「選ぶ」ことが重要なのだ。

こうして、大田の教育学においては「不安定」をキーワードに生命と人間とが一連なりのものとして描かれつつ、「可能性」「選ぶ」をキーワードに人間の固有性が描かれる。すなわち、「不安定」な存在という点で他の生命体と人間はつながっている。しかし「可能性」「選ぶ」という点で他の生命体と人間とは異なる（分けられる）。こうした生命観・人間観こそ、大田教育学が生命科学と結びつくことができた秘密である。

「可能性を秘めた不安定」に身を置きながら、「選ぶ」ことで生を切り拓いていく。そのような人間観は、大田の思想の重要点でもあるので、次節では「可能性を秘めた不安定」と「選ぶこと（多肢選択）」

---

*12　大田、前掲書（＊５）、一九九七年、二〇三－二〇四頁。傍点は、引用者（久保）によるものです。

という人間の固有性について、さらに詳しく見ていこう。

第2節　人間の固有性への問い

1　可能性を秘めた不安定（人間の固有性①）

「不安定」とはグラグラと定まらない状態だから、可能性よりも危険性と結びつけられやすい。もちろん大田はその危険性を認識している（だから、「転落の可能性も常にある」と述べている）。しかし大田は、その不安定に、人間に固有の可能性を見る。つまり不安定は、単なる危険性ではなく「可能性を秘めた不安定」なのだ。

「可能性を秘めた不安定」というこの人間観は、大田に一貫したものであり、遡ること三〇年近く前に書かれた「選びながら発達することの権利について」においても、以下のように語られている。

人間は常に安定をぎせいにして、不安定の中にかえってダイナミックな安定を見出し続けながら生きていく動物のように思われる。それは進化論的には（あるいは系統発生的にみて）人間が二本足での直立歩行を選んだときに、大きく用意されたのではないかと思われる。人間が、以後その種の特性の一つとして選んだ直立歩行は、四つ足に比べると重心の位置が高く、いかにも不安定をもたらす選択であったが、同時に、頭と手を解放して、人間の行動をあらゆる面で多様でダイナミックなものとした。おそらくこの頃を画期として、人間は不安定の中に安定を求めることを始めるのではなかろうか。[*13]

人間に固有の「不安定」について「二本足での直立歩行」という生物学的事実から説明しようとしている点は、大田の教育学が、生物学と結びついていることの一端だろう。大田は、さらに次のようにも述べる。

人間の子が可能性にとんでいるということは楽観も悲観もできないのである。要するに人間の子は他の動物にはその比をみない振幅の広い可能性の中を、危険をおかして選びながら発達する不安定な存在なのである。（…中略…）このように不安定であり、危険であり、しかも大きくも強くもなる可能性をもつという混とんが、とりわけ、人間の子どもの様相なのである。[*14]

ここに描かれているのは、不安定であるがゆえに可能性を秘めている、という人間に固有の不安定である。その点を大田は「人間の子は他の動物にはその比をみない振幅の広い可能性の中を、危険をおかして選びながら発達する不安定な存在なのである」と述べている。

＊13　大田、前掲書（＊8）、一九七〇年、九頁。
＊14　大田、同前書、一二－一三頁。

ここには「可能性を秘めた不安定」という大田の人間観が示されている。こうした人間観を語るとき、大田は「選ぶ」「可能性」という言葉と「不安定」という言葉を併用する。その点は、一九七〇年の論文でも、一九九七年の著書でも変わらない。

すなわち大田が一九九七年の著書において「〝その気〟を失えばあえなく倒れるほかはない不安定な姿勢」「人は選ぶことによって逆転を可能にする」「誰もが秘めた〝その気〟の中にある可能性と付き合う」というように「選ぶ」「可能性」という言葉を使いながら「不安定」を語るとき、そこでは、不安定であるがゆえに可能性を秘めているという人間に固有の不安定を語ろうとしているのである。

さて、一九九七年の著書に戻る前に、もう少し、一九七〇年論文を検討する。というのも、この論文には、大田教育学と生命科学との結びつきがよく表れているからだ。その点を示すために、さらに三つ、引用を続ける。

一つ目は「生理的早産」説で知られる動物学者アドルフ・ポルトマン（Portmann, A.）の研究を念頭に置きながら書かれた次の箇所。

> 他の高等動物、たとえば、牛や馬のようにわたくしたちの身近にいる動物を観察した人は、この種の動物の新生児が、生まれると間もなく立ち上がり、親たちとほぼ同じ行動様式をとることができること、身体各部のバランスもほぼ大人なみで、サイズは小さいながら大人の縮図のようなものであることを知っている。発声音も全く大人なみに成熟して生れるといわれている。つまり出生後に残されているのは、量的な成長だけといってもよいほどに成熟して生れ出るのである。

人間の新生児はそういかない。四頭身というアンバランスな肉塊は、一年は寝たきりで過ごさなくてはならない。種の特性である二本足による直立歩行の行動様式を獲得するまでに一年はどうしてもかかる。[*15]

ここでは、人間に固有の不安定を、先の「二足歩行」からではなく、生理的早産、すなわち、準備がととのわないまま、この世に産み落とされるという動物学的事実から示そうとしている。いずれにせよ、大田は、生命科学に学びながら、人間に固有の「可能性を秘めた不安定」を示そうとしている。二つ目は、先ほどの箇所に続けて書かれた次の箇所。そこでは、ゴードン・チャイルド（Childe, G.）の「身体外に器官を備えた動物」という人間観が登場する。

おまけに人間は全くの裸ん坊、無武装で生み出される。他の動物は、すでにいろいろな装備をととのえてこの世に生れ出てくる。毛皮のような「防寒具」を身につけて生れてくる。発達した前肢をもって生れてくるモグラは、人間流にいえばシャベルをもって生れてくるといえる。（…中略…）ある文化人類学者は、人間のことを、「身体外に器官を備えた動物」であるという面白い規定のしかたをしている。つまり人間は、さっきのべたように他の動物が、いろいろな複雑な装備をもって生れ出るのに対して、そういう装備はほとんどもたないで生れ出るのだが、そのかわり、そうい

*15　大田、同前書、一〇頁。

う装備の一切は社会とそこに成立している文化が、人間の身体外器官として、たくわえてくれているのである。[*16]

ここでも大田は関連諸学に学びながら、「器官」という生物学的用語を用いて、人間の固有性を示そうとしている。

三つ目は「身体外器官を備えた動物」であるという人間の固有性を「弱さ」「強さ」という言葉で論じ直した次の箇所。

> 実際人間は本当に単純な反射行動のようなもの以外に複雑な生得的行動様式はもって生れない。身体そのものへの備えつけの道具や、いわゆる本能的行動様式による武装を解除された存在、ひ弱く不安定な生きものなのである。そうして、のちに人間が使用する道具、機械、知識などの文化一切は、ことごとく生れ出た後に獲得するものである。しかもこの獲得はどこか外にある物体を、自分のちかくにもってきておくというような性質のものではない。そうではなくて弱い人間の子が、弱く不安定の故に、安定を求めて選びながら、またたえず現実に問いかけながら諸文化をわがものとする、模倣に助けられながらも、自ら文化を再生産、再創造することを通じて、からくも人びととの結びつきを深め、かつ自ら成長をするのである。それが強くなることなのである。[*17]

この箇所も、大田の教育思想にとっては非常に重要な箇所である。この箇所について、二点だけ指摘させてほしい。第一に、「不安定」とは「弱さ」でもあるということ。[*18] このような人間観は、自助を原理に、人間に「強さ」を求め、その「強さ」を備えないものに苦汁をなめさせる現代日本に対して、共助・互助・公助への道を切り拓く思想になるであろう。共助・互助・公助に拓かれた思想は二〇〇〇年代には「社会的文化的胎盤」という言葉で語られるようになる。[*19] その際、胎盤という生物学的用語を使うところに、大田の「らしさ」が表れている。

第二に、しかし、人間は「弱さ」を「強さ」に転ずる可能性をもつこと。すなわち、その弱さは、やはり「可能性を秘めた弱さ」であること。そして、その際、重要な役割を果たすのが「文化」であること。ここには大田の人間観と文化観が書き込まれている。文化については、それが人々の結びつきを深めるものであることが、明確に書かれている。大田に言わせれば、文化は、（商品とは違い）個人が、自分一人で消費するようなものではない。そのような個人消費の対象ではなくて、人々が結び

＊16　大田、同前書、一一〇－一一一頁。
＊17　大田、同前書、一一一頁。
＊18　ここで「弱さ」という言葉が用いられる思想的背景には「人間は弱く生まれる」というルソー『エミール』の一節がある（大田、同前書、九頁）。
＊19　社会的文化的胎盤については、①大田堯「人間にとって教育とは」総合人間学会（編）『自然と人間の破壊に抗して』学文社、二〇〇八年（『生きることは学ぶこと——教育はアート（大田堯自撰集成　第一巻）』藤原書店、二〇一三年に再録）、②大田堯「社会的・文化的胎盤と学習権——命のきずなを」（聞き手　佐藤隆・荒井嘉夫）『教育』一〇月号、二〇〇八年、③大田堯「子どもの生命と戦後教育学」（インタビュー　聞き手・田中孝彦）教育科学研究会（編）『講座　教育実践と教育学の再生　別巻　戦後日本の教育と教育学』かもがわ出版、二〇一四年（二〇一三年一二月一七日、大田宅において行われたインタビュー）などを参照。

つきをつくる際の土台となるものが文化なのだ。周囲との連帯を獲得しつつ、同時に、各個人が自分の「身体外器官」として、すなわち、その都度の環境・状況に適応するための「器官」として、文化を獲得することが、大田にとって「強くなること」（「弱さ」を「強さ」に転ずること）なのだ。

このような「強さ」は、やはり自助によって獲得されるものではない。自分の「弱さ」が表れてしまう。そんな状況に置かれた人間が、周囲と結びつきながら、先人たちが遺した文化（身体外器官）を再生産、再創造しながら、その状況を乗り越え、適応していくのだ。

と書くと、大田は高尚な営みのことを言っているのだと思われてしまうかもしれないが、そうではない。大田は、ごく日常的な営みのことを言っている。たとえばモグラのような前肢をもたない我々が土を掘りたい状況に面したとき、先人たちが遺した「シャベル」という身体外器官（文化）を再生産し、再創造する。そんな日常のどこにでもある一コマのことを、大田は言っている。

しかし、このように考えると、一つの疑問が生まれてくる。先に示したように「不安定」や「文化」を考えてしまったら、「獲得」という営みは非常につまらないものにならないか？　つまり、土を掘りたいときは「シャベル」、暖かくなりたいときは「防寒具」というように、一つの状況に対して、一つの文化を当てはめていくような営みを「獲得」と呼ぶことにならないか？　そんな疑問や思いが湧いてくる。

もちろん、大田は、そんな味気ない営みを「獲得」や「再創造」などとは呼ばない。では、大田は、どのように考えるのか？　大田の考えをシンプルに言い当てた言葉が「多肢選択」という言葉だ。この言葉は「可能性を秘めた不安定」と並んで、大田の人間観の核をなす言葉だから、項を改めて「多肢選択」について述べておく。

2　多肢選択――現実の再発見（人間の固有性②）

多肢選択、すなわち多くの選択肢がある状態。それは、人間の固有性を示す状態として、大田が重視した状態であった。この多肢選択について検討する際にも、一九七〇年論文が、やはり参考になる。一九七〇年の論文では多肢選択が「他の動物にはその比をみない振幅の広い可能性」という言い方で表現されている。[*20] そして、この「振幅の広い可能性（多肢選択）」をもたらすのが、「現実の新しい意味を常に再発見していく」ことだとされている。

環境から感受したものに自らの感応力によって、様々の形をあたえ、それによって現実の新しい意味を常に再発見していくような芸術にみられる表現上の選択もあるであろう。しかし、いずれにしても現実と格闘しながら、模倣に助けられながらも、現実を再発見し、さらに現実を変えていくような選択の中で、人間は自らをつくっていく。人間ははじめから人間性を備えて生まれるというより、それを選択と格闘との中で発達させるのである。[*21]

---

*20　大田、前掲書（＊8）、一九七〇年、一二頁。

ここでは現実の再発見という言葉を使い、前項の引用箇所では文化の再生産、再創造という言葉を使っているが、再発見、再生産、再創造という言葉で大田が描きたい人間の姿は重なりつつ異なっている。その点を理解する際には、一九七九年の論文「人間が発達するとはどういうことか」に登場する「二本の棒」のエピソードが参考になる。

> 子どもは人間的世界の諸対象のまえに、ただおかれていたり、立っていたりするだけではない。人間的世界にあって子どもたちが対面する箸は、単なる二本の棒ではない。食物を食膳でつまみ上げるための道具としての意味をもったものであり、子どもはその意味を獲得することによって、人間的世界に生きることができるのである。すなわち、彼はこの文化の世界において、大人の示唆に触発されながら、それにむかって「やる気」をもって、選択的に働きかけながら、自分の創造的適応機構をゆたかにすることをめざして発達をとげるのである。[*22]

具体例として「箸」という「二本の棒」が挙げられているから、この具体例に即して、整理していこう。前項に登場する「文化の再生産、再創造」という営みは、熱いものを口に運びたい状況において、先人たちが遺した「箸」という身体外器官（文化）を再生産、再創造し、その状況に適応するという営みであった。右の引用も、そのような営みについて語っている。しかし、「現実の新しい意味を常に再発見していく」（一九七〇年論文）という言葉で大田が語りたいのは、そのような営みではない。大田が語りたいのは、人間は「箸」と名づけられた「二本の棒」を前にして、そこから様々な意味（選択肢）を引き出すことができるという、もう一つの営みである。

箸という「一本の棒」は砂というキャンバスを前にすれば「絵筆」になり、机という打楽器を前にすれば「スティック」にもなる。場合によっては「武器」にもなる。つまり、「一本の棒」から「食器」以外の意味をいくつも感受し、引き出す。一本の棒からそのような意味を感受し、引き出したうえで、「箸」という意味を与える、それが「箸」と名づけられた事物の意味を再発見することであり、様々な事物に囲まれた「現実」の意味を再発見することである。大田は、このような再発見を経たうえで、様々な意味の中から、ある一つの意味を選択し、環境に適応しようと試みることを獲得と呼んでいる。

本章冒頭の「生命・人間・学び」の箇所で書いたように、このような試みにおいて、人間はまちがい、とまどい、ゆきどまる。しかし、それは人間が人間だからこそ起こり得ることだ。人間が「可能性を秘めた不安定」に身を置き、「多肢選択」を行うからこそ起こり得ることだ。人間がまちがいながら、それでも自分のアタマで考えて、世界の意味を獲得していくということを含めて、「可能性を秘めた不安定」と「多肢選択」は人間の固有性なのだ。

話を大きく戻そう。一九九七年の著書において、大田は「選ぶ」「可能性」という言葉と一緒に「不

＊21　大田、同前書、一四頁。
＊22　大田堯「人間が発達するとはどういうことか」『発達と教育の基礎理論（岩波講座子どもの発達と教育　第三巻）』岩波書店、一九七九年、二一頁（『ひとなる――教育を通しての人間研究（大田堯自撰集成　第四巻）』藤原書店、二〇一四年に再録）。

安定」を語っていた。それは、人間に固有の「可能性を秘めた不安定」と「多肢選択」とを語りたかったからだ。

だとすれば、一九九七年の著書は、生命一般の不安定だけでなく、人間に固有の不安定をも語っていたということになる。すなわち、「流れ」の中にあるという生命一般の不安定と、「可能性を秘めた不安定」という人間に固有の不安定との、両方を語っていたということになる。しかも、両者は切り離されたものではなく、「不安定」をキーワードに包括的に把握されている。まさにこれが、大田において、生命の科学と教育学がつながっていく仕方である。

他の生命体も人間も、「流れ」という「不安定」に身を置いているという点で等しい。しかし、人間の場合は、そこに「可能性を秘めた不安定」が加わる。人間はそのような不安定の中で、現実の意味を再発見しながら選択肢を増やす。そして、その選択肢（意味）の中から、ある選択肢（意味）を選ぶ。そうして世界の意味を獲得していく。そこに人間に固有の学びがある。このような論理によって、大田の中で、生命の科学と教育学とがつながっていく。

一九九七年の著書には、大田の真骨頂とも言える、このような論理が語られている。しかも、他の生物と人間とを、そのまま貫く「自己更新」が、「自己創出」という九〇年代以降の表現をまとって登場してもいる。登場する言葉たちを見れば、一九九七年の著書は、大田の思想の総決算とも言える。しかし、大田はそこからさらに歩みを進めて、新しい教育学をつくり直していく。「根源的内発性」という概念は、そこで登場する。

3 人間に固有の「根源的内発性」（二〇〇六年論文への加筆）

二〇〇〇年代の大田は、教育現場との語り合い、もしくは教育情勢への発言といったかたちで様々な言葉を発している。

たとえば、ほんごう子ども図書館とのかかわりを綴った「子どもたちとの未来に向けて」（二〇〇二年[*23]）、夜間中学に関する講演である「鈍行列車と教育基本法」（二〇〇五年[*24]）、教育基本法「改正」に抗った「多様性を認める社会へ」（二〇〇六年[*25]）、見沼フィールド・ミュージアムでの活動を紹介する「見沼フィールド・ミュージアムを呼びかける」（二〇〇九年[*26]）などである。

それらの文章（語り）の中で、とりわけ重要な意味をもつのは「多様性を認める社会へ」である。

---

*23 大田堯「子どもたちとの未来に向けて」『環』第9巻、藤原書店、二〇〇二年（『生きて――思索と行動の軌跡（大田堯自撰集成 第三巻）』藤原書店、二〇一四年に再録）。

*24 大田堯「鈍行列車と教育基本法（主催・宮城教育文化研究センター 於・宮城県教育会館）」二〇〇五年七月一七日（『ちがう・かかわる・かわる――基本的人権と教育（大田堯自撰集成 第二巻）』藤原書店、二〇一四年に再録）。

*25 大田、前掲書（＊1）、二〇〇六年。

*26 大田堯「見沼フィールド・ミュージアムを呼びかける（前編・後編）」『都留文科大学地域交流研究センター通信』第一六巻、二〇〇九年、及び第一七巻、二〇一〇年（『生きて――思索と行動の軌跡（大田堯自撰集成 第三巻）』藤原書店、二〇一四年に再録）。

大田は「多様性を認める社会へ」（二〇〇六年）を『大田堯自撰集成　第二巻』（二〇一四年）に再録するにあたって、少々の加筆を施した。その加筆において、「根源的内発性」という重要語が、人間の固有性を語る言葉として登場する。

> すべての生命体は、自ら変わる能力を備えているという生命の資質に注目してみたい。機械はどんなに精巧につくられていても、少なくとも現在までのところ、自ら変わることは難しい。すべての生命は、絶えず自己更新をつづけている。人間もまず〇・一ミリの受精卵から出発し、細胞分裂を続け、六〇キロの体重のものは、六〇兆に及ぶといわれている。単に分裂を繰り返すだけではなく、脳や心臓などの諸器官、身体の各部の機能に応じた複雑な分化をとげる。単なるシステムではなく、失いながら獲得して、自己のアイデンティティを持続させ、かつ発展させていく超システムであり、それを自己創出力ともいわれている。
>
> いささかの飛躍を自覚してはいるが、精神界をもつヒトの場合にも、生命体である以上、その根底には、他の生命体がもつ自己創出力にどこかでつながっているように私は考えてみる。いわゆる根源的内発性である。[*27]

この引用文では、大田が削除もしくは加筆した箇所に傍線を施した。削除されたのが「少なくとも現在までのところ、」という一節であり、加筆されたのが「いわゆる根源的内発性である。」という一文である。

実は、同様の加筆が「人間にとって教育とは」（二〇〇八年）を『大田堯自撰集成　第一巻』（二〇一三年）に再録する際にも施されている。

　人は内面から満ちくる根源的内発性、つまり、衝動・情感、そこから分岐する選択知によって、他者やあらゆる自然、事物とのかかわりの中で、自分自身を創り出していく。それはおそらく一瞬もとどまることなく、生涯にわたって、自分本位、自分流儀に自分を創り出し続ける。[＊28]

　ここでも、大田が加筆した箇所に傍線を施した。根源的内発性という言葉は、この加筆によって、初めて大田の文章に現れる。同じ『自撰集成　第一巻』の「総序」において、根源的自発性という言葉が登場することを踏まえれば（本章第１節参照）、『自撰集成　第一巻』において、根源的内発性と根源的自発性の両者が、どちらの言葉を採用するかの間で揺れながら用いられ始める。あらかじめ、この「揺れ」の顛末を記しておくならば、「生命《いのち》から教育を考える」（二〇一四年）においては「根源的自発性」という言葉が用いられ、『百歳の遺言』（二〇一八年）においては「根源的内発性（自発性）」と併記されることになる。[＊29]

　さて、このような経緯をもって登場した根源的内発性（自発性）という概念は、どのような意味を

＊27　大田、前掲書（＊１）、二〇〇六年、四九－五〇頁。傍点は引用者（久保）によるものです。
＊28　大田堯「人間にとって教育とは」総合人間学会（編）『自然と人間の破壊に抗して』学文社、二〇〇八年、七四頁（『生きることは学ぶこと――教育はアート（大田堯自撰集成　第一巻）』藤原書店、二〇一三年、三〇九頁に再録）。

もつ概念だったのであろうか。まずは先の引用を、加筆部分を加筆しないままに読んでみてほしい。つまり、根源的内発性という言葉を登場させないままで、読んでみてほしい。そうすると、生命一般と人間とが自己創出力という言葉で一連なりに語られていることがわかる。生命一般と人間とのつながりをさらに強めて人間を理解すること。この点は二〇〇〇年代以降の大田に見られる新たな試みである（次節参照）。しかし、そのために人間の固有性がかえってあいまいになってしまってもいる。そこで加筆されたのが、根源的内発性という言葉だった。加筆においては、「自己創出力」と対比されるかたちで「根源的内発性」が用いられている。先の引用においては、その前段で自己創出力という言葉を用いて生命一般の特徴を語りつつ、その後段で根源的内発性という言葉を用いて人間の固有性を語っている（人間の固有性を語ろうとするときに根源的内発性という言葉が用いられるという点は「人間にとって教育とは」への加筆においても同様である）。

だから、「総序」（二〇一三年）における大田が「人間の固有性を語らなくなってしまった」というのは第1節での読解は微修正されなくてはならない。たしかに「総序」では人間の固有性を語ってはいない。しかし、「多様性を認める社会へ」（二〇〇六年）と「人間にとって教育とは」（二〇〇八年）への加筆においては根源的内発性という言葉で人間の固有性が語られているのである。

それでは二〇〇六年論文の大田は、人間の固有性をどこに求めたのだろうか。先の引用の後段において、大田は「いささかの飛躍を自覚してはいるが、精神界をもつヒトの場合にも、生命体である以上、その根底には、他の生命体がもつ自己創出力にどこかでつながっているように私は考えてみる」

と述べている。「精神界をもつ」こと、それが（生命一般がもつ自己創出力とつながった）人間の固有性だと大田は考えたのだ。これが詳しく何を指すのかについて、手がかりになるのは次の箇所である。

　私は、ヒトの個体発生の過程の中で、幼児が二本足で立つ、二足直立歩行という行動様式は、ほとんど内面からの選択であって、後の人の複雑な選択行動の予兆のように思われる。私は、ヒトは他の高等哺乳類の中でも、きわだって多肢選択型の動物だと思う。二足直立歩行は、「その気」にならないと、つまり選択意思をともなわないと維持できないほどに不安定な姿勢である。まして、私たちの精神活動は、他の動物にみられるワン・パターンにくらべ、著しく柔軟で、一日、いやおそらく終生、選びつづけて、自らの人生の軌跡を創出する。私は人間の自由の根拠を、ヒトの「自己創出力」の特質に深く根ざすものとしてとらえたい。

　だが、それぞれにちがいながら、かつ自ら変わるもの、それが生命個体の特質だから、思うようにいかないのは、生命体との付き合いとしては、むしろ当然なのだ。ましてヒトの生命、自ら選びながら変わる生命体の行く末は、不可測の可能性とみるのが、自然だといえよう。[*30]

ここに登場する「多肢選択」「不安定」「可能性」という言葉によって、大田が「可能性を秘めた不

*29 大田堯「生命から教育を考える――集成全巻のキーワード」『ひとなる――教育を通しての人間研究（大田堯自撰集成　第四巻）』藤原書店、二〇一四年、一五頁。大田堯・中村桂子『百歳の遺言――いのちから「教育」を考える』藤原書店、二〇一八年、一〇五頁。

*30 大田、前掲書（＊1）、二〇〇六年、五〇頁。

安定」と「多肢選択」ということは明らかだろう。だとすれば、大田は「精神界をもつ」という言い方で、前項で見たような再生産、再創造、再発見といった精神活動（二本の棒を「箸」にも「スティック」にもすること）のことを語ろうとしている。

そのように考えれば、人間の精神活動は、人間に固有の二重の不安定をもたらすものであるから、「その気」という選択意思をもって引き受けないと維持できるものではない、という大田の考えにも納得がいく。この点は、（特に「その気」「選択意思」という言葉が）大田の最晩年である二〇一八年の思想ともかかわってくるので（次節参照）、ここで指摘しておく。

さて、上の読解を踏まえれば、①二〇〇六年の大田が、人間に固有の精神活動である「可能性を秘めた不安定」「多肢選択」にも自己更新、自己創出の力が働いていると考えており、②二〇一三年の大田が、（加筆を通じて）それらの働きを「根源的内発性」と名づけたことがわかる。根源的内発性は、このような意味をもって登場した概念だったのである。

第3節　学習の根拠に生命の本質から迫る

1　「内向き」と「外向き」との矛盾（二〇〇八−二〇一三年）

さて、二〇〇六年までの大田は「可能性を秘めた不安定」「多肢選択」といった人間の固有性を語り続けていた。しかし、二〇〇八年頃から、生命一般を語る言葉で、そのまま人間を語ろうとすることが顕著になってくる。これは、学習の権利の内実、その根拠を「およそ生命の本質からときほぐす」ことを目指しての思索であった。[*31]

その際、大田が着目したのが、生命一般と人間とを貫く不安定である。二〇〇八年以降の大田は、この不安定を、生命体が置かれた「矛盾」という側面から捉えようとした。まずは、二〇〇八年一一月に中小企業家同友会で行った講演「共に生き、共に育つ」。そこで大田は「ヒトという生物の持つ特徴」を次のように述べる。

> 生き物は自己中心で生きていることを事実としてしっかりと踏まえることが大切なのです。ところがやっかいなことに、そのくせ人間という生き物は孤独を嫌うと言う面も持っている。孤独になって誰からも当てにされなくなる状態になると自殺に追い込まれることもあります。人間という生き物の自己中心性を頭に置いておくと同時に、孤独を嫌うという相反する生命の属性を持っていることを踏まえる必要があるのです。[*32]

ここで、自己中心と孤独嫌いという生命体の二側面が「相反する生命の属性」として語られ始める。

---

*31 大田、前掲書(*7)、二〇一三年、三頁。
*32 大田堯「共に生き、共に育つ」中小企業家同友会全国協議会、二〇一二年、一五頁(『ひとなる――教育を通しての人間研究(大田堯自撰集成 第四巻)』藤原書店、二〇一四年に再録)。

その後、二〇一一年一〇月、韓国の洪東明清図書館《ホンドンパクマク》で行われた講演（プルム講演）において、大田は、この二側面に「内向き」「外向き」という表現を与える。講演において大田は「あらゆる生き物の中には、違った方向をもつ二つの力が働いています」と前置きした上で、次のように述べる。

ひとつは私ども自身の生命を守るということです。個体はみんな皮膚や甲羅をかぶっていて、外と断絶する絶対に侵すことができない壁をもつように、非常に自己中心にできています。（…中略…）そのくせ外の空気を吸ったり、太陽のおかげをこうむったり、他の生き物を食べて、外のものに依存しないと生きていけません。

ですから、内に向かう力と外に依存する力とが、いつも私どもの中には拮抗してあるわけで、外の力を内に入れて、要らないものは排除するという新陳代謝によって、二つの力を調整し統一することをやってのけているのです。すべての生き物はそういう状態の中にありますが、人間も同じように、外と内のその間を選びながら生きています。

私どもは、いつも内向きにものを考えるか、外向きにものを考えるか、そういう矛盾を持ちつづけて生きています。私どもはこの矛盾を調整し統一するために、選びながら生きるということですが、それを選んでいるうちに、めいめいの人格がつくり出されていくのです。[*33]

ここに、あらゆる生命に働く力としての「内向き／外向き」の力という思想が登場する。この思想は二〇一二年三月の京都音楽教育の会での講演「教育はアート」[*34]などでも繰り返し語られ、二〇一三年一一月の「総序」へと注ぎ込まれていく。

本章第1節で見たように、二〇一三年の「総序」において、「ちがう」ものどうしが「かかわり」あうことで、自ら「かわる」という教育の基本原理が語られる。その際、「ちがう」と「かかわる」との間に「矛盾」が生じるという論理が非常に重要な役割を果たしている。「ちがう」と「かかわる」の間に矛盾が起きるからこそ、その状況を何とかしようとして、生命が自ら「かわる」からである。

大田は「内向き／外向き」の矛盾を九三歳で発見し、九五歳のときに、それぞれを「ちがう」と「かかわる」に当てはめた。そうすることで「ちがう」と「かかわる」との間の矛盾をつかむことが可能になり、「ちがう・かかわる・かわる」が連動する基本原理が生まれた。年齢のことを言う必要はないのかも知れないが、大田の生き様を象徴することであるようにも思うので、書き添えておく。

さて、この「かわる」は「自己更新」「自己創出」の系譜に位置づく言葉である。一九九七年の著書では「変わる力」を「自己創出力」だと述べている[*35]。二〇一三年の大田は、この「かわる」を根源的自発性と呼んでいる。また、この「かわる」を「情報代謝」と呼べないかと提案し、二〇一八年の中村との共著では、情報代謝という言葉づかいが生命科学で認められうるかを中村に確かめている[*36]。

---

*33 大田堯「韓国・プルム講演記録」『生きて——思索と行動の軌跡（大田堯自撰集成 第三巻）』藤原書店、二〇一四年、二四六－二四七頁。
*34 大田堯「教育はアート」（二〇一二年三月四日「第52回つめ草音楽会」講演、主催・京都音楽教育の会、於・関西セミナーハウス）『きょうと955』京都音楽教育の会、二〇一二年（『生きることは学ぶこと——教育はアート（大田堯自撰集成 第一巻）』藤原書店、二〇一三年に再録）。
*35 大田、前掲書（＊5）、一九九七年、二〇三－二〇六頁。

ここでも大田は、代謝という用語によって自らの教育学と生命科学とをつなげようとした。

さらには『大田堯自撰集成　第四巻』に書き下ろされた「生命《いのち》から教育を考える――集成全巻のキーワード」においては、分子生物学者の福岡伸一から学んだ「動的平衡」という言葉によって、根源的自発性（自ら変わる）を生物学から説明しようと試みている。[*37] 大田は最後まで、自らの教育学を、生命の科学とのつながりから論じようとしたのである。

2　あらためて、人間の固有性へ（二〇一八年）

二〇一三年の「総序」において「ちがう」「かかわる」「かわる」という言葉で示された教育の基本原理は、大田の思想にとって重要な到達点であった。とはいえ、大田の思索はなおも続いた。そして、二〇一八年に刊行された中村桂子との共著『百歳の遺言』において、人間の固有性を、再び問い始める。その際に大田が手がかりにした人間の姿は「二足歩行」という姿と、「その気になる」という姿だった。

> あるとき京都大学の今西錦司さんの本を読んでいましたら、人間の二足直立歩行について、同氏は「人は立つべくして立った」と書いていました。まったくこの人のものの考えにふさわしいという思いもあって、私の「その気になったから」にかなり近い意味だと考えました。（…中略…）そういう氏の発言に、私は「その気になる」という表現も、人間にとって意外に重要な意味があり得るという思いが今もしているのです。（…中略…）その気は強い内発的な選択意志にもとづく

ものだと考えます。そういう発想から、私自身の書いた文章には、「選びながら発達することの権利について」や「問いと答えの間《ま》」という文章があります。[*38]

大田はここで「その気」について述べる際、「強い内発的な選択意志」という言葉を用いている。この言葉づかいは、二〇〇六年の論文「多様性を認める社会へ」とまったく同じ言葉づかいである。二〇〇六年の論文では、人間が、二重の不安定に身を置くからこそ、「その気」という「選択意志（意思）」をもたないと、その不安定を維持できないということが語られていた。

二〇一八年の大田は、この二〇〇六年の地平に回帰している。そうして大田は、あらためて人間の固有性を捉え直そうとしている。大田は、その試みの只中で寿命を全うすることになるのだが、以下、二〇〇六年の「可能性を秘めた不安定」「多肢選択」と二〇一三年の「ちがう」「かかわる」「かわる」とが理論的に結合した場合の学習論を仮説的に示しておく。本章のまとめとして、読者の皆さんの参考にもなるだろうと考えるからである。

「ちがう」と「かかわる」とが矛盾する。その矛盾に際して、様々な選択肢が登場する。人間の場合、

---

*36　大田・中村、前掲書（＊29）、二〇一八年、一〇五頁。
*37　大田、前掲書（＊29）、二〇一四年、一六頁。なお、「動的平衡」という言葉が大田の文章に登場するのは、管見の限り、「人間にとって教育とは」（二〇〇八年）が最初です（大田、前掲書（＊28）、二〇〇八年、三一〇頁）。
*38　大田・中村、前掲書（＊29）、二〇一八年、一〇一－一〇二頁。

表7－1　生命一般と人間とのつながり

	生命一般1	生命一般2	人間
状況	自己更新／自己創出	不安定	可能性を秘めた不安定
活動		選択	多肢選択

出所：筆者作成。

他の動物に比を見ない幅広い選択肢を発見する。その多肢選択を前にして、「その気」になって、大いなる不安定に身を置く。しかし、その多肢選択の中にこそ可能性を切り拓く手がかりがある。その手がかりを自ら選ぶことによって、自ら変わる。そこに人間の固有性が存在する。

以上、大田の学習論を仮説的にまとめたうえで、そのような教育学が、どのように生命科学とつながりえたのかを最後に述べておこう。

そのためにも、まずは生命一般と人間とが、大田の思想において、どのようにつながっているのかを示しておこう（表7－1）。人間を含めた生命一般は「自己更新」「自己創出」を行っている。言い換えれば、両者の土台には「自己更新」「自己創出」という共通の活動がある。この土台の上に「不安定」と「選択」という言葉で表現される状況や活動が重なる。

状況としては、生命一般に共通する状況として「不安定」があり、人間の場合、そこに「可能性を秘めた不安定」という状況が加わる。活動としては、生命一般に共通する活動として「選択」があり、人間の場合、そこに「多肢選択」という活動が加わる。いずれにせよ、大田は、人間に固有の特徴（状況、活動）を、単に生命一般の特徴とのつながりから捉えるだけではなく、生命一般の特徴を延長したものとして捉えようとしていた。これが大田の思想において生命一般と人間とがつながる仕方である。

ここには、生命の科学と教育学とがつながる仕方が、そのまま示されている。大田の思想に登場する「自己更新」「自己創出」「不安定」「選択」といった言葉たち。このような言葉のうち、とくに「自己更新」「自己創出」「不安定」という言葉は、生命の科学から学ばれた言葉である。「自己更新」はデューイ経由でダーウィニズムから、「自己創出」は中村桂子から、「不安定」はポルトマン、チャイルド、今西錦司から、学ばれた言葉である。二〇〇八年には福岡伸一から学んだ「動的平衡」といった言葉も登場し、「根源的自発性（内発性）」は、「自己創出力」を自分流に言い換えたものとして二〇一三年に登場する。

生命の科学と教育学とをつなぐハブになっているのは「不安定の中で選びつづける存在である生命および人間」という生命観・人間観である。このような生命観・人間観に立っているからこそ、大田の教育学は生命の科学と結びつくことができた。そして、一九九七年の著書と、二〇〇六年の論文は、その思想がもっとも明瞭に示されたものであった。

大田の思想は、生命一般の特徴と人間の固有性とが地続きであるという視座に立つ。人間は、他の生命に対して、特権的な場所にいるのではなく、他の生命の延長上にいる。このような立場に立つ大田の視座は、他の生命と人間とを切り離した社会をつくってきた近代文明への根底的な批判になるだけでなく、今後の社会のあり方を指し示す視座にもなり得る。

以上、「ちがう」「かかわる」「かわる」の三語で生命と教育を語るという試みが一九九七年に開始され、二〇一三年に結実したこと、二〇一八年には「その気（になる）」という姿を足場に、人間の固有性をあらためて語り直そうとしていたことを確認した。それは、一九七〇年代から二〇〇〇年代までを貫いていた大田の視座が復活したということでもある。本章は、その視座を引き継ぎ、生命一般の特徴である「不安定」を延長させた「可能性を秘めた不安定」、また「選択」を延長させた「多肢選択」という人間の固有性を、大田の思想から見出した。

こうした検討を経て浮かび上がってきたことは、大田の思索は常に、新しい「展開」を見せつつ、しかし、その展開は常に何らかの「回帰」を経た「深化」を見せていたということである。生命科学からもたらされた「自己更新」「自己創出」「不安定」「選択」などといった生命観は、人間の固有性に関する固定観念を揺るがすことで、あるいは逆に、人間の固有性のありかを示唆することで、ときに思索の展開を推し進めたり、（思索の回帰を促しながら）思想の深化をもたらしたり、していたのである。

そして、そのような大田の生き様は、それ自体が「根源的自発性（自ら変わる）」という人間の姿そのものであった。

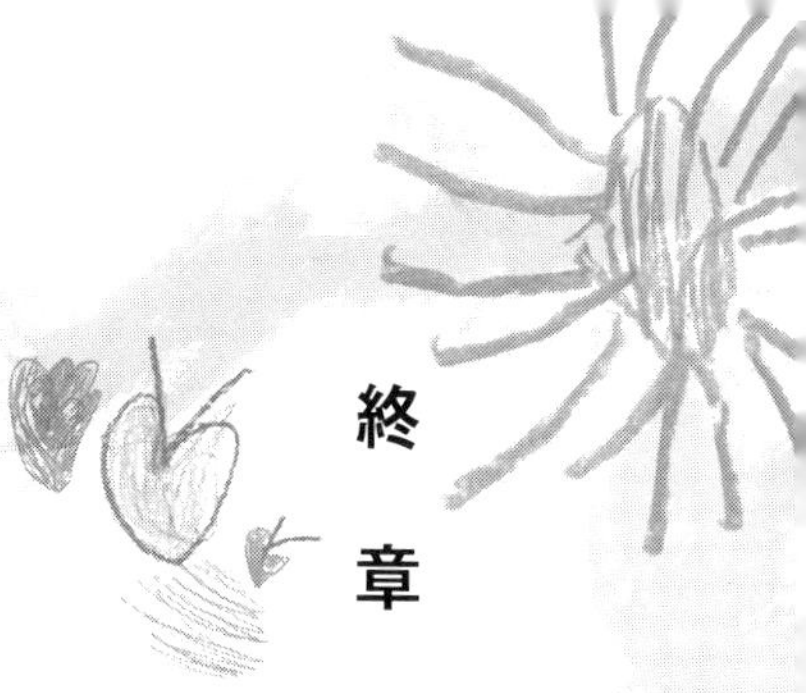

終章　倫理・手のひら・民主主義

終章として、いまの私が考えていることを「倫理」「手のひら」「民主主義」をキーワードに述べておきます。それは「生命（いのち）」と「学び」をキーワードにした未来像のスケッチでもあります。

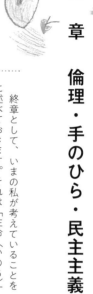

第1節　倫理

先日、ある園で研修を行いました。

「子どもたちの『やりたいこと』を、どこまで受け入れればいいのですか？」と聞かれました。私が意識しているのは、自分のやりたいことを思う存分、やりきること。「どこまで」を決めるのは本人であって、養育者ではないということ。というのも、人間にはやはり「できること」と「できないこと」とがあるのです。それは身体的にも、社会的にも。そのとき「いっつも、お父さんが決めてんじゃん！」にならないようにしてやりたい。「できることはたくさんある。だけど、これは無理なんだ。

そう自分で決めたんだ」。そう思えるようにしてやりたい。

とはいえ、一緒に暮らすメンバーとして、受け入れられないこともあります。そのとき意識しているのは、娘の心の中に「自分のことは自分で決めたい」という気持ちと「お父さんの期待に応えたい」という気持ちとのせめぎ合いが、しっかりと育つこと（詳しくは、本書第3章を参照ください）。

それとあわせて大事にしていることが「倫理」を育ててやること。研修では、以下に示す「育児日記[*1]」を使いながら、その点をお伝えしました。

二〇二二年九月三日（土）

子どもたちと公園に行った。

縄梯子の遊具を、響子（三歳）はずいぶんと登れるようになった（写真終－1）。だけど、我が子たちは無茶をしない。それが、とてもいい。

写真終－1　縄梯子と響子

五月に海に行ったときも、響子は無茶をしなかった。
海に入っていく晃子（五歳）を前にして、「ほんとうに入ってだいじょうぶかどうか」をじっくりと考えていた（写真終－2）。
古代ギリシアの人々は、自分たちの体の中に「小さな宇宙（ミクロコスモス）」があると考えた。そして、その「小さな宇宙」は

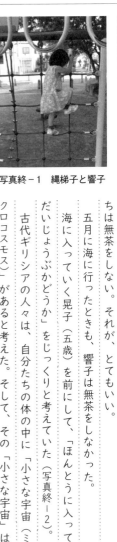

写真終－2　波打ち際の子どもたち

太陽、風、雲、波、雨、水、土などが繰り広げる「大きな宇宙（マクロコスモス）」の力を借りて、生かされていると考えた。

そして、自分という「小さな宇宙」と、人間を超えた「大きな宇宙」とを調和させていくことを生き方の「倫理」としていた。

風が強いときは、強いなりに。弱いときは、弱いなりに。

波が高いときは、高いなりに。低いときは、低いなりに。

「大きな宇宙」からのメッセージは、私たちの身体（からだ）に届く。だから、身体に届くメッセージを大事に聴きながら、無茶せず、生きる。

悠太（八月一六日に二歳になりました）は黙々と土をいじっている（写真終－3）。

しだいに、土の「宇宙」へと吸い込まれて、飲み込まれていく。

そうして、土に生かされている。

＊1　本章に掲載の日記は、序章と同様に、久保健太「寝落ちする日々　久保健太の育児日記（第一回～第二〇回）」『子どもの文化』二〇二一年四月号～二〇二三年四月号から抜粋しました。

写真終－3　土と悠太

フーコーは「規範」と「倫理」を分けた。「規範」は、その時代、その場所の社会が決めたもの。「倫理」は、その瞬間、その場の生命同士のかかわり合いから決まってくるもの。[*2]

我が子たちは、波、土、自分の身体と相談しながら、その場での「倫理」を編み出している。

兄弟げんかも多いけれど、波や土の力を借りながら、「倫理」的に生きていってほしい。

生かされながら、生きていってほしい。

まずは「倫理」を育ててやること。それが大事なのだと思います。いや、育てるのではないですね。倫理が育つような環境だけ準備して、あとは育つのを待つ。それが大事なのだと思います。お父さんに怒られるから、ではなくて、自分の体の声を聴きながら、その場での倫理を編み出していく。生命（いのち）同士のかかわり合いから聞こえてくるメッセージに耳を傾けて、自問自答する。響子の「間《ま》」で、響子が決める。

「間《ま》をとること」については、序章でも書きました。それは、①自問自答するための時間的な「間《ま》」をとることであり、②場合によっては、一人になるために空間的な「間《ま》」をとることであり、

③さらには、正解と不正解、白と黒との「間（あいだ）」で、自分が答えだと思うものを選ぶこと。
そうして、たっぷりと「間」をとりながら、響子が、響子の「倫理」を育てていく。
そのためにも、自分の中に様々な感覚が生まれてきてしまうような「生《なま》の主体性」を（世界の奥行きの力を借りながら）たっぷりと生きる。

第2節　手のひら

とはいえ、コトはそう簡単ではありません。一緒に体の声を聴いてやることが必要なときはたくさんあります。

二〇二二年九月一五日（木）

響子（三歳）は嫌なことがあると、ものにあたる。本やらオモチャやらを床に投げ散らかす（写真終-4）。

もともと情動が強いタイプで、「いやなこと」のスイッチが入ると、わめき散らしたり、泣き叫ん

*2 ミシェル・フーコー、田村俶（訳）『性の歴史Ⅱ 快楽の活用』新潮社、一九八六年。

写真終－4　散らかったオモチャ

だりすることもある。

そんな響子にも変化が見られる。

最近の響子を見ていると「静かに荒れている」かんじがする。

以前は、叫びながらモノを投げ散らかしていたのだが、最近は、黙って、モノを投げている。

自分の中に高ぶる情動を、モノの力を借りながら、自分で鎮めようとしているようにも見える。

のみならず、妻や私が「きょんきょん、どうしたの？」と抱き寄せると、二回に一回くらいは膝の上に来て、ゆっくりと涙を流すようにもなった。

『もののけ姫』では、アシタカがタタリ神に「鎮まりたまえ！　なぜそのように荒ぶるのか！」とのセリフを吐くが、響子は、自分の中に荒ぶる情動を、なんとか鎮める術《すべ》を見つけようとしているように見える。

そんな響子を抱き寄せて、その背中に手を当てていると、響子の心もちが伝わってくる。

写真終－5　うどんのカレー

倉橋惣三は「心もちを察すること」と「心理を理解すること」とを分けた。[*3]

「心理を理解する」ときには心理学が役立つが、「心もちを察する」ときには手のひらが役立つように思う。

山上亮さんは『子どものこころにふれる　整体的子育て』[*4]の一五頁で、「手を耳にして、子どもの『からだの声』を聴く」と書いているが、まさにそんな感じ。

今度、山上さんにお会いしたら、お伝えしよう。

と書くと、ふだんから響子は激しい子なのだと思われるかもしれないが、ふだんは穏やかな子だ。

写真終－5は「うどんのカレー」を出してくれる姿。

とはいえ、この響子の中に、激しい情動が潜んでいる。

響子が大きくなったときには、「手を耳にして、からだの声を聴くこと」と、「からだの声を心理

*3　倉橋惣三「子どもの心もち」『育ての心（下）』フレーベル館、二〇〇八年。
*4　山上亮『子どものこころにふれる　整体的子育て』クレヨンハウス、二〇一〇年。

学的に理解すること」との両輪で、自分の情動とつき合っていくのだろう。
情動の強さに釣り合うだけのインテリジェンスが身につくように、と願っている。

この本ではエリクソンの考え方を紹介してきました。エリクソンの考え方は、響子の心理を理解する際に、とても役立ちます。しかし、子育てをしているときには「手のひら」も必要です。手を耳にして、響子の「心もち」を聴いてやる。その響きを味わってやる。そうして聴こえてくる響子の「心もち」に、ただ共鳴する。ひびき合う。

そうしていると、響子が、自分で、自分の「倫理」を育てていきます。昂ぶりたいときは昂ぶり、鎮めたいときは鎮める。しかも、抑制を効かせながら昂ぶり、いくぶんの発揮をしながら鎮める。そんな調子で育っていきます[*5]。

第3節　ひびき合い：民主主義①

手のひらを通じて生命同士が共鳴し、生命同士の共鳴から倫理がつくられていく。こうした共鳴は、大人と子どもでなくても、子ども同士でもできるはずですし、大人同士でもできるはずです。それが、ごくシンプルな民主主義のかたちになるのだと思います。

その人が感じている違和感やムカつきを含めて、その人の中でひびいてる「心もち」を聴き合ってやる。それは大田が「ひびき合い」と呼んだものです。[*6]

二〇二三年一月二日（月）

あけましておめでとうございます。

年末年始は北海道の北見市に来ています。最高気温でもマイナス十度の、北の大地。妻は、この町で生まれ育ちました。

さて、我が子たち。家の中では相変わらず「きょうこなんて、きらい！」と「きょうこ、こっちきて！」を繰り返しながら、仲が良いんだか、悪いんだかわからない時間を過ごしています。

＊5「手のひら」に続き「倫理」が登場するとなれば、伊藤亜紗さんの『手の倫理』講談社、二〇二〇年にも触れたくなります。実際、伊藤さんが「倫理／道徳」の二項図式から描いた人間の姿は、私が（フーコーに学びながら）「倫理／規範」の二項図式で考えていることに多くの示唆を与えてくれました。そうした学びの成果は、別の機会に論じたいと思っています。

＊6「ひびき合い」については大田堯「人間にとって教育とは」総合人間学会（編）『自然と人間の破壊に抗して』学文社、二〇〇八年、および大田堯「教育はアート」『きょうと955』京都音楽教育の会、二〇一二年などを参照。ともに『生きるとは学ぶこと――教育はアート（大田堯自撰集成　第一巻）』藤原書店、二〇一三年に再録。

写真終−6　雪のねこちゃん

家の中にばかりいると、あまりにケンカがひどいので、自然の中に連れ出しました。そうして訪れた公園で雪のねこちゃんをつくったようすが写真終−6。

雪のかたまりを積み重ねて、雪だるまのようにして、そこに木の枝で顔をつくっていました。

大田堯は三一年前の「新春インタビュー」で次のように語っています。[*7]

自然というものは、センス・オブ・ワンダーを子どもから引き出すと同時に、自然そのものがいろいろな興味をひき起こしてくれます。つまり、教えたがらないところに、自然のよさがあります。

ただ、非常にだいじなことは、自然の中へ子どもをおいておけばセンス・オブ・ワンダーができるというものではなく、「不思議だな」と思った時に、「ああ、不思議だねえ、調べてみよう」といってくれる相棒が必要だということです。つまり、人間関係の中でセンスが確認されることが必要です。悪童どもとたくらみをして、そのたくらみを成功させるために自然の中をかけめぐり、自然を知り、事物を知る中で、不思議さを感じたり、新たな発見をしたりする。

自然を相手にして、センス・オブ・ワンダーがはたらく。そこから、さまざまな「たくらみ」が生まれてくる。そのたくらみを成功させようと、相棒と一緒になって、工夫をする。そうして「きょうこ、こっちきて！（いい枝があるよ）」の数が、どんどん増えていきました。

ここでは「相棒」という言葉を使いながら、ひびき合いの様子を描いています。「おいしいよ」に対して「おいしいね」が重なり、「怖いよ」に対して「怖いね」が重なり、そうして、ひびき合いながら、一緒に笑って、驚いて、悲しんで生きていく。

それは、ひびき合いの育ち論、ひびき合いの民主主義論とでも呼べるものでしょう。ここまでのまとめとして、エリクソンの理論を交えながら、ひびき合いの育ち論、民主主義論をスケッチしておきます。

【第Ⅰ期】「たのしいよ！」「たのしいね！」というひびき合いを味わう。これは第Ⅰ期の「応答」にあたる。それは、人間を超えた「神聖なるもの」の到来を、ともに感受するときの感覚（ヌミノースの感覚）とも言える（本書第5章参照）。[*8]

*7 大田堯「特集〈新春インタビュー〉今、『子どものしあわせ』とは」『子どものしあわせ』一月号、一九九二年、一二―一二七頁。

【第Ⅱ期】「ひびき合い」を土台にして、第Ⅱ期の「自己主張」「自己発揮」が起こる。一人ひとりの自己発揮は違うので、ズレも生じる。ズレも含んでひびき合う。ただし、ズレが大きくなりすぎると、すれ違いや食い違いも起きてくる。

【第Ⅲ期】食い違いが大きくなりすぎたときは、第Ⅲ期の「正しさ」や「良心」が出てくる。たとえば、順番をつくったり、役割を分担したりする。それはひびき合いの楽しさ（第Ⅰ期）を知っているからこその正しさ。いわば、楽しさを土台にした正しさ。

【第Ⅳ期】新たな地平を拡げながら、生きていく。「①楽しさ」「②ズレ」「③正しさ」のメンバーを拡げていく。それに伴い葛藤する。拡げることが嫌になって、閉じることだって、もちろんある。

以上がひびき合いの育ち論、民主主義論のスケッチです。このスケッチは、ある幼稚園で、数年間の研修の後に辿り着いた「社会性の育ち」の見取り図でもあります。ここまでのまとめにピッタリなので、少し加筆して、ここに載せました。

第4節　中空構造論：民主主義②[*9]

しかし、「楽しさ」や「ひびき合い」はともすれば、同調圧力へと人を引きずり込みます。そんなとき、私の頭をよぎるのは、河合隼雄が提唱した中空構造論です。

察しながら主張をし、主張しながら察する。人間には、そんな生き方ができるはずです。

そんな私の希望を支えてくれる理論の一つが、河合隼雄が遺した中空構造論という日本論です。河合は、『中空構造日本の深層』という本の中で、日本文化には中空構造という深層心理があることを述べています。

中空構造について説明するためには、父性原理と母性原理について説明しなくてはいけません。父性原理は、全体（みんな）を個（一人ひとり）へと「切断する機能」をもちます。みんなでやらなくちゃいけないことはわかっている。だけど、ここはわがままを言わせてほしい。責任は、全部、自分で引き受ける。そんな覚悟もある。だから、一人でやらせてほしい。そんなとき、背中を押してくれるのは父性原理です。

＊8　このような応答は、ドゥルーズにならって「特異性」という概念を使えば、「前‐個体的な、特異性のレベルでの応答」であるとも言えそうです。また、津守真が『保育者の地平』の中で展開する応答論ともかかわるでしょう（津守真『保育者の地平――私的体験から普遍に向けて』ミネルヴァ書房、一九九七年、一八四頁）。その点の探求は今後の課題です。

＊9　終章は書き下ろしですが、この「第4節　中空構造論」の箇所だけは、青山誠・久保健太『対話でほぐす　対話でつくる　明日からの保育チームづくり』フレーベル館、二〇二〇年の「第5章　なぜ対話なのか――『察すること』と『主張すること』の連動へ」を、ほぼそのまま再掲しています。「中空構造論」について、あらためて読んでいただきたい文章だからです。読者のみなさんにご理解をいただければ幸いです。

逆に、一人でやるよりも、みんなと一緒にやりたい。一人だと不安。だから、甘えさせてほしい。そうしたとき、包み込んでくれるのは母性原理です。母性原理は、個（一人ひとり）を全体（みんな）へと「融合する機能」をもちます[*10]。

父性原理と母性原理のどちらかが優れていて、どちらかが劣っているということではありません。両者の良さを引き出しながら、両者を連動させて、物事を進めることができるはずです。つまり、メンバーの連動による活力を保ちつつ（母性原理）、一人ひとりが存分に「らしさ」を発揮することができるはずです（父性原理）。そのように考えて、河合は父性原理と母性原理の連動の可能性を探り、『古事記』から、父性原理と母性原理との連動を成り立たせている構造として、中空構造を見出します。

『古事記』には、女性神アマテラスと男性神スサノオが登場します。それぞれが母性原理と父性原理を発揮しながら、しかし、両者が完全に対立することはなく、ときにはアマテラスが父性原理を発揮しつつ、逆に、スサノオが母性原理を発揮するときもありつつ、物語が進みます。

相反するはずのものが、完全に対立することなく、主導権を交替させながら、物事を進めていく。そのような姿に、河合は日本文化の深い知恵を見ます。そして、交替構造を可能にしている存在として見出されたのが、アマテラスとスサノオの姉弟に挟まれた第二子であるツクヨミです。姉であるアマテラス、弟であるスサノオに比べて、ツクヨミの知名度は圧倒的に低い。しかし、アマテラスとスサノオが、互いの「らしさ」を保ちつつ、互いが互いを引きずるようにして物事を進めていく際に、鍵を握る存在が、「中空」を担うツクヨミなのです。その点を見抜いた河合は、「日本の神話においては、何かの原理が中心を占めるということはなく、それは中空のまわりを巡回している」と指摘しています[*11]。

私は、この中空構造論を知ったとき、今まで出会ってきた様々な人の顔や声を思い出しました。そして、希望をもちました。「日本人は察することが得意だ」ということをおっしゃる人がいますが、私は、それを日本人だけに限られたこととは思いません。私は、幸いにも「察すること」と「主張すること」との連動を一つの人格の中で果たしている方々と出会ってきました。様々な国籍の方がいました。そうした人格に出会う度、深い感銘を受けてきました。そして、世界には、そうした方々が活躍する「健康さ」があるのだと思い至り、そこに希望を見出してきました。河合の中空構造論は、私にそうした希望を思い出させてくれるものでした（私は「察する」に母性原理を、「主張する」に父性原理を見出し、自分が出会ってきた人々の顔や声を思い出したのです）。

それと同時に、子どもたちの中にも、人格の種があるのだから、私は、その種が開花するような環境をしっかりつくっておいてやりたい、とも思いました。

こうした思いは、エリクソンの思想を学んだことで、さらに深まりました。エリクソンは『アイデンティティとライフサイクル』の中で、「健康さ」を「心理的な活きのよさ」と言い換えながら、次

*10　河合隼雄『中空構造日本の深層』中央公論新社、一九九九年、四三頁。
*11　河合、同前書（＊10）、四六頁。

のように述べています。[*12]

人が心理的に活きのよさを保つためには、絶え間なく葛藤（を引き受け、その葛藤）を解決し続ける必要がある。

エリクソンがここで述べる境地、すなわち「葛藤」を「心理的な活きのよさ」の原動力にしていくという境地は、私には、到底及ばない境地ですが、大田堯先生をはじめとした方々は、その人の国籍にかかわらず、そのような生き様を私に見せてくださいました。「察すること」と「主張すること」の（葛藤の先にある）連動は、そのような境地において果たされるものだとも思います。

そして、世界は、そのような境地に至った人物が活躍するような健康さを保っています。そこに希望があります。だからこそ、私は、そうした人間へと子どもたちを育てておいてやりたいと思うのです。

第5節　葛藤（が生まれる規模）：民主主義③

おそらく、私は、引き続き、察することと主張すること、「ひびき合い」と「自己発揮」との葛藤をテーマにして、育児、教育、保育について、考えていくのだと思います。その点とかかわって、日本保育学会の会報が「保育新時代への挑戦」という特集を組んだ際に「新時代になろうとも変わらないこと」と題した小文を書かせてもらったことがあります。その文章を載せて、終わりにしたいと思います。[*13]

新時代になろうとも変わらないこと

学びとは、たんに知識を覚えることではなくて、葛藤を通じて、自分の生き方をみずから選ぶことだ。

自分の生き方をみずから選ぶとき、人は必死になって目の前にある現実を理解しようとしたり、情報を収集しようとしたりする。現実に対処するための手立てを編み出したりもする。そうすると、気がついたら、いつのまにか、知識が増え、技術が身についている。そこに学びがある。私は、この思想を大田堯や、エリク・H・エリクソンから学んだ。

人間は葛藤するということ。その葛藤が自分という人間を磨く機会になるということ。そこに、みずから選ぶこと、すなわち自己決定が深くかかわっていること。「新時代」になろうとも、それだけは変わらない。

だとしたら、次の世代の人間たちを、葛藤のできる人間へと、また、葛藤を通じた自己決定をできる人間へと、育てておいてやりたい。

葛藤を通じた自己決定と、そこに生じる学びを、大田は「ちがう」「かかわる」「かわる」の三語

---

*12　エリク・H・エリクソン、西平直・中島由恵（訳）『アイデンティティとライフサイクル』誠信書房、二〇一一年、四六頁。訳は一部、筆者により変更。

*13　久保健太「新時代になろうとも変わらないこと」『日本保育学会会報』第一七四号、二〇一九年、二頁。

に凝縮させて論じた。「ちがう」もの同士が「かかわる」ことでみずから「かわる」。これが大田の学習論のエッセンスである。

これからの時代には、人間は一人ひとり「ちがう」のだという大前提を、どこまで社会の常識に出来るのかが問われているように思う。その点について、先日、山竹伸二[*14]氏と話した内容がかかわっているように思うので、その概要を、ここに記しておく。

山竹氏はとても丁寧な方なのだが、その彼から見ても、最近の人間関係のつくり方は丁寧すぎるように感じるという。私も強く共感した。

人間は壊れやすい存在だが、同時に、丈夫さも備えた存在である。しかし、人間を「壊れやすいもの」としてばかり扱ってしまうと「丈夫さ」を備えた人間であっても、本当に壊れやすくなってしまう。

それは人間関係も同様で、壊れやすいものとして扱ってばかりいると、本当に壊れやすくなってしまう。くわえて、人間関係を壊すということが起きないものだから、人間関係をつくり直すということも起きない。

結果として「壊れても大丈夫」「壊れてもつくり直せばいい」という丈夫さはしぼみ、「壊れたら戻らない」という不安だけが膨らむ。山竹氏とは、そんな話をした。

人間には共振の欲求と、自己発揮の欲求の両方がある。共振ばかりを大事にして、どうしても窮屈になったら、自己発揮をすればいい。その結果、共振が壊れたとしても、もう一度、つくり直せばいい。

それが「ちがう」もの同士が「かかわる」ということである。そこには共振欲求と自己発揮欲求との間での葛藤があり、共振と自己発揮の繰り返しがある。その葛藤の繰り返しの中で、共振と自己発揮を両立させるための手立てを編み出し、身につける。そうして、自分という人間を丈夫にし、人間関係を丈夫にしていく。それが「かわる」ということである。

人間がもつ共振欲求と自己発揮欲求を、エリクソンは「相互性 mutuality」と「自己決定 autonomy」という言葉で汲み取ろうとした。その両欲求の間で生じる葛藤に、大田は学びを見ようとした。私は、その伝統を継いで、研究に協力してくれる方々とともに、いまの時代の人間の姿から、人間の葛藤と学びを描くことに挑んでいる。

大田はひびき合いの教育実践について語る際に、「これらの実践は、一人ひとりの子どもの生命にひびき合う実践だけに、比較的規模の小さな学校でなされました」と書いています。[*15] おそらく大田の言うとおりで、ひびき合いが生まれ、ひびき合うがゆえの葛藤が生まれるには、ある程度の小ささを保った規模が必要なのだと思います。

だとしたら、人口が減少しつつある現在は、ひびき合いが生まれやすい条件が回復しつつある時代

*14　山竹伸二：学術系出版社の編集者を経て、心理学・哲学の分野で著述家・評論家として活動中。専門は現象学、実存論、精神分析など。近年は、看護や保育、介護などのケアの領域における哲学的原理を考察し、子育て論、承認論、共感論など、多方面で執筆、講演を続けている。

*15　大田堯「総序――未来に託して」『生きることは学ぶこと――教育はアート（大田堯自撰集成　第一巻）』藤原書店、二〇一三年。八頁。

なのかもしれません。もちろん、楽観も悲観もできませんが、本書に記した思想を土台に、ひびき合う教育実践の実現と理論化を進めていきたいと思います。

倫理、手のひら、ひびき合い、葛藤。それらをキーワードにした民主主義と教育。その具体的な姿を実現する仕事は、引き続き、保育所・幼稚園・こども園・学校・施設のみなさんと行っていきたいと思います。

初出一覧

はじめに　書き下ろし

序　章　書き下ろし

第1章　「自然・生活・学びをめぐって」鈴木まひろ・久保健太『育ちあいの場づくり論――子どもに学んだ和光の保育 希望編』ひとなる書房、二〇一五年、一九九－二一九頁。

第2章　「『主体的・対話的で深い学び』をキーワードに」『保育通信』第七六〇号、二〇一八年、二三－二七頁。

第3章　「日常生活と民主主義と教育をつなぐ理論」『生活経済政策』第二六九号、二〇一九年、一一－一七頁。

第3章　補論　「『第Ⅱ期』からの『学び』――エリクソンと矢野智司」『子どもの文化』六月号、二〇二一年、一九－二四頁。

まくら1　「世界の『奥行き』に触れる」『真宗』第四七三号、二〇二二年、四五頁、「センスとミーニング」『真宗』第四七四号、二〇二二年、四七頁、および「新しい学び観へ」『真宗』第四七五号、二〇二二年、四三頁。

第4章　「乳幼児の学びの理論としてのドゥルーズ／ガタリ理論」『幼児の教育』第一二〇巻第四号、二〇二一年、六二－五〇頁（逆丁）。

まくら2　「『育ち』環境における『音』環境の大切さ――今回の研究の目的と背景及び得られた知見につい

て　教育哲学の立場から」公益社団法人全国私立保育連盟 保育・子育て総合研究機構研究企画委員会『保育者と子どもが心地よくかかわり合える音環境に関する研究――保育室の残響音に着目した調査研究報告書』二〇一七年、四－七頁。

第5章　「遊びの語り方を変えよう――中動態としての遊び」佐伯胖（編著）『子どもの遊びを考える――「いいこと思いついた！」から見えてくること』北大路書房、二〇二三年、一二五－一六四頁。

第6章　「感覚が湧き出ちゃうし、収まっちゃうときの主体性」青山誠・川田学・汐見稔幸・三谷大紀（編著）『子どもをあらわすということ（仮）』北大路書房、二〇二四年刊行予定。

第7章　「『ちがう』『かかわる』『かわる』に込められた教育思想――教育学を生命の科学につなぐ」上野浩道・田嶋一（編）『大田堯の生涯と教育の探求――「生きることは学ぶこと」の思想』東京大学出版会、二〇二二年、一四九－一七九頁。

終　章　書き下ろし

おわりに　書き下ろし

おわりに

とにもかくにも、私たちが生きている世界では「人間を超えたものの力」が働きながら、予期せぬ出来事が、もちゃもちゃとくり広げられています。そうした出来事の一つひとつに、失敗込みで、つき合い続ける。育児・保育・教育と呼ばれる営みは、そういった営みですし、人間のあらゆる活動は、そのような性格をもっているとも言えます。

「手のひら」を役立てながら、その場にいる人たちと「倫理」を編み出していく。そうしてもちゃもちゃを、もちゃもちゃのままに「民主主義」を実践していく。

いまは、そんな思いで育児をし、教育をし、保育者・教員・経営者の方々との学習会を続けています。

この本に載せた文章は、そうした学習会を一緒に続けている方々を思い浮かべて書きました。ですので「研究者に向けて、研究者が書いた研究書」というよりは、「ともに学んでくださる方々を思い浮かべながら、研究者が書いた学術書」という色彩が強いです。また、「研究者として書いた」というよりは「市民として書いた」という気持ちが強いです。

ともに学んでいる方々に向けて、「私はこういうことを考えています」「こういう未来をつくりたいです」というメッセージを込めて書きました。育児に携わる親御さんや、保育・教育・経営に携わる方々と一緒に読んで、語り合うために書きました。そうした語り合いの際に活用いただければ、それにまさる喜びはありません。

この本は多くの方への恩に拠っています。お一人ずつ名前を挙げて、感謝をお伝えするべきところですが、次のような書き方で感謝をお伝えすることをお許しください。

定期的に開かれるそれぞれの学習会で御一緒する保育者・教員・経営者のみなさま。学部時代、大学院時代、研究者になってからも、私を御指導してくださった大田堯先生、汐見稔幸先生をはじめとする諸先生方。かつての研究会、進行中の研究会を御一緒してくださっている研究者仲間のみなさま。篠原学園専門学校、関東学院大学、大妻女子大学での同僚のみなさま、学生のみなさま。みなさまに感謝を申し上げます。

その中でも、特に名前を記して感謝を伝えたい人たちがいます。北大路書房の西吉誠さん。中学校の野球部で出会って以来、友人としてつき合ってくれている野池くんと淳くん。そして、両親と家族。みなさんのおかげで、いい本ができました。いつも、ありがとうございます。

二〇二三年一一月三〇日

久保健太

・・・ 著者紹介 ・・・

久保健太（くぼ・けんた）

母親の実家がある三重県で生まれ、その後、埼玉県川口市で育つ。東京大学教育学部を卒業し、同大学院教育学研究科で、汐見稔幸先生の指導を受けながら、まちづくりの研究をする。とくに、「ゆったりとした生活」が人間の成長において担う意味について研究をしている。現在は、横浜で我が子たちと暮らしながら、大妻女子大学で学生たちと学び、桐朋幼稚園で共同研究を続け、横浜で子育て支援者たちとの工夫を重ね、大日向小中学校（日本で初めてのイエナプラン教育に基づく学校）の理事を務めている。

生命《いのち》と学びの哲学

──育児と保育・教育をつなぐ

2024年 5月 20日 初版第1刷発行

著　者　久 保 健 太

発行所　㈱北大路書房

〒603-8303　京都市北区紫野十二坊町 12-8
電話代表　(075) 431-0361
F A X　(075) 431-9393
振替口座　01050-4-2083

組版／デザイン鱗
装丁／こゆるぎデザイン
挿絵／久保晃子・響子・悠太
印刷・製本／共同印刷工業（株）
落丁・乱丁本はお取り替えいたします。
定価はカバーに表示してあります。

Printed in Japan
ISBN978-4-7628-3255-0